韩喜平 主编

新时代中国精神价值传承

井冈山精神

王钰鑫　周利生 著

东北大学出版社

ⓒ 王钰鑫　周利生　2024

图书在版编目（CIP）数据

井冈山精神 / 王钰鑫，周利生著. -- 沈阳：东北大学出版社，2024.6. --（新时代中国精神价值传承 / 韩喜平主编）. -- ISBN 978-7-5517-3607-7

Ⅰ. D648.4-49

中国国家版本馆CIP数据核字第2024N6A033号

出 版 者：东北大学出版社
　　　　　地　址：沈阳市和平区文化路三号巷11号
　　　　　邮编：110819
　　　　　电话：024-83683655（总编室）
　　　　　　　　024-83687331（营销部）
　　　　　网址：http://press.neu.edu.cn
印 刷 者：辽宁一诺广告印务有限公司
发 行 者：东北大学出版社
幅面尺寸：170 mm × 240 mm
印　　张：14.25
字　　数：227千字
出版时间：2024年6月第1版
印刷时间：2024年6月第1次印刷
责任编辑：郭爱民　曲　直
责任校对：米　戎
封面设计：潘正一
责任出版：初　茗

ISBN 978-7-5517-3607-7　　　　　　　　　　　　　　定价：65.00元

总序

　　人无精神不立,国无精神不强。一个国家要有精神,它是国本;一个民族要有精神,它是脊梁。习近平总书记强调指出:"精神是一个民族赖以长久生存的灵魂,唯有精神上达到一定的高度,这个民族才能在历史的洪流中屹立不倒、奋勇向前。"在几千年的历史流变中,中华民族生生不息、绵延发展,饱受挫折又不断浴火重生,其中很重要的一点就是我们的民族积淀了自身最深沉的价值追求和精神烙印。习近平总书记指出,"中华民族在几千年历史中创造和延续的中华优秀传统文化,是中华民族的根和魂","中华优秀传统文化是中华民族的精神命脉"。翻开中华民族精神图谱,无数耳熟能详的诗词诠释了中华民族精神脉络的核心内涵,例如:"天行健,君子以自强不息"的奋斗精神,"天下兴亡,匹夫有责""先天下之忧而忧,后天下之乐而乐"的爱国情怀,"人生自古谁无死,留取丹心照汗青""为有牺牲多壮志,敢教日月换新天"的牺牲精神,"鞠躬尽瘁,死而后已"的奉献精神,"苔花如米小,也学牡丹开"的自强精神,"革故鼎新""徙木为信"的创新思想,"老吾老以及人之老,幼吾幼以及人之幼""扶危济困"的公德意识,等等。中华民族既坚守本根又不断与时俱进,始终保持着坚定的民族自信和强大的修复能力,培育了共同的情感和价值、共同的理想和精神。这些千百年传承下来的精神理念、精神文化，成为积淀中国精神的价值内核。

中国共产党在领导中国革命、建设、改革开放及新时代的伟大历史进程中，之所以创造了惊天地、泣鬼神的辉煌业绩，就在于坚守初心使命，就在于不畏艰难险阻，就在于有一大批革命先驱、有一大批英雄人物，形成了伟大精神激励与指引，这种逐步积累和形成的思想结晶和精神谱系，是中国共产党人精神境界、精神风貌、精神力量的集中写照，是中国共产党百年历史经验的总结。把马克思主义基本原理同中国具体实际、同中华优秀传统文化相结合是必由之路，谱写了马克思主义中国化时代化的最新篇章。中国精神包含的独一无二的理念、智慧、气度和价值，增添了中国人民内心深处的自信和自豪。这种强大的精神支撑，成为中华民族战胜一切艰难困苦的有力武器和实现中华民族伟大复兴的动力之源。

伟大事业需要伟大精神。在我们全面建成小康社会，向着社会主义现代化强国奋进的新征程中，党的二十大报告要求我们弘扬伟大建党精神，自信自强、守正创新、踔厉奋发、勇毅前行。深入研究和广泛宣传中国精神，传承民族精神、弘扬时代正气、培育时代新人，要求理论工作者把中国精神阐释好。《新时代中国精神价值传承》（以下简称《丛书》）正是这样一套回应时代关切、弘扬中国精神的书籍。《丛书》选取中国共产党带领广大人民进行革命、建设、改革开放及新时代的伟大奋斗历程中凝练形成的井冈山精神、长征精神、延安精神、东北抗联精神、抗美援朝精神、雷锋精神、铁人精神、"两弹一星"精神、特区精神、女排精神、劳模精神、科学家精神等为源，由全国高校十余位知名教授、专家集体撰著，以历史的视角，放置于实现中华民族伟大复兴中国梦的大背景下，阐释中国精神的具体样式，立足近代以来中华民族伟大复兴历程，特别是中国共产党带领中国人民从站起来、富起来到强起来的飞跃发展进程中所展现出来的民族精神与新气象，从党的领导特点和大党风范入手，追溯和解读中华民族悠久的历史传统和中华儿女可歌可泣的历史经历，研究中国精神形成的历史背景、形成过程，挖掘其科学内涵和新时代的重要价值，展现当代中华民族精神的历史穿透力和生命冲击力。《丛书》包括12分册，分别是：《井冈山精神》《长征精神》《延安精神》《东北抗联精神》《抗美援朝精神》《雷锋精神》《铁人精神》《"两弹一星"精神》《特区精神》《女排精神》《劳模精神》《科学家精神》。这些共同构成了中国精神的重要内容，是社会主义核心价值观的精髓和具体体现，昭示着中国共产党人的初心和使命，镌刻着中华民族砥砺前行的优秀品格，是迄今为止学术界和出版界反映以爱国主义为核心的民族精神和以改革创新为核心的时代精神的大型学术普及类系列著作，是中国文化软实力的重要显示。

  伟大精神铸就伟大梦想。今天，我们比历史上任何时期都更接近中华民族伟大复兴的目标，比历史上任何时期都更有信心有能力实现这个目标。实现中华民族伟大复兴不仅需要强大的物质力量，更需要强大的精神力量。要把这种精神力量汇聚成14亿多中华儿女强大的奋进合力，就不能把中国精神存放在"博物馆"内、停留在"象牙塔"中。推出《丛书》，可以推进中国精神时代化、大众化，永续传承，把它变为新时代的实践伟力。站在新时代的历史基点上，立足精神对事件的辐射和普照，阐释一定历史时期的民族精神对重大社会事件、历史发展进程甚至个人事业与生活的重大影响；立足事件对精神的折射和反映，分析历史事件、个人事迹对民族精神的具体呈现，以期在精神与史实的双向观照中，使中国精神触动整个民族情结和个体心理情感，凝聚中华儿女奋斗的精神动力。从普适性来讲，中国精神不仅是中国共产党成就伟大事业的宝贵精神财富，也是全体中华儿女在实践中总结、凝练和形成的价值理想。《丛书》定位于普及性学术著作，力求以通俗易懂、生动鲜活地讲述故事的形式呈现，引领新时代精神风尚，激发中华儿女特别是青年一代干事创业的热情。从价值层面看，《丛书》重点挖掘在中国特色社会主义新时代的价值，这对于汇聚中国力量，弘扬中华优秀传统文化，践行社会主义核心价值观，坚守中国共产党人精神谱系，提升中国文化软实力，培养担负民族复兴大任的时代新人具有重大意义。

"求木之长者，必固其根本；欲流之远者，必浚其泉源。"我们坚信，这套极具学术性、知识性、资料性和可读性的《新时代中国精神价值传承》，能够成为铸牢中华民族共同体团结奋斗的精神纽带，为凝聚起中华民族的磅礴力量，建设中华民族现代文明贡献一份力量。

韩喜平

2023年6月

韩喜平，国家级领军人才计划入选者，哲学社会科学领军人才，中央马克思主义理论与建设工程首席专家。

绪 论

一、毛泽东:"井冈山革命精神不要丢了" / 003

二、邓小平:"井冈山精神是宝贵的,应当发扬" / 005

三、江泽民:"井冈山的革命精神永放光芒" / 008

四、胡锦涛:"让井冈山精神大力发扬起来" / 009

五、习近平:"让井冈山精神放射出新的时代光芒" / 011

第一章　井冈山:中国革命的摇篮

一、孕育井冈山精神的自然环境与时代背景 / 017

　　(一)地缘条件:井冈山精神生成的自然环境 / 017

　　(二)革命低潮:井冈山精神孕育的时代背景 / 018

二、井冈山精神产生的人文因素 / 020

　　(一)文化滋养:中华优秀传统文化 / 020

　　(二)人文环境:地方优秀传统文化 / 021

　　(三)群众基础:共产党人和边界军民的革命活动 / 023

三、井冈山精神形成的理论基础 / 024

　　(一)马克思主义传入中国 / 024

　　(二)马克思主义在中国广泛传播 / 027

　　(三)马克思主义中国化的伟大开篇 / 029

第二章　井冈山精神的实践基础：血与火的革命斗争

一、中国共产党为什么引兵井冈山？/ 033
（一）新起点的酝酿："向萍乡方向转移" / 034
（二）创建新型人民军队的重要开端："三湾改编" / 037
（三）根据地创业奠基 / 039
（四）中国第一个农村革命根据地的建立 / 042

二、星星之火，可以燎原 / 046
（一）朱毛会师：具有重大历史意义的大事件 / 046
（二）拓展壮大：根据地进入全盛时期 / 049
（三）曲折发展：根据地恢复与巩固 / 051

三、井冈山革命根据地的后期斗争 / 056
（一）朱毛红军下山 / 057
（二）边界武装斗争的持续开展 / 061
（三）湘赣革命根据地的崛起 / 062

第三章　井冈山精神的科学内涵

一、井冈山精神的灵魂：坚定执着追理想 / 067
（一）理想是革命者的灵魂 / 068
（二）高擎理想的旗帜 / 070
（三）边界红旗始终不倒 / 072
（四）为主义而牺牲 / 074
（五）面对党内错误路线干扰不动摇 / 078
（六）软骨病源自精神缺钙 / 080

二、井冈山精神的核心：实事求是闯新路 / 081
（一）"没有调查就没有发言权" / 082
（二）路在何方？——"上山" / 089
（三）开辟"新路"——中国革命新道路 / 094
（四）"山沟里的马克思主义" / 098

（五）革命道路在实践中的发展 / 103
　三、井冈山精神的基石：艰苦奋斗攻难关 / 104
　　（一）困难有时真是到了极度 / 105
　　（二）千方百计克服困难 / 114
　　（三）同甘共苦攻难关 / 118
　　（四）军民团结众志成城 / 122
　四、井冈山精神的法宝：依靠群众求胜利 / 125
　　（一）"老百姓真的那么冷漠吗" / 125
　　（二）真心实意为群众 / 128
　　（三）"泥腿子"当家做主 / 130
　　（四）战争伟力最深厚的根源 / 133
　　（五）党政军民鱼水情深 / 139
　　（六）土地是农民的命根子 / 145

第四章　井冈山精神的历史地位

　一、井冈山精神是马克思主义中国化经典之作的精神形态 / 151
　二、井冈山精神是中国共产党革命精神的重要源头 / 154
　　（一）中国共产党革命精神从哪里来？ / 155
　　（二）井冈山精神何以成为重要源头？ / 158
　三、井冈山精神是中国精神的重要组成部分 / 160
　　（一）中国精神何以铸就？ / 160
　　（二）井冈山精神何以成为中国精神的重要组成部分？ / 164

第五章　井冈山精神的时代价值

　一、井冈山精神具有跨越时空的价值 / 169
　　（一）有助于坚定理想信念 / 169
　　（二）有助于永葆政治本色 / 173
　　（三）有助于站稳人民立场 / 175
　　（四）有助于坚定文化自信 / 179

二、实现中华民族伟大复兴中国梦的精神支撑 / 181
　　（一）走好中国道路的精神定力 / 182
　　（二）弘扬中国精神的生动教材 / 184
　　（三）凝聚中国力量的精神纽带 / 186
　　（四）推进伟大工程的精神动力 / 187
三、培育堪当民族复兴大任的时代新人的精神支撑 / 189
　　（一）确立成长为时代新人的人生目标 / 189
　　（二）助力青少年全面发展的精神财富 / 192
　　（三）引导青少年勇做改革创新生力军 / 195

参考文献

附录　井冈山革命斗争大事记

后　记

绪 论

滔滔赣江，巍巍井冈。因为一个历史性的抉择，井冈山成为中国革命的摇篮。在全党为挽救革命、寻找革命新道路而进行的艰苦斗争中，以毛泽东同志为代表的中国共产党人，经过创建、发展红军和农村革命根据地的实践，逐步找到了一条推动中国革命走向复兴和胜利的道路，铸就了跨越时空的井冈山精神。1927年10月27日，毛泽东率领工农革命军第一师第一团到达井冈山的茨坪，开始了创建以宁冈为中心的井冈山革命根据地的艰苦斗争。井冈山精神，是井冈山斗争和井冈山道路在精神层面的升华和提炼，是中国共产党革命精神的光辉典范和重要源头，一代又一代中国共产党人高度重视对井冈山精神的传承、发展和弘扬。

一、毛泽东："井冈山革命精神不要丢了"

毛泽东是井冈山精神的主要创立者，他对井冈山始终怀有一份特殊的感情、一种魂牵梦萦的眷恋。1927年10月至1929年1月，毛泽东一直在井冈山战斗和生活，他的足迹遍布了井冈山的山山水水。尽管这一年零三个月不算很长，但毛泽东终其一生都对井冈山充满了难以割舍的情结。从20世纪50年代末到70年代初，毛泽东曾多次到过江西。

1951年8月6日，毛泽东委派以谢觉哉为代表的中央人民政府南方革命根据地访问团来到江西，深入井冈山、赣南、赣西南、赣东北等老革命根据地开展慰问活动。当时的井冈山，交通还很不方便。慰问团的同志不畏辛劳、艰苦跋涉，克服了重重困难，将慰劳物资，将党中央、中央人民政府和毛泽东的关怀送到了井冈山，送到了革命老区。谢觉哉还把一面绣有毛泽东亲笔题写的"发扬革命传统，争取更大光荣"的锦旗赠送给江西人民。从弘扬井冈山精神的角度来看，发扬革命传统就蕴含着发扬革命精神的意蕴，包含着弘扬井冈山精神的要求。

毛泽东曾从不同维度阐释过井冈山精神，比较集中的是1965年重上井冈山时的系列重要论述。为了比较详细地反映毛泽东重上井冈山的历史，这里根据已有研究和相关文献进行了梳理。1965年3月，72岁的毛泽东乘坐专列离京南下，先后到过武汉、长沙等地视察。5月21日，他在时任中共湖南省委第一书记张平化、时任公安部副部长汪东兴等人陪同下，乘车离开长沙，前往井冈山，途经湖南茶陵、江西永新等地。为避免给当地政府增添麻烦，5月21日晚，毛泽东就住在茶陵县委办公室。在江西永新，时任中共江西省委书记刘俊秀、副省长王卓超等迎接毛泽东，并陪同前往井冈山。5月22日下午4时，毛泽东抵达井冈山茅坪，傍晚到达黄洋界。在黄洋界，他快步走向山顶，环视周围的山峰①。他还在

---

① 中共中央文献研究室编《毛泽东年谱（1949—1976）》第5卷，中央文献出版社，2013，第494页。

黄洋界保卫战胜利纪念碑前留影，随后到达茨坪，下榻井冈山宾馆。

5月25日，毛泽东在听取汪东兴等汇报参观井冈山革命博物馆的情况后，兴致勃勃地讲述了当年创建井冈山革命根据地的战斗历程。"我劝大家，日子好过了，艰苦奋斗的精神不要丢了，井冈山的革命精神不要丢了。"[①] 在这里，毛泽东事实上已经明确提出坚持和弘扬井冈山精神的课题。

5月26日，毛泽东又对身边的同志谈及井冈山的斗争。5月29日，毛泽东接见了井冈山的老红军、老同志和群众，并特意会见了袁文才、王佐两位烈士的遗孀。他还多次表示，要让年轻人了解井冈山斗争的历史。

毛泽东在井冈山的谈话和活动，倾注着对井冈山这片土地和生活在这片红土地上的人民群众的无限深情，体现了对老区和老区人民的亲切关怀。毛泽东在回顾和谈论井冈山革命根据地的战斗历程及其历史地位时，语重心长地强调，"井冈山的革命精神不要丢了"，"多宣传井冈山的革命传统"，"要更好地建设社会主义中国，更好地建设社会主义的井冈山"，等等。这实际上是对井冈山精神具有跨越时空的时代价值的精辟阐释。可以说，从井冈山精神的生成、概括和弘扬，毛泽东都作出了卓越贡献。

在井冈山期间，毛泽东还以诗人的才情，伏案挥毫填了两首词。

水调歌头·重上井冈山

久有凌云志，重上井冈山。千里来寻故地，旧貌变新颜。到处莺歌燕舞，更有潺潺流水，高路入云端。过了黄洋界，险处不须看。　风雷动，旌旗奋，是人寰。三十八年过去，弹指一挥间。可上九天揽月，可下五洋捉鳖，谈笑凯歌还。世上无难事，只要肯登攀。

念奴娇·井冈山

参天万木，千百里，飞上南天奇岳。故地重来何所见，多了楼台亭阁。五井碑前，黄洋界上，车子飞如跃。江山如画，古代曾云海绿。　弹指三十八年，人间变了，似天渊翻覆。犹记当时烽火里，九死一生如昨。独有豪情，天际悬明月，风雷磅礴。一声鸡唱，万怪烟消云落。

[①] 中共中央文献研究室编《毛泽东年谱（1949—1976）》第5卷，中央文献出版社，2013，第494-495页。

二、邓小平："井冈山精神是宝贵的，应当发扬"

邓小平同志十分重视对井冈山精神的传承和弘扬。井冈山革命烈士陵园位于茨坪北面的北岩峰上，又称北山烈士陵园。1984年2月，为继承和发扬革命传统，纪念为革命英勇献身的井冈山英烈，邓小平亲笔题写了"井冈山革命烈士纪念碑"。尽管邓小平有着浓厚的井冈情，但由于工作关系，他一直与井冈山失之交臂。直到1972年，邓小平即将结束在江西省新建县的劳动生活并复出之前，察访了井冈山，实现了他多年的夙愿。

邓小平对江西是非常熟悉的，他传奇式的革命生涯与江西有着深厚的渊源。在百色起义胜利后不久，邓小平等就提出了"学习朱毛红军""汇合朱毛红军"的口号，还结合自己的具体情况，正确运用了井冈山革命根据地创造的"支部建在连上"以及土地分配等方面的好经验，极大地促进了红七军和左右江革命根据地的发展。1930年3月2日，党中央在给红七军前委的指示信中，赞扬了红七军的这一做法，"你们的编制，能利用朱毛红军的经验，这是对的，中央对于你们目前的编制是同意的。"①1931年2月，年仅27岁的邓小平同李明瑞等一道，率红七军转战到江西崇义后，根据前委决定，赴上海向中共中央汇报工作。6月，中央批准了邓小平要去中央苏区工作的请求。7月中旬，邓小平从上海乘船，经广东进入中央苏区。8月到达江西中央革命根据地瑞金后，邓小平任中共瑞金县委书记。此后，他先后担任会昌县委书记、中共会昌中心（会昌、寻邬、安远）县委书记、江西军分区第三分区政委、江西省委宣传部部长、红军总政治部秘书长、总政治部《红星》报主编等重要职务。在这期间，他既出色地领导了根据地军民进行创建红色政权、支持革命战争的艰苦斗争，又遭受过王明"左"倾路线的错误批判和打击；他既有非凡的政绩，又历经坎坷、三落三起。1934年10月，中央红军开始长征。邓小平带领《红星》报编辑部被编在第二野战纵队（也称红章纵队）。从到达江西至长征开

---

① 孙伟：《井冈山道路的远播与影响》，《学习时报》2017年11月13日，第5版。

始,邓小平在江西苏区战斗、生活、工作了三年零八个月。

新中国成立后,邓小平对江西红色故土一往情深,曾几次到过江西,却没有机会上井冈山。直到20世纪70年代,邓小平才如愿以偿。

经江西省革委会请示中央并获得批准,1972年11月12日,年近七旬的邓小平在夫人卓琳陪同下,开始到井冈山地区参观访问。11月13日,邓小平一行轻车简从,乘坐一辆伏尔加轿车从吉安出发,经永新、宁冈,一路风尘仆仆上了井冈山。

在"三湾改编"旧址枫树坪前,邓小平下车环视四周后,对卓琳说:"这个地方不错,是个适宜部队整编的好地方"。然后,他们又参观了毛泽东旧居、前委会议旧址等处。吃完午饭后,没有休息,继续驶向宁冈。下午3时许到达砻市。由于时间比较紧,邓小平并没有在砻市下车,只是在红军会师桥头和红四军会师广场缓缓绕行后,就径直前往井冈山。在茅坪,邓小平参观了湘赣边界党的一大会址——谢氏慎公祠,以及八角楼、红军医院旧址、攀龙书院等地。在八角楼二楼毛泽东旧居,看到陈列的床、桌子、油灯、砚台等文物,邓小平坐在毛泽东坐过的凳子上说,当时蛮艰苦,革命真不容易。

当宁冈县的领导向他介绍当年斗争情景和茅坪现状时,邓小平语重心长地说:"井冈山精神是宝贵的,应当发扬,传统丢不得。"①他还一字一句地说:"我们的党是好的,是有希望的;我们的人民是好的,是有希望的;我们的国家是好的,是有希望的。"参观完八角楼后,邓小平步行来到攀龙书院。他走进当年伤病员简陋的病房,看到一张张潮湿的地铺,不禁感慨地说,革命的胜利是靠他们流血奋斗换来的,来之不易呀!邓小平再次叮嘱周围陪同的同志:井冈山精神丢不得!

14日,邓小平在井冈山党委负责同志陪同下来到黄洋界,凭吊当年红军战斗遗址。这天,晴空万里,群山尽览,邓小平亲眼看到了它的磅礴气势。

邓小平在山上的时间并不长,但八面山、双马石、砾砂冲、桐木岭哨口,还有大小五井、黄坳……井冈山的许多革命旧址却都留下了他的足迹。尽管邓小平已年近七旬,但他在山上却表现出坚毅、乐观的精神面貌。在步行去双马

---

① 中共中央文献研究室编《邓小平年谱(1904—1974)》下册,中央文献出版社,2009,第1962页。

石哨口的路上，工作人员递给他一根小山竹做的拐杖，他高兴地接过，乐呵呵地说："除了这腿以外，我一身零件都是好的。"在双马石哨口遗址，讲解员拔起地上的一把草告诉邓小平，井冈山斗争时期红军曾用它充饥。邓小平接过草闻了闻，深情地说："是的，这种草其他地方也有。红军长征时也经常吃，虽然有些涩口，但能充饥又可解渴。"

16日上午，邓小平参观了井冈山革命博物馆，仔细观看陈列的文物，认真听取讲解。他还参观了茨坪革命旧址。①

历时一周的井冈山之行即将结束，邓小平与送别他的人们握手致谢。得知可以外出参观不受限制的通知后，12月5—15日，他又风尘仆仆地前往赣南老区，探望红色故地和父老乡亲。12月11日，邓小平在听取瑞金县负责人和瑞金纪念馆负责人汇报情况时说："纪念馆宣传的内容，应该从井冈山斗争宣传到遵义会议。整个这段历史都应该宣传。"②

两年后，邓小平重新回到了中央领导岗位。他在狠抓各条战线整顿，集中力量把国民经济搞上去的同时，大声疾呼发扬党的优良传统和革命精神。1975年1月25日，邓小平在中国人民解放军总参谋部机关团以上干部会议上的讲话中，开篇就讲道："我们这个军队有好传统。从井冈山起，毛泽东同志就为我军建立了非常好的制度，树立了非常好的作风。"③1989年11月23日，邓小平在会见坦桑尼亚革命党主席尼雷尔时的谈话中说："在井冈山打旗帜才几千人，一打就是二十二年，最后还是战胜了帝国主义和他们支持的力量，中国人站起来了。"④这些都是邓小平对弘扬井冈山精神的阐释。

---

① 中共中央文献研究室编《邓小平年谱（1904—1974）》下册，中央文献出版社，2009，第1961-1963页。
② 同上书，第1967页。
③ 邓小平：《邓小平文选》第2卷，人民出版社，1994，第1页。
④ 邓小平：《邓小平文选》第3卷，人民出版社，1993，第345页。

三、江泽民:"井冈山的革命精神永放光芒"

江泽民高度重视对井冈山精神的传承和弘扬。1989年10月15—18日,江泽民来到井冈山,瞻仰了井冈山革命烈士陵园,参观了井冈山革命博物馆、茨坪、大井、小井旧居旧址等。他在视察时指出:"井冈山是革命的摇篮,毛主席在井冈山开辟了中国革命胜利的道路,井冈山的革命精神永放光芒。""江西人民为中国革命作出了重大贡献和牺牲,有名有姓的革命烈士就有25万人。江西出了许多革命的人才。"他还指出:"胜利来之不易。井冈山军民自力更生、艰苦奋斗的革命精神,为我们树立了光辉榜样,这也是建设社会主义的宝贵精神财富。自力更生、艰苦奋斗是井冈山革命传统的重要内容,我们一定要继承、发扬光荣的革命传统,把社会主义事业进行到底。"①

10月17日,江泽民一行顶着霏霏细雨登上了黄洋界。他们首先参观了红四军营房旧址,了解了有关黄洋界保卫战的情况;然后沿着当年红军走过的小路,来到黄洋界保卫战胜利纪念碑前。当看到纪念碑上毛泽东题写的"星星之火,可以燎原"八个大字时,他感慨地说:"井冈山的革命星星之火所以能燃遍全国,走向胜利,就在于老一辈无产阶级革命家坚定的共产主义理想和始终不渝的信念。我们今天建设有中国特色的社会主义现代化强国,也必须具有这种理想和信念。"②

江泽民在井冈山视察期间,每到一地总是叮嘱:"饭菜要从简,就吃当地的蔬菜。"并提议吃一餐红米饭、南瓜汤。他吃着红米饭,深情地说:"这是当年毛委员和红军战士常吃的,红米饭颜色是红色的,越嚼还越香啊!"他边吃边询问井冈山的红米情况,语重心长地说:"虽然我们今天不再像井冈山斗争时那样每天吃红米饭、南瓜汤了,但光荣的井冈山革命传统一天也不能忘

---

① 《江泽民总书记视察江西强调:光荣的井冈山革命传统一天也不能忘掉》,《人民日报》1989年10月19日,第1版。
② 同上。

掉。"①

江泽民高度评价了井冈山道路在中国革命史上的历史地位,高度评价了井冈山精神在坚持和发展中国特色社会主义中的独特价值,明确指出:"中国革命的胜利离不开井冈山精神,实行改革开放、建设有中国特色社会主义,同样需要发扬井冈山精神。"②这就意味着,大力倡导弘扬井冈山精神,对于激励全党全国人民坚定不移地继承和发扬革命传统,推进社会主义现代化建设,具有重大的影响。"光荣的井冈山革命传统一天也不能忘掉",这是历史的昭示,更是时代的需要。

1991—1993年,江泽民先后动员自己的两个妹妹、内弟和外甥、外甥女、侄子、侄女等人上井冈山接受革命传统教育。他们回去后,江泽民还总要挤时间和他们聊聊,了解井冈山的变化,让他们谈谈参观后的心得体会。

2001年5月,江泽民在视察江西时再次强调井冈山精神的重大现实意义,并对井冈山精神的科学内涵作了"24个字"的精辟概括。他指出:"江西是革命老区,具有光荣的革命传统。在长期革命斗争中,老一辈无产阶级革命家和无数英烈用鲜血和生命培育了伟大的井冈山精神。井冈山精神,最重要的方面就是坚定信念、艰苦奋斗,实事求是、敢闯新路,依靠群众、勇于胜利。井冈山精神,是我们不断前进的强大精神动力。在新世纪的征途上,全党和全国上下始终要大力弘扬井冈山精神"。这对于全党同志深刻认识井冈山精神的丰富内涵和时代价值,具有重要指导意义,产生了深远影响。

四、胡锦涛:"让井冈山精神大力发扬起来"

1993年4月,胡锦涛来到井冈山,瞻仰革命圣地,看望老红军,与干部、群众进行了座谈。胡锦涛指出:"在长期革命斗争中,老一辈革命家和无数英

---

① 《江泽民总书记视察江西强调:光荣的井冈山革命传统一天也不能忘掉》,《人民日报》1989年10月19日,第1版。
② 同上。

烈用鲜血和生命培育的井冈山精神,是江西人民的宝贵精神财富和政治优势,也是全党全国人民的宝贵精神财富和政治优势。中国革命胜利离不开井冈山精神,实行改革开放、建设有中国特色社会主义同样需要发扬井冈山精神。"①"对革命传统既要继承又要发展。我们应该把革命优良传统和改革开放以来焕发出的新的时代风貌结合起来,熔铸成新的民族精神、时代精神,并把它灌注到广大人民群众中去,形成强大凝聚力,有力推动改革开放和现代化建设顺利进行。"胡锦涛还指出,井冈山精神具有丰富内涵。在新的历史条件下,发扬井冈山精神尤其要弘扬以下三个方面:实事求是、敢闯新路的精神;矢志不移、百折不挠的精神;艰苦奋斗、勇于奉献的精神。②

2003年8月底至9月初,胡锦涛在江西调研时强调要"让井冈山精神大力发扬起来"。他指出:"井冈山精神是我们党在革命斗争的艰苦岁月中形成的伟大精神","伟大的井冈山精神集中反映了我们党的优良传统和作风。我们要结合时代的发展,结合党的历史方位和历史任务的变化,结合改革开放和发展社会主义市场经济的新实践,让井冈山精神大力发扬起来,使之在新的时代条件下放射出新的光芒。要坚持与时俱进、开拓创新,艰苦奋斗、脚踏实地,加强团结、形成合力,清正廉洁、敢于奉献,用优良的作风保证正确的理论路线和方针政策的贯彻执行。"

胡锦涛还对井冈山精神的时代价值进行了阐释,他强调指出:"包括井冈山精神在内的党在革命战争年代养成的优良传统和作风,始终是推动我们事业前进的强大的精神动力"。他还指出:"回顾我们党在极端艰苦的条件下创建人民军队、开辟革命根据地、建立红色政权的那段峥嵘岁月,我们深深感到,毛泽东同志等老一辈革命家,不仅为实现民族独立、人民解放和国家富强建立了不朽的历史功勋,而且给我们留下了极其宝贵的精神财富。革命前辈在艰苦卓绝的革命斗争中培育起来的革命精神和优良传统,对我们坚定信念、鼓舞斗志、做好工作具有重大的现实意义,永远是我们在前进道路上战胜各种困难和风险、不断夺取新胜利的强大精神力量。我们要教育党、全国人民学习和发扬老一辈革命家为祖国、为民族、为人民矢志奋斗的崇高精神和高尚品德,坚定

---

① 胡锦涛:《胡锦涛文选》第1卷,人民出版社,2016,第62页。
② 同上。

不移地把他们开创的、几代共产党人为之持续奋斗的事业继续推向前进。"①

2009年1月24—25日，在中华民族传统节日春节到来之际，胡锦涛第三次来到井冈山，看望慰问老区干部群众。在那里，他再次论述了井冈山精神与社会主义事业的关系，充分肯定了井冈山精神在推动社会主义伟大事业中的巨大作用，强调要"大力弘扬井冈山精神，化压力为动力，化挑战为机遇，迎难而上、奋发进取，努力把中国特色社会主义事业继续推向前进"②。胡锦涛的这一重要讲话精神，为在新的历史条件下大力弘扬井冈山精神，指明了新的方向，注入了新的活力。

五、习近平："让井冈山精神放射出新的时代光芒"

习近平总书记高度重视红色基因传承和革命文化弘扬，对井冈山有着很深的感情，将其视为"向往的地方"。截至目前，习近平在2006年3月、2008年10月和2016年2月三次上井冈山，并在多个场合反复强调要大力弘扬井冈山精神。2016年2月，习近平总书记在第三次上井冈山时，饱含深情地指出："我对井冈山怀有很深的感情。这是我第三次来，来瞻仰革命圣地，看望苏区人民，祝老区人民生活越来越好。"③

2006年3月29日，时任中共浙江省委书记习近平率领浙江省党政代表团来到井冈山瞻仰学习。在参观考察了井冈山革命烈士陵园、黄洋界哨口和井冈山革命博物馆，实地感受井冈山精神后，习近平深情地说："在这片红色土地上，老一辈无产阶级革命家创建了我国第一个农村革命根据地，开辟了农村包围城市、武装夺取政权的道路。先烈们用鲜血和生命锻造了伟大的井冈山精神，成为我们党优良传统的集中体现和宝贵的精神财富。在经济社会发展的实

---

① 《胡锦涛在江西考察工作时强调：继承发扬党的优良革命传统　加快全面建设小康社会步伐》，《人民日报》2003年9月3日，第1版。
② 《巍巍井冈情意浓——记胡锦涛总书记同井冈山革命老区人民共迎新春》，《人民日报》2009年1月26日，第1版。
③ 《习近平的人民情怀》，《人民日报海外版》2017年2月15日，第5版。

践中,井冈山的干部群众创造了许多成功的做法和经验,非常值得我们学习和借鉴。我们要把弘扬浙江精神与学习井冈山精神结合起来,不断推进浙江精神的与时俱进,为加快浙江发展提供强大的精神动力。"①他还说:"我们代表团来到井冈山接受革命传统教育,通过参观深切地感受到,井冈山发展进程中的艰苦奋斗和来之不易的巨大成就;还深切地感受到,井冈山不仅是中国革命的摇篮,拥有辉煌的历史,……这块红土地所具有的独特魅力令人神往。"他还指出:"'坚定信念、艰苦奋斗,实事求是、敢闯新路,依靠群众、敢于胜利'的井冈山精神是我们党优良传统的集中体现和宝贵精神财富。"②

2007年6月,时任中共上海市委书记习近平在上海会见到访的吉安市党政代表团时说,井冈山是红色摇篮,中国共产党人在井冈山点燃了中国革命的"星星之火",开辟了第一个农村革命根据地,建立了第一个县级工农兵苏维埃政权,上海是党的诞生地。中央在吉安建有井冈山干部学院,在上海建有浦东干部学院,红色传统把我们联系在一起。衷心祝愿吉安发展得更好,人民更快富裕起来。③

2008年10月14日,时任中共中央政治局常委、中央书记处书记、国家副主席习近平在江西调研考察期间,专程到井冈山瞻仰了茨坪革命旧居旧址群,参观了井冈山革命博物馆,向井冈山革命烈士陵园敬献了花篮、花圈,还看望慰问了老红军。他饱含深情地说:"无数革命先烈用鲜血和生命换来的江山,为我们创造美好生活奠定了坚实基础。他们留下的优良传统是永远激励我们前进的宝贵财富,任何时候都不能丢。"④

2016年2月2日,中共中央总书记、国家主席、中央军委主席习近平第三次来到井冈山,看望慰问广大干部群众,向他们致以新春祝福,并深入农村和革命纪念地考察调研。在瞻仰井冈山革命烈士陵园时,他指出:"井冈山是革命的山、战斗的山,也是英雄的山、光荣的山。每次来缅怀革命先烈,思想都

---

① 周咏南:《继承发扬党的优良传统 促进浙江又快又好发展》,《浙江日报》2006年3月30日,第1版。
② 同上。
③ 《让老区人民更幸福是我们的历史责任》,《江西日报》2016年2月1日,第1版。
④ 《习近平在江西调研考察纪实——在科学发展道路上阔步前进》,《江西日报》2008年10月17日,第1版。

受到洗礼，心灵都产生触动。回望过去那段峥嵘岁月，我们要向革命先烈表示崇高的敬意，我们永远怀念他们、牢记他们，传承好他们的红色基因。"在茅坪的八角楼，他说："这是我向往的地方。红色基因是贯穿中国革命和建设的灵魂，已经深深扎根在中华沃土，没有任何力量可以改变。井冈山的革命理想信念教育一定要坚持下去！"在看望全国道德模范和英烈后人时指出："伟大的理想要有扎实的理论基础，井冈山道路是马克思主义中国化的经典之作，从这里革命才走向成功。行程万里，不忘初心。"他还强调："井冈山是中国革命的摇篮。井冈山时期留给我们最为宝贵的财富，就是跨越时空的井冈山精神。今天，我们要结合新的时代条件，坚定执着追理想、实事求是闯新路、艰苦奋斗攻难关、依靠群众求胜利，让井冈山精神放射出新的时代光芒。"[①]他还指出："要以党在新形势下的强军目标为引领，深入推进政治建军、改革强军、依法治军，坚持用井冈山精神等革命传统铸魂育人，教育引导广大官兵坚决听党的话、跟党走，坚决听从党中央、中央军委指挥。"

除了上述对井冈山精神较为集中论述外，习近平还曾多次在文章著述以及不同场合的讲话中阐述井冈山精神及其时代价值。2013年11月，习近平总书记在山东考察期间来到山东临沂的华东革命烈士陵园，向革命烈士纪念塔敬献花篮，并参观了沂蒙精神展。他深情地说，沂蒙精神与延安精神、井冈山精神、西柏坡精神一样，是党和国家的宝贵精神财富，要不断结合新的时代条件发扬光大。2014年3月7日，习近平总书记重访兰考调研指导党的群众路线教育实践活动，他强调指出，焦裕禄精神和井冈山精神、延安精神一样，体现了共产党人精神和党的宗旨，要大力弘扬。由此可见井冈山精神在其心目中的地位。2015年3月6日，习近平总书记带着对老区人民的深情牵挂，带着对红土地儿女的深厚感情，参加第十二届全国人大第三次会议江西代表团审议时指出，井冈山精神和苏区精神是我们党的宝贵精神财富，要永远铭记、世代传承，教育引导广大党员、干部在思想上正本清源、固根守魂，始终保持共产党人政治本色。2021年2月20日，习近平总书记在党史学习教育动员大会上阐释中国共产党人精神谱系时，进一步明确了井冈山精神的独特地位。

---

① 刘勇：《东风送暖入赣鄱——习近平总书记春节前夕在江西看望慰问干部群众纪实》，《江西日报》2016年2月4日，第1版。

井冈山斗争的伟大实践，对于中国革命道路的探索和抉择、对于中国共产党和人民军队成长具有关键意义。井冈山时期留给我们最为宝贵的财富，就是跨越时空的井冈山精神。在新时代，我们要牢记习近平总书记的嘱托，大力弘扬井冈山精神，为全面建设社会主义现代化国家、实现中华民族伟大复兴的中国梦提供强大的精神动力。广大青少年朋友也要自觉传承和弘扬井冈山精神，从中汲取丰厚的精神滋养和无穷的精神力量，把成长为时代新人作为自己的奋斗目标和人生追求。

第一章 01

井冈山：中国革命的摇篮

　　井冈山精神的形成和发展，离不开革命实践提供的特定历史背景和时空条件。社会存在决定社会意识。从根本上说，任何精神形态的出现，都有一定的实践基础和历史条件，它必然扎根于本民族的传统精神与文化，并吸收和借鉴时代精神的精华，在长期的实践过程中孕育形成。下面我们重点从井冈山精神形成的自然环境、时代背景、人文因素及理论基础等方面进行分析。

一、孕育井冈山精神的自然环境与时代背景

井冈山地处湘东与赣西边界，属于罗霄山脉中段。这里风景秀丽、景色迷人，融地质地貌多样性、生物多样性、自然景观多样性和奇特性于一体，保存有全球亚热带地区典型的季风常绿阔叶林，具有亚洲东部极为丰富的孑遗种、珍稀濒危种、中国特有种等，是亚洲东部冰期最重要的生物避难所之一，是两栖、爬行动物保存和分化的重要栖息地，是鸟类南北迁徙、东西扩散的中转站和重要通道，具有突出的生物多样性与生态学价值。2015年7月，在德国波恩召开的第三十九届世界遗产大会上，联合国教科文组织将井冈山—北武夷山（武夷山拓展项目）正式列入世界遗产预备名录。20世纪20—30年代，在这片物华天宝的土地上进行了一场波澜壮阔的革命斗争，这就是井冈山革命斗争。井冈山也由此成为中国革命的摇篮、井冈山精神的生成地。

（一）地缘条件：井冈山精神生成的自然环境

井冈山地区独特的自然地理环境有利于武装割据，在井冈山精神孕育形成过程中起着重要作用。井冈山革命根据地位于罗霄山脉中段的湘赣边界。从地形上来看，这一地区大部分为山区，层峦叠嶂，高山深涧，沟壑纵横；地势南北高、中间低，是典型的山间盆地地形。井冈山根据地位于宁冈（2000年5月经国务院批准与县级井冈山市合并，组建新的县级井冈山市）、酃县（1994年4月经国务院批准更名为炎陵县）、遂川、永新四县交界处，其北麓是宁冈的茅坪，南麓是遂川的黄坳，东麓是永新的拿山，西麓是酃县的水口。井冈山地势呈明显的两级阶梯，仅有七条崎岖的山道通往山外。这种特殊的地理位置，为中国共产党的武装割据提供了广阔的回旋空间。同时，这里距离南昌、武汉、长沙等中心城市较远，国民党统治力量在这里较为薄弱，更有利于革命形势的发展。毛泽东曾谈到井冈山地区的地理优势，他说："广东北部沿湖南江西两省边界至湖北南部，都属罗霄山脉区域。整个的罗霄山脉我们都走遍了；

各部分比较起来,以宁冈为中心的罗霄山脉的中段,最利于我们的军事割据。北段地势不如中段可进可守,又太迫近了大的政治都会,如果没有迅速夺取长沙或武汉的计划,则以大部兵力放在浏阳、醴陵、萍乡、铜鼓一带是很危险的。南段地势较北段好,但群众基础不如中段,政治上及于湘赣两省的影响也小些,不如中段一举一动可以影响两省的下游。"[①]

地理环境是人们赖以生存、发展的必要前提,在塑造人们的心理、气质、观念等方面发挥着重要的作用。它体现在征服自然磨炼出的意志与适应自然养成的习性,正所谓"一方水土养一方人"。井冈山精神的生成离不开这里地理环境的影响。

井冈山斗争时期,党和红军不仅要与敌人进行殊死搏斗,承受四面白色恐怖的巨大压力,而且要与极其恶劣的自然环境作斗争。井冈山根据地高山和丘陵占全境总面积的85%,红军的作战、行军、发动群众、建党建政、休养生息均在山区进行。连绵起伏的群山,蜿蜒崎岖的小道,率先向红军战士发起挑战,检验着每一个共产党员和红军战士的信仰、胆略、气概和毅力。毛泽东曾有穿草鞋磨烂脚的经历;朱德饱尝虱子长满全身的痛苦;万安的农家女子康克清目睹了在万安暴动中,同伴因无法忍受山路之苦而离队的情形;等等。因井冈山地处偏隅,交通闭塞,故农业经济相对落后。生产力水平低下,耕作上采用人力拉犁,有的地方还停留在"杵臼时代"。没有近代工业,仅有些榨油之类的小作坊。境内百姓刀耕火种,松火油灯,过的是一种自给自足的小农生活,这也加重了革命队伍生存的困难。然而,经过一年多的战斗与生活,红军战士战胜了自然环境带来的艰难险阻,磨炼出钢铁般的意志品质。从畏惧山峦到打仗能爬山,从缺油少盐、用南瓜充饥的窘迫到唱出"红米饭、南瓜汤,秋茄子味好香,餐餐吃得精打光"的歌谣,这体现了红军战士适应自然、征服自然、自强不息的革命乐观主义精神。

(二)革命低潮:井冈山精神孕育的时代背景

除了自然环境之外,党和红军还面临着革命处于低潮的时代背景。大革命

[①] 毛泽东:《毛泽东选集》第1卷,人民出版社,1991,第79页。

失败后，革命形势危机万分，中国共产党所领导的革命进入最艰苦的斗争年代。1927年4月和7月，蒋介石、汪精卫先后背叛革命，勾结帝国主义，实行"清党""反共"，残酷屠杀共产党人和革命人民，全国城乡一片白色恐怖。为了彻底消灭共产党，1928年2月召开的国民党二届四中全会通过的《制止共党阴谋案》中称，"凡经审查确为属于共党之理论方法机关运动者，均应积极铲除，或预为防范"[1]。随后，经国民党中央政治会议通过的《暂行反革命治罪法》中规定对"意图颠覆中国国民党及国民政府，或破坏三民主义而起暴动者"[2]，分别处以死刑、无期徒刑或有期徒刑。

与此同时，南昌起义、秋收起义、广州起义及鄂、湘、粤、赣、豫、闽等省的武装起义都遭到严重挫折。中国共产党的许多优秀干部，群众运动领袖，成千上万共产党员、共青团员，革命的工人、农民、知识分子以及党外革命人士倒在血泊中，党的活动被迫转入地下。反革命势力已经大大超过党所领导的有组织的革命势力，全国范围的革命高潮已经过去，革命转入低潮。然而，革命的火种并未熄灭。全党都在为挽救革命、寻找中国革命新道路而进行艰苦斗争、艰难探索，都在为推动中国革命走向复兴和胜利而浴血奋战。中心城市是反革命力量最集中、最强大，对革命防范最严密的地方；极其广阔的农村地区，则是反革命统治较弱、鞭长莫及之地。越来越多的同志在革命斗争中开始认识到，到农村去，特别是到那些经受过大革命风暴洗礼的农村去，寻找革命发展的广阔天地。大革命失败的腥风血雨，全国革命陷入低潮，激励着幼年中国共产党的抗争意识；白色恐怖四面包围，政治上孤立无援，军事进攻和经济封锁日甚一日，考验着共产党人的崇高信仰；衣不避寒、食不果腹的艰难困顿，激发出红军将士万死不辞、一往无前的奋斗意志。井冈山精神就是在这一特殊的时代背景、时代氛围中孕育而生的。

---

[1] 陈金龙：《近代中国社会思潮与马克思主义中国化》，人民出版社，2013，第316页。
[2] 吴汉全：《中国现代政治史》中卷，人民出版社，2015，第577页。

二、井冈山精神产生的人文因素

井冈山精神在形成过程中,井冈山地区群众的民族属性与阶级属性等人文因素也起着极其重要的作用。可以说,井冈山精神既脱胎于中华民族优秀传统的母体之中,又集中凝聚和充分展现了共产党人的崇高品质。

(一)文化滋养:中华优秀传统文化

文化是历史的积淀、智慧的结晶,也是民族生存和发展的重要力量。它引领着历史前进方向和时代发展潮流,昭示着人类从哪里来、到哪里去。每个民族都有自己的历史与传统。中华民族拥有五千多年的灿烂文明,形成了独特的民族传统。马克思主义认为,"人们自己创造自己的历史,但是他们并不是随心所欲地创造,并不是在他们自己选定的条件下创造,而是在直接碰到的、既定的、从过去承继下来的条件下创造。"[1]中华优秀传统文化成为井冈山精神得以形成不可或缺的历史文化条件。同时,中国共产党是具有高度文化自觉的马克思主义政党,始终坚守崇高的文化理想,肩负着实现中华文化繁荣兴盛的历史使命。可以说,井冈山精神是对中华优秀传统文化的升华与超越,是马克思主义与中华优秀传统文化相融合过程中形成的革命精神。

井冈山精神汲取了中华优秀传统文化的思想精华,并熔铸在革命实践之中。中华优秀传统文化作为中华民族的精神之根和文化之魂,是中华民族生生不息、发展壮大的丰厚滋养。习近平曾指出:"中华文明源远流长,蕴育了中华民族的宝贵精神品格,培育了中国人民的崇高价值追求。自强不息、厚德载物的思想,支撑着中华民族生生不息、薪火相传"[2]。例如,革故鼎新、与时俱进、道法自然、天人合一等思想,可以为人们认识和改造世界提供有益启

---

[1] 马克思、恩格斯:《马克思恩格斯文集》第2卷,人民出版社,2009,第470页。
[2] 习近平:《习近平谈治国理政》第1卷,外文出版社,2018,第158页。

迪。又如，崇德向善、孝悌忠信、礼义廉耻等观念，体现着评判是非曲直的价值标准，潜移默化地影响着中国人的行为方式。这就意味着，对传统文化中适合于调理社会关系和鼓励人们向上向善的内容，要结合时代条件加以继承和发扬，不断赋予其新的含义。任何时候都不能搞文化虚无主义。历史和现实都证明，一个民族如果抛弃自己的文化，就会失去精神支撑，就难以屹立于世界民族之林。

井冈山时期，以毛泽东为代表的中国共产党人坚持正确的马克思主义文化观，对中华优秀传统文化进行总结和继承，从中汲取营养和智慧，从而培养并形成了反映民族精神、体现时代要求的井冈山精神。井冈山精神的科学内涵中就蕴含着丰富的优秀传统文化因子。比如，中华民族历来崇尚立志高远，"穷且益坚，不坠青云之志""天行健，君子以自强不息"，将其转化为坚定理想信念的执着追求；中国古代学者秉承的"实事求是"治学的原则和方法，朱熹提出"格物致知"的认识论等，转化为坚持从实际出发闯出中国革命新道路的创新勇气；"艰难困苦，玉汝于成""居安思危，戒奢以俭""生于忧患，死于安乐"等标识的中华民族秉承的艰苦奋斗的优良传统，转化为井冈山斗争时期即便"困难有时真是到了极度"仍然坚持在斗争中创造新局面的精神追求；等等。总之，井冈山精神源于对中华优秀传统文化的继承和弘扬，它既深深扎根于中华优秀传统文化之中，又是对中华优秀传统文化的升华与超越、创新与发展。

（二）人文环境：地方优秀传统文化

井冈山精神生成所具有的"在地性"特征，意味着它必然以庐陵文化、客家文化、湖湘文化等地方优秀传统文化为文化条件。这些地方优秀传统文化被批判性改造后实现再造与重生，成为井冈山精神形成的革命性"人化"地理人文环境。

庐陵文化是赣文化的重要组成部分[①]，内在地蕴含着勤劳勇敢的务实精神、坚韧不拔的革新精神、勤政为民的民本爱国精神、以天下为己任的创新精

[①] 肖云玲、陈刚：《井冈山革命根据地文化建设史》，江西人民出版社，2007，第18页。

神、海纳百川的兼容精神等精神元素。历史上，受庐陵文化熏陶而成长出欧阳修、文天祥、杨万里等一大批享誉海内外的政治家、思想家、文学家、史学家等。近代以来，一批深受庐陵文化熏染的先进分子将其同中国共产党的历史使命结合起来，在革命斗争实践中进行融合创新，对井冈山精神的培育和形成产生了重要影响。

客家文化是以汉族传统文化为主体，融合了畲族、瑶族等民族文化而形成的一种多元文化，具有质朴无华的风格、务实避虚的精神和返本溯源的气质，具有讲求实际、刻苦勤俭、团结协作、艰苦奋斗、革新创造的精神，具有崇正守信、坚贞刚强、百折不挠、敢于反抗的精神，具有积极向上、乐观进取的精神。[1]袁文才、王佐等绿林武装就是客家人。井冈山时期，一批深受客家文化影响的革命人士将其蕴含的精神力量运用到井冈山革命斗争实践中，进而融合创新成为具有新的革命精神品质的精神养分，为井冈山精神的培育、生成提供了重要条件。

湖湘文化是湖湘大地上孕育的涵盖面非常广泛的文化，具有自强不息的奋斗精神、忧国忧民的爱国精神、知行合一的求实精神。古代思想家屈原、周敦颐是湘学的开创者，湘学至明末清初达到一个高峰。魏源、贺长龄、贺熙龄、郭嵩焘、曾纪泽、陈天华、黄兴、蔡锷、宋教仁、杨昌济等为近代湘学发展作出了重要贡献。[2]毛泽东、彭德怀等就深受湖湘文化的影响和熏陶，他们在井冈山斗争中将其同正在生成的中国共产党革命精神融会在一起，成为井冈山精神内在的精神养分。从这个意义上说，井冈山精神的培育和形成充分汲取了地方优秀传统文化的养分。

边界各县在革命斗争中逐渐实现了向红色革命文化的伟大转型，为井冈山精神孕育提供了更为直接的文化条件。首先是大力破除封建文化。废除木主神像、祖牌、匾额等封建物，肃清妇女束发、缠足、裹脑、三从四德、男尊女卑、守节守贞等旧礼教道德，禁止敬神、算命、看相、看风水等迷信活动，反对童养媳等封建习俗。其次是建设新文化，逐渐成为边界文化的主流。工农兵苏维埃政府提倡民主、科学和新文化，发动人民群众开展破除封建文化活动，

---

[1] 肖云玲、陈刚：《井冈山革命根据地文化建设史》，江西人民出版社，2007，第20页。
[2] 同上书，第22页。

得到了广大人民群众的拥护。也就是说，文化转型有破有立，破中有立，破立结合。

妇女翻身歌

自从盘古开天地，妇女地位不用提。
大小事情冇得份，三从四德是规矩。
被人虐待受人欺，流干眼泪闷肚里。
农民协会办起来，妇女抬头透口气。
组织妇女闹革命，翻身解放得胜利。

（三）群众基础：中国共产党人和边界军民的革命活动

中华优秀传统文化哺育了一代又一代中华儿女。地处罗霄山脉中段的湘赣边界的人民，既传承了中华优秀传统文化，也继承了井冈山地区的优秀传统文化。刻苦耐劳、忠厚朴实、乐观豁达的品性尤为突出。井冈山地区地处偏僻山区，经济落后，人们吃苦耐劳、淳朴忠厚的秉性随处可见；但他们并非任人宰割、逆来顺受的"羔羊"，而是具有反抗精神的群体。早在大革命风潮前夕，湘赣边界的一大批青年知识分子先后接受了马克思主义，加入了中国共产党的党团组织，并回到家乡积极传播马克思主义，组织各种形式的研究会，在湘赣边界点燃了革命的火种。

大革命时期，中国共产党人在湘赣边界掀起了群众性革命高潮。这一时期，江西、湖南两省党组织先后把在外求学的一批知识分子（如欧阳洛、朱亦岳、陈正人、刘寅生、龙超清、谭民觉、谭思聪、王怀、李却非等）派回边界工作。他们回到家乡，在地方上发展党员，建立党组织和农民协会，从事革命活动。1926年7月中共永新支部成立后，许多共产党员纷纷来到永新宣传革命道理，建立了永新县第一批农民协会，组建了永新县农民自卫队；在宁冈的共产党员龙超清、刘辉霄等团结培育了一批革命志士，向广大农民宣传革命思想，讲授革命道理，并争取了袁文才的绿林"马刀队"下山，继而发展袁文才入党，使"马刀队"成为中国共产党基本掌控的一支武装力量。1926年10月国共合作北伐之时，龙超清、袁文才领导全县人民举行武装暴动，推翻了县政权,成立了宁冈县人民委员会和农民自卫军。永新县和莲花县也建立了县级革命政权。

这些革命活动为井冈山根据地建立打下了深厚的群众基础。正如1928年10月毛泽东所指出:"中国红色政权首先发生和能够长期地存在的地方,不是那种并未经过民主革命影响的地方,……而是在一九二六和一九二七两年资产阶级民主革命过程中工农兵士群众曾经大大地起来过的地方,例如湖南、广东、湖北、江西等省。"①这也成为井冈山精神形成的重要基础。

井冈山精神作为中国共产党人奋斗的产物,不仅汲取了中华民族优秀传统文化的精华,而且更多地凝聚、体现了中国共产党人的崇高品质和伟大精神。共产党人的品质,首先表现在信仰的坚定性,这就是对马克思主义、共产主义的信仰。中国共产党成立之初,革命的先驱者在风雨如磐的旧中国,在民族灾难日益深重之秋,坚信只有马克思主义才能救中国,坚信共产主义理想一定能实现。在井冈山斗争时期,中国共产党人不管环境多么艰苦险恶、不管形势多么复杂多变,都不曾动摇过对共产主义的坚定信念。正是这种对信念的执着追求、对革命的坚定意志,塑造了新型的革命精神——井冈山精神。

三、井冈山精神形成的理论基础

一种精神的产生不是凭空的,而是在一定的理论指导下,在实践的基础上形成的。马克思主义及其中国化的第一个理论成果——毛泽东思想,是井冈山精神形成的理论基础。井冈山精神就是在马克思主义的哺育下萌芽、成长和升华,在艰苦的革命实践中培育而成的。

(一)马克思主义传入中国

习近平总书记《在纪念马克思诞辰200周年大会上的讲话》中指出:"马

---

① 毛泽东:《毛泽东选集》第1卷,人民出版社,1991,第49页。

克思主义不仅深刻改变了世界，也深刻改变了中国"[1]。近代以来，中国处于内忧外患之中，无数国人为寻求救国救民的真理，进行了持续不懈的探索。早在清末民初，有人对马克思、恩格斯及其理论作过零星的介绍，但他们对这一科学理论的了解和认识非常肤浅和片面，并未引起当时人们的特别关注，未产生较大影响。

从现有的资料来看，中国人对国际工人运动和社会主义学说的最初零星接触始于19世纪70年代，最早了解到的是关于巴黎公社无产阶级革命的情况。1871年巴黎公社革命爆发前后，适逢清政府为天津教案派使臣崇厚赴法赔礼道歉。崇厚使团成员之一，以英文翻译、兵部候补员外郎身份前往法国的张德彝，将出使法国见闻写成《随使法国记》（又称《三述奇》）。在这部长达14万字的见闻录中，有关普法战争和巴黎公社的记载就有1万余字。该书记述了1871年3月18日起义过程，以及他后来在波尔多和凡尔赛的所见所闻。尽管张德彝沿用官方口吻，称起义为"叛""乱"，但对巴黎公社的参加者流露出同情与钦佩。"其被获叛勇二万余人，女皆载以大车，男皆携手而行，有俯而泣者，有仰而笑者，蓬头垢面，情殊可怜。其始无非迫胁之穷民，未必皆强暴性成而甘于作乱；今俱伏罪受刑，睹之不禁恻然。"[2]

几乎与此同时，曾赴法国巴黎、马赛、里昂等地游历归来的王韬与通晓英语的张宗良合作，翻译了大量的有关普法战争的新闻报道，并刊载于香港的《华字日报》《中外新报》。随后，王韬根据报载资料，"荟萃贯串，次第前后，削伪去冗，甄繁录要"[3]，按时间先后汇编成书，于1873年交由中华印务总局排印，以《普法战记》为名刊行。《普法战记》是我国第一部描写欧洲战史的著作，较为详细地介绍了巴黎公社革命的情况。例如，巴黎公社的成立，"3月18日，法京民心大乱……"；巴黎公社的失败，"5月22日，官军以八万人攻入法京（巴黎），取悍党六百人悉诛之"；起义工人惨遭杀害，"定乱法军之剿贼也，过于残酷。所擒无论妇女童稚，苟持械于手者，立置死地，无一毫怜

---

[1] 习近平：《在纪念马克思诞辰200周年大会上的讲话》，人民出版社，2018，第11页。
[2] 张德彝：《随使法国记》，湖南人民出版社，1982，第168页。
[3] 邹振环：《影响中国近代社会的一百种译作》，中国对外翻译出版公司，1996，第77页。

悯心",等等①。

江南制造局编印的《西国近事汇编》是一份不定期出版的刊物，1873—1899年共出版104卷。《西国近事汇编》逐周汇述西方各国重要时事，报道西方国家各方面动态，记述英国和西班牙等国工人罢工以及欧美社会民主党的活动情况，成为中国人了解西方的一个重要窗口。例如，1874年3月16—22日报道，英国贝济民船厂工匠罢工，要求每小时增加"半本士"（即半便士）工资，而"厂主不从，以致停歇"；此外，"斯哥得兰煤铁各矿，停工计二万人"②。《西国近事汇编》将社会主义译为"欧罗巴司"，将共产主义译为"廓密尼士"，将共产主义者译为"康密尼人"，将社会主义学说译为"贫富适均之说""贫富均财之说"。例如，1875年7月30日至8月5日报道："俄礼部以境内近有奸民，创为贫富均财之说，欲藉其本境殷富，夺其资财，以予贫乏，是相率而出于乱也。邪说诱民，莫此为甚。"③1877年5月9—15日报道："美国费拉特尔费亚省来信，谓美有数处民心不靖，恐康密尼人乱党夏间起事，国内有无赖之人为奸徒唆使行凶，以偿其贫富适均之愿。"④

马克思的名字最早出现在中国的时间，学术界比较普遍的说法是1899年⑤。是年2—5月，上海广学会《万国公报》月刊分期登载了英国传教士李提摩太（Timothy Richard）节译、蔡尔康撰文、英国进化论者本杰明·颉德（Benjaman Ridd）所著的《社会演化》（Social Evolution）前四章，译文标题为《大同学》。《大同学》第一章名为"今世景象"，是中文刊物中最早提及马克思的文章。《大同学》中写道："其以百工领袖著名者，英人马克思也。马克思之言曰：'纠股办事之人，其权笼罩五洲，突过于君相之范围一国，吾侪若不早为之所，任其蔓延日广，诚恐遍地球之财币，必将尽入其手。然万一到此时

---

① 皮明庥：《近代中国社会主义思潮觅踪》，吉林文史出版社，1991，第12页。
② 姜义华：《社会主义学说在中国的初期传播》，复旦大学出版社，1984，第12页。
③ 同上书，第12-13页。
④ 同上书，第13页。
⑤ 有人认为是1898年。是年夏，上海广学会出版了胡怡谷根据英国人克卡朴撰写的《社会主义史》而翻译的《泰西民法志》；但是否存在1898年版的《泰西民法志》尚是疑问。参见以下文献：陈铨亚：《马克思主义何时传入中国》，《光明日报》1987年9月16日；王也扬：《关于马克思主义何时传入中国的一个说法之误》，《马克思主义研究》2000年第2期；唐宝林：《马克思主义在中国100年》，安徽人民出版社，1998，第54-55页。

势，当即系富家权尽之时。何也？穷黎既至其时，实已计无复之，不得不出其自有之权，用以安民而救世。'所最苦者，当此内实偏重，外仍如中立之世，迄无讲安民新学者，以遍拯此垂尽之贫傭耳。"[①]"安民新学"指的就是社会主义。"英人马克思"显系错误，这是由于马克思长期生活在英国，作者缺乏了解所致。《大同学》从第三章起改称马克思为德国人，"试稽近世学派，有讲求安民新学之一家，如德国之马客偲，主于资本者也。"[②]"主于资本"，即马克思对资本的研究。《万国公报》将马克思主义作为欧美各派社会主义学说之一进行介绍，"只不过是给基督教的教义涂上一层社会主义的油彩而已"[③]。

（二）马克思主义在中国广泛传播

1917年11月7日，在"阿芙乐尔"号巡洋舰轰击俄国资产阶级临时政府所在地冬宫的隆隆炮声中，苏维埃政权诞生了。这天是俄历十月二十五日，所以这次革命被称为十月革命。俄国的工人、士兵和农民在布尔什维克领导下，继二月革命推翻沙皇统治之后，又推翻了资产阶级的临时政府，建立了无产阶级专政的国家政权，取得了社会主义革命的胜利。在旧式农民战争走到尽头，不触动封建根基的自强运动和改良主义屡屡碰壁，资产阶级革命派领导的革命和西方资本主义其他种种方案纷纷破产的情况下，十月革命一声炮响给中国送来了马克思列宁主义，为苦苦探寻救亡图存道路的中国人民指明了前进方向、提供了全新选择。

十月革命后，以李大钊为代表的先进知识分子开始在中国传播马克思主义。十月革命给俄国带来了巨大变化。1919年元旦，李大钊在《每周评论》上发表《新纪元》文章，称赞十月革命"带来的新生活、新文明、新世界，和1914年以前的生活、文明、世界大不相同，仿佛隔几世纪一样"[④]。1919年12

---

① 《大同学》，《万国公报》第121期（1899年2月）。转引自高军等《五四运动前马克思主义在中国的介绍与传播》，湖南人民出版社，1986，第24页。
② 《大同学》，《万国公报》第123期（1899年4月）。转引自高军等《五四运动前马克思主义在中国的介绍与传播》，湖南人民出版社，1986，第29-30页。
③ 高军等：《五四运动前马克思主义在中国的介绍与传播》，湖南人民出版社，1986，第3页。
④ 李大钊：《李大钊文集》第2卷，人民出版社，1999，第250-251页。

月,毛泽东在《湖南教育月刊》发表的《学生之工作》一文中称赞道:"论社会革命之著明者,称俄罗斯,所谓'模范国'是也。"①湖南商业专门学校学生、湖南学生联合会会长彭璜对苏维埃俄国充满了憧憬,称苏俄是"十月革命以来,对付内部的反对党,对付强权主义的协约国,风驰电掣,根本改造北冰洋岸的一块大土","劳农政府,是俄人革命不能避免的手段,也恐怕是全世界革命必经过的阶段"②。

俄国十月革命后,宣传马克思主义的刊物大量涌现,社会主义为时人所乐谈。据不完全统计,五四运动后的一年中,全国新创办报刊400余种,其中宣传马克思主义和在一定程度上具有宣传社会主义倾向的刊物达200余种。《新青年》、《每周评论》、《星期评论》、《晨报》副刊、《共产党》、《武汉星期评论》、《广东群报》、《国民》、《新潮》、《少年中国》、《改造》、《京报》、《时事新报》副刊《学灯》、《民国日报》副刊《觉悟》、《建设》、《湘江评论》、《新社会》、《人道》、《平民教育》、《曙光》等,都有不少篇幅宣传马克思主义。这些刊物或正面阐释马克思主义理论,或批驳反马克思主义的错误思潮,或登载十月革命及苏维埃俄国的新闻报道,或介绍无产阶级革命导师生平事迹,从而成为马克思主义走近中国知识界的主要载体。

马克思主义在中国迅速而广泛的传播,为中国共产党创建准备了思想条件。中国共产党自诞生之日起,就把马克思主义作为指导思想,把实现社会主义和共产主义作为最终奋斗目标,树立了坚定的共产主义理想信念。马克思主义关于共产主义是人类最理想社会制度的学说,是全体中国共产党人最主要的力量源泉和精神支柱,也是在井冈山开展艰苦卓绝斗争的军民的精神支柱。

共产主义信念是对共产主义的坚定信仰、深厚感情和为共产主义理想而奋斗的坚强意志。毛泽东始终坚信马克思列宁主义,高举伟大的共产主义旗帜,领导井冈山军民进行英勇无比的奋斗。他曾经指出,在当时的中国,要造成一种新的风尚固然要有一班刻苦励志的"人",尤其要有一种为大家共同信守的"主义",因为"主义譬如一面旗子,旗子立起了,大家才有所指望,才知所趋

---

① 中共中央文献研究室、中共湖南省委编《毛泽东早期文稿》,湖南出版社,1990,第454页。
② 荫柏:《对于发起俄罗斯研究的感言》,湖南《大公报》1920年8月27日。

赴"①。他说:"到了1920年夏天,在理论上,而且在某种程度的行动上,我已成为一个马克思主义者了。"②"我一旦接受了马克思主义是对历史的正确解释以后,我对马克思主义的信仰就没有动摇过。"③

马克思主义给毛泽东以思想启蒙,毛泽东在斗争实践中又创造性地发展了马克思主义,并以此指导中国革命实践。后来他回忆道:"那个时候,给我安了一个名字叫'枪杆子主义',因为我说了一句'枪杆子里头出政权'。……的确,马克思没有这么讲过,但是马克思讲过'武装夺取政权',我那个意思也就是武装夺取政权,并不是讲步枪、机关枪那里头就跑出一个政权来。"④

(三)马克思主义中国化的伟大开篇

井冈山精神形成的最直接的理论基础,是马克思主义理论与中国革命实践相结合的初始成果——中国红色政权发生、存在、发展的理论。

大革命失败后,中国共产党开始独立承担领导中国革命的重担,在创建红军和建立根据地过程中,结合中国实际,对中国革命道路问题进行了艰难的探索。"红旗到底打得多久"的问题,是关系到中国革命胜利的最根本问题。这个问题不是哪一个人提出来的,而是代表了当时相当一部分同志的一种思想。为此,毛泽东通过在井冈山的理论思考,撰写了《中国的红色政权为什么能够存在?》,系统地回答了这个问题。

毛泽东指出:"一国之内,在四围白色政权的包围中,有一小块或若干小块红色政权的区域长期地存在,这是世界各国从来没有的事。这种奇事的发生,有其独特的原因。而其存在和发展,亦必有相当的条件。""有些同志在困难和危急的时候,往往怀疑这样的红色政权的存在,而发生悲观的情绪。这是没有找出这种红色政权所以发生和存在的正确的解释的缘故。"⑤

---

① 中共中央文献研究室编《毛泽东年谱(1893—1949)》上卷,中央文献出版社,1993,第71页。
② 胡绳:《中国共产党的七十年》,中共党史出版社,1991,第17页。
③ 毛泽东:《毛泽东自述》,人民出版社,1993,第39页。
④ 毛泽东:《毛泽东文集》第7卷,人民出版社,1999,第105页。
⑤ 毛泽东:《毛泽东选集》第1卷,人民出版社,1991,第48-49页。

毛泽东分析了中国红色政权发生、存在、发展的原因和要具备的条件。"第一，它的发生不能在任何帝国主义的国家，也不能在任何帝国主义直接统治的殖民地，必然是在帝国主义间接统治的经济落后的半殖民地的中国。因为这种奇怪现象必定伴着另外一件奇怪现象，那就是白色政权之间的战争。""第二，中国红色政权首先发生和能够长期地存在的地方，不是那种并未经过民主革命影响的地方，例如四川、贵州、云南及北方各省，而是在一九二六和一九二七两年资产阶级民主革命过程中工农兵士群众曾经大大地起来过的地方，例如湖南、广东、湖北、江西等省。""第三，小地方民众政权之能否长期地存在，则决定于全国革命形势是否向前发展这一个条件。""第四，相当力量的正式红军的存在，是红色政权存在的必要条件。""第五，红色政权的长期的存在并且发展，除了上述条件之外，还须有一个要紧的条件，就是共产党组织的有力量和它的政策的不错误。"①

在井冈山期间，毛泽东还撰写了《井冈山的斗争》《星星之火，可以燎原》《反对本本主义》等光辉著作，科学地回答了红旗能够打多久、中国革命向何处去的问题，明确了井冈山斗争的方向，展示了"以农村包围城市，最后夺取全国胜利"的光辉前景，坚定了革命事业必胜的信心，鼓舞、激励着党和红军百折不挠、无坚不摧的斗志，为井冈山精神的形成奠定了理论基础。

实践是认识的基础和前提，革命实践是革命理论的源泉。井冈山艰苦卓绝的斗争是井冈山精神形成的实践基础。井冈山革命根据地的建立，是中国共产党人在实践中将马克思主义与中国革命实践相结合的典型开端。从1927年10月至1930年2月共两年零四个月的井冈山斗争，则为井冈山精神形成提供了实践前提和养分。

---

① 毛泽东:《毛泽东选集》第1卷，人民出版社，1991，第49—50页。

第二章 02

井冈山精神的实践基础：血与火的革命斗争

　　一个时代有一个时代的精神底色。在井冈山革命斗争中砥砺形成的井冈山精神，就是那个时代的精神底色，并成为中国共产党革命精神的重要源头。要弄清井冈山精神是如何孕育和生成的，就要首先了解井冈山革命根据地创建和发展的历史进程，了解井冈山斗争时期血与火的革命斗争实践。

图2-1　井冈山浮雕

井冈山精神是以毛泽东同志为代表的中国共产党人在创建井冈山革命根据地、开辟中国革命新道路、进行艰苦卓绝的革命斗争中培育和形成的革命精神。井冈山革命根据地从1927年10月至1930年2月，存在了两年零四个月。虽然存续时间不算长，但在这段艰难而光辉的岁月里，以毛泽东同志为代表的中国共产党人进行了一系列具有开创性的伟大探索，这对于中国共产党领导中国革命胜利产生了极为重要而深远的影响。这也是我们认识和把握井冈山精神必须了解的基本前提。

一、中国共产党为什么引兵井冈山？

1927年是中国革命历史上不平凡的一年。就在这一年，北伐战争节节胜利，工农运动不断高涨；但是，4月和7月，国民党蒋介石、汪精卫集团先后在上海和武汉发动反革命政变，大肆捕杀共产党人和革命群众，宣布与共产党决裂。曾激起许多国人希望的轰轰烈烈的大革命，就这样失败了。据统计，1927年3月至1928年上半年，被杀害的共产党人和革命群众达31万余人，其中共产党员2.6万人。在这残酷的白色恐怖下，共产党员由近6万人锐减至1万余人。一时间，黄浦江头、湘江两岸，直至大河上下、长城内外，到处血雨腥风，中国革命再次陷入低潮。

中国革命向何处去？这是摆在年轻的中国共产党人面前的重要问题。在这危急关头，一批坚定的共产主义者没有被吓倒，他们冒着生命危险果敢地站起来，擦干身上的血迹，掩埋好同伴的尸体，又继续战斗。1927年8月1日，南昌起义爆发。以周恩来为书记的中国共产党前敌委员会（以下简称前委）领导起义，周恩来、贺龙、叶挺、朱德、刘伯承等领导的国民革命军2万余人打响了武装反抗国民党反动派的第一枪。南昌起义是中国共产党独立创建人民军队和领导武装斗争的开始。

1927年8月7日，中共中央在湖北汉口召开紧急会议，即著名的八七会议。会议总结了大革命失败的教训，结束了陈独秀右倾机会主义错误在中央的统治，确定了土地革命和武装反抗国民党反动派的总方针，并作出了秋收起义的决策。会议为处于严重危机中的中国共产党指出了继续斗争的目标，极大地振奋了全党的革命斗志，为挽救党和中国革命作出了巨大贡献。八七会议通过的《最近农民斗争的决议案》明确指出："共产党现时最主要的任务是有系统的、有计划的、尽可能的在广大区域中准备农民的总暴动，利用今年秋收时期农村中阶级斗争剧烈的关键"①。8月9日,中共中央临时政治局第一次会议决定,毛泽东以中央特派员身份与彭公达一同到湖南传达八七会议精神,改组湖南省委,领导秋收起义。

(一)新起点的酝酿:"向萍乡方向转移"②

八七会议后,毛泽东以中央特派员身份返回长沙,改组湖南省委,积极策划和部署领导秋收起义。1927年8月18日,在湖南省长沙市郊沈家大屋,毛泽东以中央特派员身份出席了改组后召开的湖南省委第一次会议。会议制订了以长沙为中心的暴动计划,并请示中共中央。中共中央常委专门召开会议讨论湖南工作问题,于8月23日以中共中央名义复函湖南省委,"你们决以长沙为暴动起点的计划,在原则上是对的"③,并要求尽可能同时在湘南、湘中发动暴动,以免陷一地于孤立。④湖南省委经讨论决定发动以长沙为中心,包括湘潭、宁乡、醴陵、浏阳、平江、安源、岳州等县的湘中暴动,"公达到中央报告计划,泽东到浏、平的农军中去当师长,并组织前敌委员会"⑤。

参加起义的各支武装力量均驻扎江西境内。1927年9月初,毛泽东从长沙到达江西安源,以中共中央特派员和湖南省委秋收起义前委书记身份在张家湾工人补习学校召开了部署秋收起义的军事会议。会议确定了湘赣边秋收起义的编制,部署了起义的进军路线,初步拟定了起义部队分三路向长沙攻击前进的方案:第一路(第二团)进攻萍乡与醴陵,向长沙取包围形势,但无论如何不能放弃萍乡、安源,以防被敌人断绝退路,同时要株洲区委发动株洲工农扰乱敌人后方,配合醴陵农民暴动;第二路(第一团)从修水向平江进攻,并发动

---

① 中共中央文献研究室编《建党以来重要文献选编(1921—1949)》第4册,中央文献出版社,2011,第442页。
② 张泰城使用的是"向萍乡退却"的说法。转引自张泰城《井冈山精神》,中共党史出版社,2017,第6页。
③ 中共中央文献研究室编《毛泽东年谱(1893—1949)(修订本)》上卷,中央文献出版社,2013,第210页。
④ 中央档案馆编《中共中央文件选集》第3册,中共中央党校出版社,1989,第350页。
⑤ 中共中央文献研究室编《建党以来重要文献选编(1921—1949)》第4册,中央文献出版社,2011,第544页。

平江农民在全县暴动，夺取平江后再向长沙推进；第三路（第三团）由铜鼓向浏阳进攻，并发动浏阳农民在四乡暴动，逼进长沙。①从参加起义主力军的构成来看，一部分是没有赶上参加南昌起义的国民革命军第四集团军第二方面军武汉国民政府总指挥部警卫团；另一部分是湖南平江和浏阳的农军，湖北崇阳和通城的部分农军，江西安源煤矿的工人武装，以及江西安福、莲花、醴陵等地的农军，共计5000余人，统编为工农革命军第一军第一师，下辖三个团。这次会议还听取了潘心源、王兴亚关于湘赣边界军队情况的详细报告。王兴亚曾向毛泽东建议：如果起义失败，可投奔其朋友袁文才、王佐。这对于起义失利后引兵井冈山起了重要作用。

9月5日，毛泽东在安源写的信被送达湖南省委。毛泽东在这封信中，提出长沙暴动要与前方军事行动相配合，否则会失败；相约9月11日安源暴动，9月18日进攻长沙。湖南省委常委会会议讨论并决定：9月9日开始破坏铁路，9月11日各县暴动，9月15日长沙暴动。会后随即通知各地执行。第二天，毛泽东得知湖南省委常委会会议关于秋收暴动日期的决定后，立即以中共湖南省委前委名义向工农革命军第一师三个团下达秋收起义计划与部署，要求积极做好暴动准备。毛泽东在安源将工作安排就绪后，同潘心源等赴铜鼓第三团领导秋收起义。9月8日晚，湖南省委发布了《关于夺取长沙的命令》，揭开了湘赣边界秋收起义的序幕。

9月9日，湘赣边界秋收起义爆发。起义军从修水、安源、铜鼓三地开始暴动，计划取道平江、浏阳、醴陵、株洲，再兵分三路合攻长沙。起义军打了一些胜仗，曾占领醴陵、浏阳县城和一些城镇。然而，由于敌强我弱、经验不足、指挥失当，以及受到收编的邱国轩团叛变等因素的影响，起义军三路人马在会攻长沙时均处于被动局面，损失严重。其中，第一团在金坪失利，第二团在浏阳溃散，第三团在东门受挫。根据苏先骏的报告，起义军"军威甚是不振"，"竟致溃不成军"②。至9月14日，仅5天时间，工农革命军第一师已由

---

① 中共中央文献研究室编《毛泽东年谱（1893—1949）（修订本）》上卷，中央文献出版社，2013，第213页。
② 井冈山革命博物馆编《井冈山革命根据地》（历史文献），中共党史资料出版社，1987，第21页。《毛泽东年谱》中写道，9月17日，工农革命军第一师第二团"仓促突围，溃不成军。突围出来的余部向文家市方向撤退"。

5000人锐减至1500人。在起义军面临全军覆没的危急时刻，率军退至浏阳上坪的毛泽东，召开第三团干部会议，果断决策，放弃原定攻打长沙的计划，暂时向江西萍乡方向转移，并以前委书记名义，命令各路部队前往文家市会合。经过几天的行军，至9月19日，秋收起义部队第一、第三团及第二团余部会师文家市。这次会师在中国革命史上具有重要意义。

在文家市里仁学校，毛泽东连夜主持召开前委会议，讨论工农革命军的行动方向问题。会议经过激烈争论，否定了师长余洒度等坚持"取浏阳直攻长沙"的意见，在总指挥卢德铭等支持下，采纳了毛泽东关于放弃进攻长沙的主张，决定转向敌人统治力量薄弱的农村、山区寻求落脚点，以保存实力、再图发展。这是"从进攻大城市转向农村进军的新起点"①。

9月20日晨，毛泽东在里仁学校操场上向工农革命军第一师全体人员讲话，宣布中共前委关于不打长沙转兵向南的决定。毛泽东在讲话中指出，中国革命没有枪杆子不行。这次秋收起义虽然受了挫折，但算不了什么，胜败乃兵家常事。我们的武装斗争刚刚开始，万事开头难，干革命就不要怕困难。我们有千千万万工人和农民群众的支持，只要我们团结一致，继续勇敢战斗，胜利是一定属于我们的。我们现在力量很小，好比是一块小石头，蒋介石好比是一口大水缸，总有一天，我们这块小石头，要打破蒋介石那口大水缸。现在不是我们要去的地方，我们要到敌人统治比较薄弱的农村去，发动农民群众，实行土地革命。

（二）创建新型人民军队的重要开端："三湾改编"

1927年9月21日，毛泽东和卢德铭、余洒度率领工农革命军从文家市出发，沿罗霄山脉向南转移，向江西萍乡、莲花前进，开始向敌人力量薄弱的农村山区进军。22日，部队进入萍乡县上栗时，得知萍乡县内驻有敌军。毛泽东遂与师部决定转东向南，绕道芦溪进入莲花。经过两天的行军，24日到达萍乡芦溪并宿营。25日拂晓，部队从芦溪出发，向莲花前进。由于军事侦察

---

① 中共中央文献研究室编《毛泽东年谱（1893—1949）》上卷，中央文献出版社，1993，第219页。

不力、敌情不明,遭敌人袭击,损失人、枪各二三百。总指挥卢德铭为掩护主力部队撤退而英勇牺牲。在这种局面下,毛泽东发表讲话,要求指战员不要怕行军困难,不要怕暂时受挫,要看到光明。当天晚上,部队进至莲花县甘家村,毛泽东听取了当地党组织负责人的汇报,决定攻打莲花县城。26日清晨,工农革命军冒雨行军,在当地党组织和革命群众的配合下,很快就攻克了莲花县城。这是自文家市退兵以来的第一场胜利。26日下午,毛泽东在莲花县城召开莲花县党组织负责人会议,朱亦岳等汇报了莲花县党组织、农民武装以及永新、宁冈农民武装斗争等情况,证实井冈山确有两支地方武装①。与此同时,综合宋任穷带来的江西省委密信中提到的"宁冈县有我们党的武装,有几十支枪"的信息,作出了"引兵井冈"的伟大决策,史称"莲花决策"。

9月27日,工农革命军离开莲花向永新进发。在行军途中,因脚痛而行动不便的毛泽东坚持不坐担架,与大家一起行走。根据谭希林的回忆,"他(指毛泽东)拒绝说,大家走我也走,大家休息我也休息,我走不赢就慢慢跟着走。他忍着疼痛,一边走一边同战士们亲切交谈。毛泽东同志这种艰苦奋斗的精神,使我们非常感动。"②然而,此时的起义军,因长时间的频繁战斗,伤员增加;因连续行军,长途跋涉,有一些人怕苦怕累,有一些人掉了队,少数人自行离队;因疟疾流行,病员增多,有的伤病员因缺医缺药而病死在路旁。一些长官存在打骂士兵的旧军队习气,有的长官怕艰苦而离队自寻出路。"逃跑变成了公开的事,投机分子竟然互相询问,'你走不走?''你准备往哪儿走?'"③

9月29日,起义军到达永新县三湾村。这里群山环抱,敌追兵已被摆脱,没有地方反动武装,因而比较安全。工农革命军在这里休整了5天。到达三湾村的当晚,毛泽东在泰和祥杂货铺主持召开了中共前委扩大会议,针对部队党组织不健全、部分官兵悲观动摇、官多兵少、枪多人少、旧军阀习气重等问

---

① 中共中央文献研究室编《毛泽东年谱(1893—1949)》上卷,中央文献出版社,1993,第221页。
② 金冲及:《毛泽东传(1893—1949)》,中央文献出版社,2004,第161页。
③ 井冈山革命博物馆编《井冈山革命根据地》下册,中共党史资料出版社,1987,第176页。

题，决定对留下来的不足千人的部队进行改编，史称"三湾改编"。习近平总书记曾指出，党对军队绝对领导的根本原则和制度，发端于南昌起义，奠基于三湾改编，定型于古田会议。①

图2-2　三湾改编旧址

三湾改编的内容是：将部队缩编为一个团，称工农革命军第一军第一师第一团，改编时明确提出去留自愿，愿留则留，不愿留则发给路费，希望他们继续革命；在军队内实行民主制度，长官不准打骂士兵，士兵有开会说话的自由，连、营、团三级建立士兵委员会；建立党的各级组织和党代表制度，支部建在连上，班排设党小组，连以上设党代表，营、团建立党委。部队由以毛泽东为书记的中共前委统一领导，确立了党对军队领导的重要原则。这为建立新型人民军队奠定了基础。

在三湾村，毛泽东从建立落脚点出发，给袁文才和中共宁冈县委负责人龙超清写信联系，派三湾村一农民送到井冈山北麓宁冈茅坪。袁文才接信后，同龙超清、龙国恩等一起商讨，并决定派龙超清等去三湾接头。10月初，毛泽东向龙超清等说明了工农革命军的政治主张和来意，表达了希望同袁文才部合

---

① 中共中央文献研究室编《十八大以来重要文献选编》下册，中央文献出版社，2018，第811页。

作、一道开展革命斗争的意愿。龙超清则表示，欢迎工农革命军进驻宁冈，可以先到古城。10月3日，工农革命军第一军第一师第一团离开三湾向宁冈古城前进。当晚，毛泽东会同前委委员、工农革命军营以上干部、宁冈县党组织负责人和袁文才代表，在古城文昌宫召开前委扩大会议，历时两天。会议传达了八七会议精神，初步总结了湘赣边界秋收起义以来的经验教训，着重讨论了在罗霄山脉中段建立革命根据地以及对袁文才、王佐地方武装实行团结改造的方针等问题，作出了"以宁冈为中心，建立革命根据地"的"古城决策"。会议进一步了解了井冈山地区情况，确定对袁文才、王佐两支地方武装采取团结、改造的方针；尽快在茅坪设立后方留守处和部队医院。会后，毛泽东带领少数随员，如约在大仓村与袁文才会面，送给袁文才100条枪，鼓励其扩大和巩固部队，坚持革命斗争。毛泽东的真诚与雄才大略，不仅打消了袁文才的疑虑，而且赢得了他的信任与支持。袁文才回赠1000块银元，并接纳工农革命军"茅坪安家"。

（三）根据地创业奠基

10月7日，毛泽东率工农革命军进驻井冈山脚下茅坪一带，并在袁文才部帮助下，设立了留守处和后方医院。这样一来，部队的辎重和多余的枪支就有了安放的地方，伤病员也得到了妥善安排。何长工曾回忆说："在古城会议上，……决定要在茅坪设立一个后方，把卫生队放在那里，要安下家来"[①]。毛泽东曾在湘赣边界党的一大上说："现在我们有了家，就不要乱跑了，要在这里发家"[②]。其目的是以此为基点，开始新的更广阔的战斗。正如范树德回忆时所说："部队到了宁冈，把一些伤病兵送到茅坪，从而使病员得到了妥善的安排，使战斗兵与伤病员分开，减轻了负担，提高了战斗力。"[③]

工农革命军创办的茅坪后方医院，是井冈山革命根据地的第一所医院。院长为曹嵘，党代表为赵发仲。在当时的条件下创办医院，只能因陋就简。据肖

---

① 余伯流、陈刚：《井冈山革命根据地史》，江西人民出版社，2014，第77页。
② 同上书，第81页。
③ 同上书，第80页。

明回忆,"医院的药材十分缺乏,虽然各地党组织想方设法冲破重重困难,把升汞(治疗枪伤用)、碘片等西药送到根据地里,但总是不够用。……医院经常组织医务人员和附近的群众上山采草药。采药时,由懂的人采个标本,然后大家照样子采。"毛泽东对这所医院建设十分关心,经常去看望伤病员和医护人员,还把当地群众送给他的鸡蛋转送给伤病员吃。这使医院既是医治疾病的场所,也成为一个政治大课堂。①

图2-3 酃县水口村(今炎陵县水口镇)叶家祠

10月8—10日,毛泽东和团部决定,留下伤病员和留守机关,部队沿湘赣边界开展游击活动,扩大政治影响,调查井冈山周围情况。工农革命军第一师第一团主力先到湖南酃县进行革命活动,打击反动势力,发动群众、联络农军,解决经济给养问题。

10月13日,部队到达酃县水口。水口是地处湖南、江西两省交界的一个小山村,曾受过大革命的影响,有过党的组织。毛泽东在水口的朱家祠、桥头分别听取了酃县党组织代表的情况报告,商谈打土豪分田地之事。

与此同时,师长余洒度不辞而别、脱离部队的情况,让毛泽东决计开展党建工作,以巩固"三湾改编"的成果。经各连队党代表推荐,毛泽东在团部驻

---

① 余伯流、陈刚:《井冈山革命根据地史》,江西人民出版社,2014,第76-77页。

地水口村叶家祠亲自主持了欧阳健、赖毅、李恒、鄢辉等6名新党员入党宣誓仪式。简陋的会场布置得庄严肃穆。除了几条长凳外，就是靠北墙的一张四方桌，桌子上点着一盏煤油灯，桌边压着两张下垂的长方形红纸。其中一张纸上工工整整地写着入党誓词，毛泽东带领新党员宣读誓词："牺牲个人，阶级斗争，服从组织，严守秘密，永不叛党……"他还要求各连党代表回去后就组织连队党支部，抓紧发展新党员工作。① "水口建党"是人民军队历史上最早的一次建党活动，从此军队中党的建设由秘密转为公开。此后，发展优秀分子入党成了工农革命军的重要工作，各连队都相继举行了党建活动。这不仅为党增添了新鲜的血液，而且增强了军队的凝聚力和战斗力。

在"水口建党"的同时，毛泽东深入开展社会调查，并从搜集到的国民党报纸上了解到南昌起义失利的消息，从而坚定了在罗霄山脉中段建立革命根据地的主张。在获悉敌军从茶陵进攻水口的消息后，当即决定派第一营第二、第三连袭击茶陵，扰乱敌人的进攻计划，筹得款子后到井冈山会合。革命军主力则向桂东和江西遂川交界转移，不料在遂川大汾遭地主武装"靖卫团"袭击，部队被冲散为两部分：一部分在毛泽东带领下，经黄坳、荆竹山向井冈山进发；另一部分则去了桂东与南昌起义余部会合。10月24日晚上，部队在王佐的迎接下到达大井。

上山之前，毛泽东在荆竹山向部队作动员讲话，明确指出上井冈山要建立根据地，要求大家一定要与山上的群众及王佐部队搞好关系，做好群众工作。为此，毛泽东宣布了工农革命军"三项纪律"：一、行动听指挥；二、不拿群众一个红薯；三、打土豪要归公。这是人民军队的第一个军事条令。②

（四）中国第一个农村革命根据地建立

井冈山革命根据地的建立，在中国革命史上具有里程碑意义。1927年10月27日，工农革命军进驻茨坪。11月初，毛泽东率一部分部队回到茅坪，开

---

① 中共中央文献研究室编《毛泽东年谱（1893—1949）（修订本）》上卷，中央文献出版社，2013，第222页。
② 同上书，第223页。

始创建以宁冈为大本营的井冈山革命根据地①，这也是中国第一个农村革命根据地。

为布置在湘赣边界的长期斗争，毛泽东随即着手开展党政军建设。11月上旬，在茅坪象山庵召开了宁冈、永新、莲花三县党组织负责人会议，指示边界各县尽快恢复和建立党的组织，发动群众打土豪、分财物、筹款子，尤其要巩固和发展地方农民自卫军。同时重视对袁文才、王佐部队的改造。11月中旬，毛泽东获悉，国民党新军阀李宗仁部与唐生智部在湖南境内混战，湘赣敌军大部分卷入，茶陵敌军也被调离驻地。为了迅速开创边界斗争新局面，毛泽

图2-4 酃县工农兵政府所在地

东和前委决定抓住战机，命令工农革命军攻打茶陵。在攻打茶陵的途中，工农革命军发动群众打土豪、筹款子。18日，攻克茶陵县城。

工农革命军一进城，就占领县衙，安定社会秩序。这是工农革命军进军井冈山之后占领的第一座县城，由于缺乏政权治理经验和思想准备，成立的茶陵县人民委员会则"按旧章程办事"②。茶陵群众深感失望，"说是同旧军队、旧政府相比，'换汤不换药'。"③毛泽东在宁冈立即给茶陵去信，主张打碎旧的县

---

① 中共中央文献研究室编《毛泽东年谱（1893—1949）（修订本）》上卷，中央文献出版社，2013，第223-224页。
② 井冈山革命博物馆编《井冈山革命根据地》下册，中共党史资料出版社，1987，第208页。
③ 《谭震林传》编写组：《谭震林传》，浙江人民出版社，1992，第25页。

政权机构，建立真正代表人民群众利益的工农兵政权。11月28日，进驻茶陵的工农革命军根据毛泽东的意见，撤销了成立的茶陵县人民委员会，发动群众建立了湘赣边界第一个红色政权——茶陵县工农兵政府，选举工人出身的谭震林任政府主席。县政府下设民政部、财经部、青工部、妇女部，分别由杨绍震、罗尚德、罗青山、陈叔同担任部长。同时，还成立了县赤卫大队、县工会、县农会等组织。这启示我们，人民政权不能简单地接受旧的国家机器，必须在武装夺取政权后建立代表人民意志和根本利益的新的革命政权。

正当工农革命军在茶陵开展群众工作时，湘敌第八军以一个正规团的兵力，并纠集湖南几个县的"挨户团"共十几个连的兵力向茶陵扑来；但是，工农革命军仅有一个营的人马，形势异常严峻。工农革命军遂即撤出县城。此时，团长陈浩等企图将部队拉往湘南投靠敌方鼎英部。毛泽东及时赶至茶陵，在湖口揭露了陈浩等人的叛变阴谋，并将他们逮捕。部队返回宁冈大本营后，于12月29日在砻市沙洲上召开大会，处决了叛徒陈浩、徐庶、韩昌剑、黄子吉等，并总结了茶陵群众工作经验和对敌斗争教训，规定和宣布了工农革命军的三大任务：第一，打仗消灭敌人；第二，打土豪筹款子；第三，宣传群众、组织群众，帮助群众建立革命政权。三大任务的制定与颁布，明确了工农革命军作为武装集团的政治目标和任务，即不仅要消灭敌人，解决经济给养，还要帮助群众建立革命政权。

尽管茶陵县工农兵政府因强敌进攻，仅存在了一个月，有些工作还来不及充分展开，或者做得还不够，但它毕竟是具有开创意义的建政探索，为红色政权建立和发展提供了许多宝贵的经验和教训。谭震林回忆说："在茶陵，我们取得打碎旧政权、建立新政权的经验。"① 习近平总书记曾指出，"吃水不忘掘井人"，红色江山来之不易，是千千万万革命前辈用鲜血换来的。我们要牢记红色政权是从哪里来的，始终铭记缅怀革命先烈。茶陵县工农兵政府的建立，就是中国红色政权形成的重要实践源头。

1928年1—2月，湘赣边界迎来了武装斗争建立红色政权、发动群众打土豪的革命高潮。1928年1月，毛泽东和前委根据遂川守敌薄弱的情报，决定攻打遂川。1月4日，毛泽东率领工农革命军第一团，迎着刺骨的寒风，沿着崎

---

① 井冈山革命博物馆编《井冈山革命根据地》下册，中共党史资料出版社，1987，第12页。

岖的山路南下向遂川挺进。工农革命军很快抵达遂川县西北重镇大坑,向盘踞在这里的肖家璧"靖卫团"发起攻击,不到3小时即击溃肖家璧部,并乘胜追击。肖家璧的败讯很快传到遂川县城,一些土豪劣绅闻风丧胆,准备随同罗普权的"靖卫团"仓皇出逃。逃离县城前,他们坏事干尽,一边恫吓人民群众,威胁说"谁接近共产党,回来便杀谁的头";一边造谣诬蔑,称"共产党来了要共产","爱杀人放火"。县城内顿时人心惶惶。当地群众不了解工农革命军,但是对旧军队抓夫摊差、巧取豪夺的手段印象恶劣,以为工农革命军也像军阀军队一样作风败坏,吓得都躲了起来。

1月5日,工农革命军攻占遂川县城,但见到的是一种冷冷清清的景象。毛泽东马上找街上的老表谈心了解情况,很快查明了原委。随后,工农革命军以班排为单位分散活动,向广大群众宣传我们党的主张,发动群众起来革命,打土豪筹款子;并将缴获的几百担白布和6台缝纫机运回宁冈茅坪,委派余贲民办起了桃寮被服厂。毛泽东在县城五华书院召开遂川、万安县委联席会议,首次提出了"敌来我去,敌驻我扰,敌退我追"的游击战争"十二字诀",并建议万安县委将斗争方向转到赣江以西,同井冈山联系,依托更有利的地形再向前发展。[1]他还提出了保护中小商人的政策,明确规定要保护他们的财产和买卖,不能随意侵犯他们的利益。在草林圩召开群众大会时,毛泽东说,连商人的一颗红枣都不能动,鼓励中小商人放心做生意。[2]

1月21日,毛泽东率部队返回遂川县城,同县委商议筹建县工农兵政府的各项事宜,建议县委在调查研究的基础上草拟一份县工农兵政府"临时政纲",并讲了"政纲"的主要内容。中共遂川县委书记陈正人根据毛泽东的指示,很快就写出了《遂川县工农兵政府临时政纲》初稿。毛泽东亲自修改,用通俗易懂的语言代替一些深奥的语句。该《政纲》在24日举行的工农兵政府成立大会上获得通过。这是"茶陵、遂川建设工农兵政权经验的初步总结"[3]。

1月24日,召开遂川县工农兵政府成立大会,选举贫农出身的共产党员王

---

[1] 中共中央文献研究室编《毛泽东年谱(1893—1949)(修订本)》上卷,中央文献出版社,2013,第230页。

[2] 同上书,第229页。

[3] 同上书,第231页。

次淳担任工农兵政府主席，宣告成立县农民协会、县总工会、县赤卫大队。毛泽东在出席遂川县工农兵政府成立大会时发表的重要讲话中，号召人民群众团结起来，打倒国民党反动派，打倒土豪劣绅，开展土地革命；要自己拿起枪来，和工农革命军一道同敌人作斗争，巩固和扩大红色政权。针对部队第一次下乡的经验与教训，毛泽东在李家坪召开大会，提出了工农革命军最早的"六项注意"：一、还门板；二、捆铺草；三、说话和气；四、买卖公平；五、不拉伕，请来伕子要给钱；六、不打人不骂人。他还要求部队，每到一地都要检查"六项注意"执行情况。

  2月上旬，国民党江西省政府主席朱培德下令对工农革命军发动第一次"进剿"。毛泽东和前委作出决定，以"集中优势兵力"，对被敌占领的宁冈县城新城取包围之势。2月17日，毛泽东在茅坪攀龙书院主持召开军事会议，部署攻打新城的战斗，制定了"三面攻击，一面埋伏，在运动中消灭敌人的作战方针"①。当晚，部队埋伏在新城周围，趁国民党军队18日清晨出来架枪做徒手体操之际发起猛烈进攻，激战半天后攻克新城，活捉了国民党宁冈县县长张开阳，歼灭敌一个独立营和"靖卫团"300余人，俘虏100多人，取得了井冈山革命根据地创建以来的首次大捷。21日，宁冈县工农兵政府宣告成立，由雇农出身的文根宗任主席。接着，宁冈各区、乡工农兵政府相继成立。同一天，以龙超清为书记的中共宁冈县委，以石敬庭为大队长的县赤卫大队，也宣告成立。毛泽东在群众大会上指出："人民群众用枪杆子推翻了旧政府，建立工农兵自己的政府，这是一件了不起的大事。"②

  从1927年10月至1928年3月，在以毛泽东为书记的前委领导下，茶陵、遂川、宁冈、永新四县委，酃县特别区委，莲花特别支部先后成立；工农革命军发展为两个团，并帮助地方建立赤卫队、暴动队等组织，发动群众开展打土豪筹款子的游击活动。工农革命军先后攻克了茶陵、遂川、宁冈三县，成立了县工农兵政府。永新、遂川两县交界的井冈山区成立了新遂边陲特别区政府。这意味着，以宁冈为中心的井冈山革命根据地初具规模，湘赣边界的工农武装

---

① 中共中央文献研究室编《毛泽东年谱（1893—1949）（修订本）》上卷，中央文献出版社，2013，第232页。
② 同上书，第233页。

割据局面已经形成，从而点燃了中国革命的星星之火。①

二、星星之火，可以燎原

随着井冈山革命根据地的初步创建，井冈山革命斗争进入一个新的发展阶段。1928年4—7月，井冈山会师得以实现，根据地得以拓展，边界土地革命兴起，红军建设扎实推进，井冈山革命根据地进入全盛时期。

（一）"朱毛会师"：具有重大历史意义的大事件

正当井冈山革命根据地武装斗争和党政军建设如火如荼展开之时，朱德、陈毅率领的南昌起义余部在三河坝激战三昼夜之后，于1927年10月5日撤出战斗，并与潮汕突围的第三师在饶平会合。他们在饶平茂芝全德学校召开干部会议，作出"隐蔽北上，穿山西进，直奔湘南"②的决策。为巩固部队，保存革命火种，朱德等人分别于安远天心圩、大余及崇义上堡对部队进行整顿、整编和整训，史称"赣南三整"。朱德独创性地把思想教育、组织整顿、军事训练三者结合起来，为人民军队建设积累了宝贵经验。"赣南三整"和"三湾改编"不仅时间相近，其做法也极相似，在人民军队发展史上都留下了光辉的一页。

1928年1月，朱德、陈毅率部从粤北转移到湘南，在中共湘南特委和农军的配合下发动湘南起义。革命风暴遍及20个县，先后建立宜章、郴州等6个县苏维埃政府。湘南起义胜利后，遭到了湘粤两省敌军的进攻，加之中共湖南省委和湘南特委以"左"倾盲动主义的"焦土战略"应对，烧毁了宜章至耒阳大道两侧5～30里以内的所有房屋，填掉了全部水井，实行所谓"坚壁清野"策略，严重损害了人民群众的利益和党的威信，导致不少农民"反水"，失去了

---

① 中共中央文献研究室编《毛泽东年谱（1893—1949）（修订本）》上卷，中央文献出版社，2013，第233页。
② 中共中央文献研究室编《朱德年谱（新编本）》上卷，中央文献出版社，2006，第91页。

民心和社会同情，工农革命军很难在当地立足。朱德、陈毅等不得不率部撤出湘南，向井冈山转移。

1928年3月上旬，中共湘南特委周鲁到达井冈山，指责湘赣边界没有执行"使小资产变无产、然后强迫他们革命"的政策，而应"烧、烧、烧，烧尽一切土豪劣绅的房屋！杀、杀、杀，杀尽土豪劣绅的头颅"，且误传毛泽东被开除党籍，取消中共前敌委员会，成立单管军中党的机关、不能过问地方党的师委，以何挺颖为书记，将毛泽东改任师长。这对毛泽东自然是很大的打击，但他没有动摇革命的信念，而是积极担当起师长的职责。① 同时，周鲁还命令工农革命军离开井冈山根据地，策应湘南"年关暴动"。

为执行党的指示，3月中旬，毛泽东和何挺颖率工农革命军分三路离开井冈山，向湖南酃县中村集中待命。毛泽东"看到湘东群众运动很发展，想到茶陵活动，使湘东与湘南联系起来"，并得到周鲁的同意。② 尔后，工农革命军帮助酃县建立起赤卫大队，帮助中村建立起区工农兵政府和一些乡的工农政权。

然而，工农革命军离开井冈山后，当地的土豪劣绅从吉安请兵血洗茅坪。革命根据地遭受敌人的血腥屠杀，砻市、新城、古城等地几十处村庄的房屋被烧，茅坪的烧杀惨况更烈。在这场浩劫中，宁冈、遂川、永新、酃县的红色政权和党组织都遭到了严重破坏，宁冈等地被敌军占领一个多月，造成边界的"三月失败"。刚刚建立的井冈山革命根据地陷入了白色恐怖之中。

进军湘南的工农革命军在酃县中村得知，朱德、陈毅、王尔琢率领的湘南起义部队，遭到了广东、湖南国民党"协剿"军的南北夹击，在湘南难以立足。于是，他们决定分兵两路赶往湘南，接应和掩护这支部队撤退。毛泽东亲率工农革命军第一团离开中村，朝桂东、汝城方向前进；同时，命令袁文才、何长工率第二团朝彭公庙和资兴方向前进。

3月30日，毛泽东率部行军到达桂东县沙田圩。在沙田，一方面分兵深入附近乡村，广泛发动群众打土豪，搞分田试点，建立工农兵政府；另一方面，针对部队受"左"倾盲动主义影响而发生违犯纪律的情况，集合部队进行纪律

---

① 逄先知、金冲及：《毛泽东传》第1卷，中央文献出版社，2013，第173页。
② 中共中央文献研究室编《毛泽东年谱（1893—1949）（修订本）》上卷，中央文献出版社，2013，第234页。

教育，宣布和解释工农革命军的"三大纪律，六项注意"。"三大纪律"是：第一，行动听指挥；第二，不拿工人农民一点东西；第三，打土豪要归公。"六项注意"是：一、上门板；二、捆铺草；三、说话和气；四、买卖公平；五、借东西要还；六、损坏东西要赔。

4月24日前后，毛泽东率工农革命军第一团与朱德、陈毅部队在宁冈砻市会合，史称"朱毛会师"①。4月下旬，根据中共湘南特委的决定，成立工农革命军第四军，并召开第四军党的第一次代表大会。5月4日，在砻市广场举行庆祝两支部队胜利会师大会，宣布正式成立中国工农革命军（后改称中国工农红军）第四军②，朱德任军长，毛泽东任党代表，王尔琢任参谋长，陈毅任士兵委员会主任。第四军下辖6个团（即第二十八团、第二十九团、第三十团、第三十一团、第三十二团、第三十三团）。"朱毛会师"，是中国工农革命军发展史上的一件大事，它大大增强了边界的武装力量，开创了革命根据地的新局面。

（二）拓展壮大：根据地进入全盛时期

"朱毛会师"震惊了南京国民政府和湘赣两省敌军。1928年4月底至6月中旬，驻赣国民党军队对井冈山根据地发动了三次"进剿"。加之同年2月中旬赣敌发动的第一次"进剿"，共四次"进剿"。对此，毛泽东、朱德根据敌情，提出并运用"敌进我退、敌驻我扰、敌疲我打、敌退我追"的游击战术，先后击破了敌人的"进剿"。

第二次反"进剿"中，红四军根据敌情，采取避敌主力、攻击侧翼、声东

---

① 关于"朱毛会师"的时间，有不同的说法。根据一些可靠的资料，可以定为1928年4月24日前后。国民党第十三军第二师周参谋长梗（23日）酉电称："职协同第八军一部于漾日（23日）收复赣县，朱毛残部数千窜赣西。"1928年5月2日，敌方电文又称，第八军第一师熊震全部"养日（22日）克复酃县"。另据萧克1988年回忆，国民党的资料说他们是4月22日或23日收复酃县，那么可以判定毛师长率领的第一团占领酃县在20日左右，退出是22日或23日，到砻市会师大概是23日或24日。
② 1928年5月25日，中共中央颁布《军事工作大纲》，指示："在割据区域所建立之军队，可正式定名为红军，取消以前工农革命军的名义"。工农革命军第四军于6月上半月改称工农红军第四军（简称红四军）。

击西，集中兵力歼敌一路的作战方针。①第三十一团强占七溪岭有利地形，阻击敌第七十九团的进攻；第二十九团在黄坳歼敌一个营；第二十八团在遂川五斗江设伏击溃敌第八十一团，乘胜追击，在永新城附近击溃敌军第七十九团三营和守永新城的第八十团，随即占领永新城。毛泽东在永新县城以中国工农革命军第四军军委书记名义给中共中央写报告，提出应"建立湘赣边界特委，创建以宁冈为中心的罗霄山脉中段政权，用强有力的军事力量去造就湘赣两省的革命根据地"②。

5月，蒋介石得知工农革命军占领永新的消息后，急令朱培德"加紧'剿匪'，不得有误"。朱培德命杨如轩第二十七师从吉安回攻永新，敌军开始了第三次"进剿"。毛泽东、朱德获悉敌情后，主动撤出永新，退回宁冈，采取声东击西、调动敌军、分而歼之的迎敌策略。朱德率红二十八团等在涅田草市坳设伏，全歼敌第二十七师七十九团，击毙敌团长刘安华。随即乘胜攻向永新，并二占永新。6月中旬，朱培德奉蒋介石之命，以第九师师长杨池生为总指挥，以第二十七师师长杨如轩为前线总指挥，率5个团对井冈山发动第四次"进剿"。在国民党南京政府的严令下，湘军吴尚第八军1个师向攸县、茶陵逼近，威胁井冈山根据地的西侧。朱德和毛泽东、陈毅等研究决定，对战斗力较强的湘敌取守势，对战斗力较弱的赣敌取攻势，在湘赣两省敌军"会剿"时，则以小部钳制湘敌，集中力量打击从永新地区来犯之赣敌；同时发动永新、宁冈一带民众积极配合红军主力作战。6月23日，红四军主力在永新与宁冈边界的新、老七溪岭、龙源口一带击溃敌2个团，歼灭敌1个团，缴枪七八百支，乘胜第三次占领永新城。这次战斗是井冈山革命根据地建立以来规模最大、最为激烈的一次战斗。得知胜利消息后，边界军民欢欣鼓舞，作歌谣赞道："不费红军三分力，打败江西两只羊（杨），真好，真好！快畅，快畅！"龙源口大捷后，井冈山革命根据地进入全盛时期，红色割据区域有宁冈、永新、莲花3个县，吉安、安福各一小部分，遂川的北部、酃县的东南部，茶陵的西南

---

① 中共中央文献研究室编《毛泽东年谱（1893—1949）（修订本）》上卷，中央文献出版社，2013，第238页。

② 同上。

部，总面积为7200余平方千米，人口65万人。①

为适应井冈山斗争发展的需要，1928年5月20—22日，毛泽东在宁冈茅坪主持召开了中共湘赣边界第一次代表大会。出席大会的有宁冈、永新、莲花、遂川、鄙县等5个县委和茶陵特别区委及军队代表60余人。大会总结了根据地半年的工作，提出深入土地革命，加强根据地政权建设、军队建设和党组织建设的任务，阐明中国革命战争发展和胜利的必然性与可能性，初步回答了少数人"红旗到底打得多久"的疑问，并重申了创造罗霄山脉中段政权的方针。23日，会议选举产生中共湘赣边界第一届特别委员会，毛泽东为书记。

5月底，毛泽东又在茅坪主持召开了湘赣边界各县第一次工农兵代表大会，成立了湘赣边界工农兵政府，选举产生了执行委员会。湘赣边界工农兵政府的组织为：主席袁文才，军事部长张子清，财政部长余贲民，土地部长谭震林，司法部长邓允庭，青年部肖子南、刘真、胡波，妇女部吴仲廉、彭儒，工农运动委员会宋乔生、毛科文。湘赣边界工农兵政府是边界地方政府最高权力机构，设在茅坪苍边村袁家大屋，统一领导边界各县工农兵政府，下辖宁冈、

图2-5 中国共产党湘赣边界第一次代表大会会址

---

① 中共中央文献研究室编《毛泽东年谱（1893—1949）（修订本）》上卷，中央文献出版社，2013，第244页。

永新、遂川、莲花、茶陵、酃县等县政府。宁冈、永新、莲花、酃县还先后建立了区、乡工农兵政府。湘赣边界工农兵苏维埃政府还在秋收起义时制定的《土地纲要》（草案）的基础上，提出一个没收一切土地平分给农民的实施办法。5—7月，在湘赣边界工农兵政府领导下，湘赣边界各县工农兵苏维埃政府按照没收一切土地、按人口平均分配的政策，开展分田运动。土地革命的深入开展，激发了广大农民群众极大的革命热情。边界地方武装县赤卫队、乡暴动队等有了大的发展。

（三）曲折发展：根据地恢复与巩固

边界进入全盛时期后，中共湖南省委加强了对井冈山根据地的指导。省委巡视员杜修经指令"杀出一条血路，向湘南资兴、耒阳、永兴、郴州发展"[①]。6月30日，毛泽东在永新召开边界特委、红四军军委、永新县委联席会议，决定不执行湖南省委的指示，红四军留在湘赣边界活动，建立以永新为中心的巩固革命根据地。[②]毛泽东综合永新联席会议的意见和决定，向湖南省委力陈不能冒进的六条理由：一是，近一个月来多方洗刷"冒险的遗毒"，"懂得中央及省委上次主张建立宁冈大本营的政策是对的。如现在又马上改变，使四军重新走入转徙游动的道路，四军之改造必更困难"。二是，"湘省敌人非常强硬，实厚力强，不似赣敌易攻"，"故为避免硬战计，此时不宜向湘省冲击，反转更深入了敌人的重围，恐招全军覆灭之祸"。三是，"宁冈能成为军事大本营者，即在山势既大且险，路通两省，胜固可以守，败亦可以跑，且敌人绝对无法把我围着，若加上各县党与群众的基础，实在可以与敌人作长期的斗争，若此刻轻易脱离宁冈，'虎落平阳被犬欺'，四军非常危险。"四是，"此种主张绝非保守观念，过去全国暴动，各地曾蓬勃一时，一旦敌人反攻，则如水洗河，一败涂地。此皆不求基础巩固，只求声势浩大之故。我们此刻力矫此病，一面为军事

[①] 中共中央文献研究室编《毛泽东年谱（1893—1949）（修订本）》上卷，中央文献出版社，2013，第245页。
[②] 杨开明1929年2月给中共中央的报告中曾写道："我刚刚由湖南省委派去边界工作，泽东同志对我说：'我们看永新一县，要比一国还重要，所以现在集中人力在这一县内经营，想在最短的期间内建设一个党与民众的坚实基础，以应付敌人下次会剿'"。

建立一大本营，一面为湘、赣两省暴动前途建立一巩固基础，现我们全力在永新、宁冈工作，日有进步，并向莲花、安福及吉安西南端推进，深入土地革命，创造地方武装"。五是，从经济上说，"湘南各县焚杀之余，经济破产，土豪打尽"，"此刻到湘南去解决经济困难，乃是绝对的不能"。六是，"伤兵增至五百，欲冲往湘南去，则军心瓦解"。①

1928年7月，湘赣两省敌军对井冈山根据地发动第一次"会剿"，意图从茶陵、酃县侵入宁冈，以达到在永新南北夹击的目的。7月9日，毛泽东、朱德、陈毅在永新接到宁冈告急书，当即召开特委、军委联席会议，决定在赣敌尚未发动进攻时，集中工农红军第二十八团、第二十九团、第三十一团（以下简称红二十八团、红二十九团、红三十一团）在龙源口东南绥远山一带侧击从宁冈来犯的湘军。然而，部队到达侧击预定地区时，湘军已经先期通过，侧击计未能实现。在这样的背景下，毛泽东、朱德、陈毅改变军事部署，决定除红三十二团留守井冈山外，分兵两路：一路由朱德、陈毅、王尔琢率领红二十八团、红二十九团跨入湖南境内，攻击湘敌后方营地酃县、茶陵，迫使出击的湘敌回退；另一路由毛泽东、宛希先、朱云卿率领红三十一团经拿山打回井冈山，形成东西夹击湘敌之势。7月13日，红二十八团、红二十九团攻克酃县县城。湘敌第八军2个师被迫于14日退出"会剿"，返回茶陵。与此同时，开进永新的赣敌因无法实现预定与湘敌会合进攻的计划，又遭到红三十一团的袭扰，处于进退维谷之中。朱德、陈毅见预期目的已达到，决定主动撤出酃县，按预定计划返回永新，与红三十一团共同对赣敌作战。

然而，红二十九团竟借口湖南省委有指示红四军开赴湘南的命令，私自开往湘南。郴州一战，红军大队先胜后败、损失惨重，红二十九团损失殆尽。《毛泽东年谱》中记载："红二十九团溃不成军，随即自由行动，一部跑到广东乐昌被土匪胡凤璋部消灭，一部散落在郴州、宜章等地，不知所终。归队的仅百人编入红二十八团"②。《朱德年谱》中记载："第二十九团只剩下团长胡少

---

① 中共中央文献研究室编《毛泽东年谱（1893—1949）（修订本）》上卷，中央文献出版社，2013，第246页。然而，湖南省委8月中旬向中央报告说，毛泽东等来信，反对向湘南暴动，是保守观念，要守在永新、宁冈一带。

② 同上书，第248-249页。

海、党代表龚楚、团部零星工作人员和萧克一个连,总共不过百人"[①]。朱德在沙田召开的党员代表大会上宣布,只有重上井冈山,才能保存和发展这支部队,才能扭转目前的被动局面。[②]

与此同时,毛泽东指挥红三十一团和永新革命群众,利用地势熟悉、敌情较明等条件,采取以逸待劳、四面游击等方式,将赣敌11个团困在永新城及附近30里内达25天,创造了红军游击战史奇观。毛泽东得知红二十九团几乎全团覆没的消息后,决定率红三十一团第三营往湘南迎回红军大队,留下红三十一团第一营、特务连会同红三十二团坚守井冈山。8月23日,毛泽东率部在湖南桂东县城与朱德、陈毅率领的红二十八团会合。劫后重逢,悲喜参半。当晚,毛泽东在桂东唐家大屋召开了营以上干部参加的中共前委扩大会议,总结攻打郴州失败的经验教训。杜修经检讨了自己的错误。朱德、陈毅等也承担了各自的责任。会议决定红四军主力重回井冈山,取消前委,成立以毛泽东为书记的行委,指挥军队行动。25日,毛泽东、朱德、陈毅等率红四军主力分两路从桂东寨前出发,回师井冈山,最终于9月26日回到井冈山。

在行军途中,发生了红二十八团二营营长袁崇全挟二营及团部机关炮连、迫击炮连叛变事件。其中四连的干部察觉袁崇全的阴谋后主动返回军部,另一个连也被红四军参谋长、红二十八团团长王尔琢追回;但是,叛徒袁崇全竟然不顾与王尔琢是同学同乡同年庚兄的情谊,开枪打死了王尔琢(时年25岁)。王尔琢牺牲后,林彪代任红二十八团团长。赣敌得知红军主力已去湘南后,大举反攻。边界党的组织和红色政权绝大部分遭到破坏,"几毁中国革命根基",史称"八月失败"。

1928年8月下旬,湘赣敌军乘红军主力远在湘南欲归未归之际发动了第二次"会剿",企图占领井冈山。当时,敌军已经占领了井冈山革命根据地的所有县城和平原地区。留守井冈山根据地的红三十一团团长朱云卿、党代表何挺颖立即主持召开会议,传达毛泽东在永新西乡会议上提出的坚守井冈山的意见,依靠地方武装和人民群众,以不足一个营的兵力凭险扼守,使用了湘南起义军缴获许克祥的大炮,打退了敌人的进攻,取得了黄洋界保卫战的重大胜

[①] 中共中央文献研究室编《朱德年谱(新编本)》上卷,中央文献出版社,2006,第123页。
[②] 同上书,第124页。

利。毛泽东回师途中闻此消息,欣然命笔写下了《西江月·井冈山》这首词。

西江月·井冈山

山下旌旗在望,山头鼓角相闻。敌军围困万千重,我自岿然不动。
早已森严壁垒,更加众志成城。黄洋界上炮声隆,报道敌军宵遁。

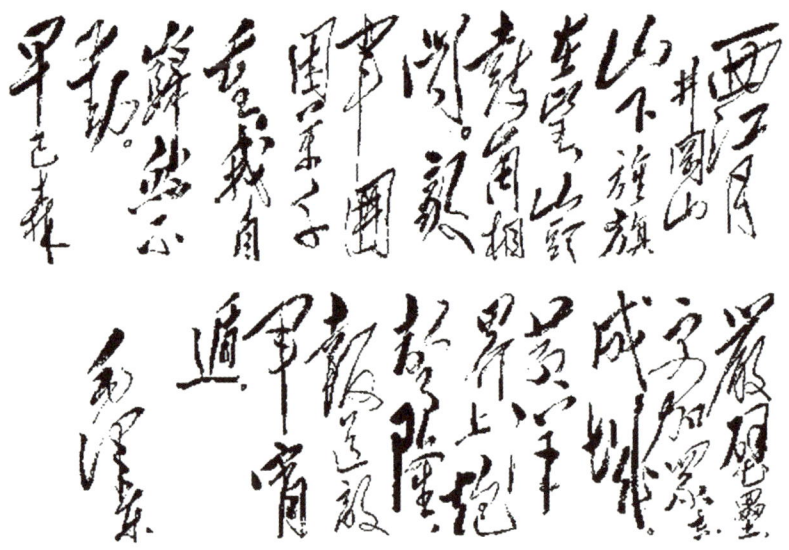

图2-6 毛泽东手书《西江月·井冈山》

9月下旬,入侵宁冈新城的敌军偷袭茅坪。朱德率6个营到离茅坪1000米的坳头陇设伏。10月10日,敌军全部进入伏击圈。红军居高临下发起猛攻,一举歼灭敌军1个营,并乘胜追击,收复宁冈全县。11月上旬,赣敌周浑元旅1个团侵入宁冈县新城,企图攻占井冈山。毛泽东、朱德决定集中优势兵力乘敌不备主动出击,歼敌1个营,打垮1个营,乘胜追击并占领永新县城。尽管因赣敌三十五旅从吉安、永新交界处赶来增援,红军又撤回宁冈,但敌军被迫转入守势,湘赣两省敌军对井冈山根据地的第二次"会剿"被打破。[①]

[①] 中共中央文献研究室编《毛泽东年谱(1893—1949)(修订本)》上卷,中央文献出版社,2013,第255页。

中共永新、宁冈两县县委负责人会议，部署整党事宜，要求永新、宁冈两县的党组织全部解散，重新登记。10月4—6日，在宁冈茅坪步云山白云寺召开的中共湘赣边界第二次代表大会上，毛泽东代表第一届边界特委作政治报告。大会选举毛泽东、朱德、陈毅、谭震林等19人为中共湘赣边界第二届特委委员，杨开明任书记。11月，因杨开明生病，谭震林任书记。大会通过了毛泽东起草的《中国共产党湘赣边界第二次代表大会决议案》。该《决议案》指明了中国革命的性质、任务及中国革命政权的实质，总结了井冈山根据地及其他地区建立小块红色政权的经验和教训，提出了建立根据地的正确政策，把土地革命、武装斗争、建立根据地三者密切结合起来，形成了"工农武装割据"思想。该《决议案》着重分析了中国红色政权能够发生、存在的原因和条件，回答了"红旗到底打得多久"的问题。10月中下旬，针对湘赣边界党组织遭受严重破坏的情况，边界各县党组织整顿工作开始。整顿工作在强调思想上对党员进行再教育的同时，从组织上进行整顿：厉行洗党，对于党员成分加以严格的限制，清除赌钱、打牌、贪污腐化、流氓成性的党员；解散问题比较严重的党组织，用重新登记的方法进行整顿；发展和吸收思想进步、忠实、勇敢的工农优秀分子入党，并在党的各级领导机关中增加工人和贫农的成分。从实际出发，将党组织从公开转为秘密，这既有利于在反动派来临之际仍能领导群众坚持斗争，也有利于党组织多方深入白区和敌人营垒中进行活动。

通过对井冈山革命根据地一年来土地斗争的经验总结，12月，湘赣边界政府制定并颁布了井冈山《土地法》，尝试用法治思维和法治方式来解决农民的土地问题，并在茨坪成立了边界边防委员会，组织群众修筑五大哨口，兴建小井红军医院，组织官兵和群众挑粮上山等。针对根据地部队吃饭穿衣的问题，毛泽东、朱德等领导人以身作则、厉行节约，努力发展边界经济，例如发展农业生产，创办造币厂、被服厂，开辟红色圩场等。这些措施有效地活跃了根据地经济，一定程度上缓解了经济压力。

1928年7月，原国民党军独立第五师第一团团长彭德怀率平江起义军（编为红五军）与敌军近5个团激战后，损失惨重。8月20日，红五军按照中共湖南省委的指示，避免与敌主力部队作战，向萍乡、安源与朱毛红军联络。11月底，毛泽东获悉后，同朱德决定派何长工率军部特务营和独立营前往莲花县迎接。12月10日，红五军历经千难万险来到宁冈新城与红四军会师。经商议,为纪念广州暴动1周年和欢迎红五军上山,两军会师庆祝大会于12月11日召开。红四军第二十八、第三十一、第三十二团5000余人和红五军800余人,加上当地的地方武装和群众共近万人参加了会师大会。红四军、红五军的会合,是继"朱毛会师"以来的又一次大会师,有力地增强了井冈山革命根据地的武装力量。

三、井冈山革命根据地的后期斗争

1929年1月,红四军下山,红五军突围。尽管井冈山革命根据地遭到失利,但湘赣边界的斗争依然在进行,井冈山"工农武装割据"的烈火并未因此而熄灭,井冈山革命根据地进入后期斗争阶段。

(一)朱毛红军下山

井冈山革命根据地的后期斗争主要是指从1929年1月红四军主力下山至1930年2月为止。听闻红五军上井冈山的消息,蒋介石十分震怒,立即委任鲁涤平为江西省省长、何键为"湘赣剿匪总指挥部"代总指挥,集中18个团的兵力,分五路向井冈山革命根据地发动第三次"会剿"。早在1928年12月红四军同红五军会师之际,毛泽东就在新城主持召开了中共红四军前委、边界特委、红四军和红五军军委联席会议,讨论粉碎敌人的第三次"会剿"的问题。会议决定,红四军出发打游击,在外线作战;红五军防守井冈山,借以休息和训练。1929年初,湘赣两省"会剿"军总指挥部在萍乡正式组建。面对敌强我弱的严峻形势,1月4—7日,毛泽东主持召开了红四军前委、湘赣边界特委和共青团特委、红四军和红五军军委、边界各县县委等党政军共60多位代表参加的"柏路会议"。"柏路会议"认为,红军应当采取"攻势的防御"方针,将反"会剿"和反经济封锁结合起来。会议同意毛泽东提出的内线作战和外线作战相结合的策略,决定由彭德怀、滕代远领导红五军和红三十二团等留守井冈山,毛泽东、朱德则率红四军主力第二十八团、第三十一团及军直属队下山出击赣南,既打破敌人的经济封锁,又以"围魏救赵"之策解井冈山之围①。

1929年1月27—29日,湘赣两省敌军10余个团向黄洋界、八面山、桐木岭三大哨口发起了猛攻。面对敌人的步步进逼,留守井冈山的部队在彭德怀、滕代远、何长工等指挥下,同敌人进行了三天三夜的浴血鏖战。守卫八面山哨口的100多名红军指战员全部壮烈牺牲。攻打黄洋界哨口的敌兵收买了一个游民,沿着他平时捉石蛙的一条小溪插进了小井村,烧毁了小井红军医院,并直取黄洋界,致使黄洋界哨口腹背受敌。守卫黄洋界哨口的官兵在李灿、徐彦刚率领下,解下绑腿,砍来葛藤,结成长绳,滑下悬岩,退入深山。随后,敌人直逼茨坪,情况异常危急。彭德怀、滕代远招拢剩余的守山部队500余人,沿着朱砂冲不足一尺宽的悬岩小道,在荆竹山集合后向南突围。

敌人占领了井冈山军事根据地后,2月又调集赣敌第五师第十四旅、第十二师第三十五旅计4个团的兵力,向九陇山军事根据地发起了猛烈攻击。坚守在九陇山的永新、莲花、茶陵县赤卫大队,在刘作述、鄢辉等指挥下凭险抵抗,然终因寡不敌众,丢失阵地。至此,第三次反"会剿"失败了;但是彭德怀、滕代远等领导和指挥下的守山部队在战斗中表现出来的顽强不屈精神,却是非常可贵的。同时,由于红五军等守山部队在坚守井冈山过程中拖住了敌人,也为红四军出击赣南赢得了时间,创造了条件。

红四军主力离开井冈山后,在毛泽东、朱德带领下,沿着羊肠小道,冒着风雪疾进。部队经过遂川大汾、左安,在大汾歼灭前来堵截的一营敌人,跳出敌人的重围后,于1929年1月进入赣南的上犹、崇义地区,在敌军的追击下迭遭失利,几乎陷入绝境。1月22日,红四军攻克大庾县(今大余县)城。24日,敌李文彬旅围攻大庾县城,与红四军展开激战;红四军因长途跋涉,兵马劳顿,仓促应战,伤亡很大。为突出重围,红二十八团党代表何挺颖身负重伤,几天后夜行军时突遭敌袭,何挺颖从马上摔下牺牲。独立营营长张威亦不幸牺牲。离开大庾后,部队折向信丰、全南、龙南、定南及寻邬等地。红四军在"三南"地区艰苦奋战,战胜了天寒地冻、山路崎岖、衣单

---

① 中共中央文献研究室编《毛泽东年谱(1893—1949)(修订本)》上卷,中央文献出版社,2013,第259页。

粮缺等困难。在寻邬项山，又与敌刘士毅部交手。因仓促突围，朱德的妻子伍若兰为掩护军部转移而腿部受伤，不幸落入敌手，受尽折磨后，坚贞不屈，壮烈牺牲，年仅23岁。

红四军接连失利，损兵折将，使毛泽东、朱德感到十分困惑和痛苦。为了扭转战局，2月10日，红四军主力折回瑞金大柏地。此时，赣敌刘士毅部仍紧追不舍。为了摆脱追敌、鼓舞士气，毛泽东、朱德决定利用大柏地南北走向十余里长的峡谷这一有利地形，布置成长方形口袋阵，以主要兵力埋伏在瑞金通往宁都的道路两侧的山林中，以一部分兵力诱敌进入伏击圈，消灭敌人。部署停当后，部队进入阵地，至下午2时左右，敌刘士毅部进入红军的伏击圈。战斗打响后，红军发起勇猛攻击，尽管兵力少、弹药缺，但仍与敌军浴血奋战。鏖战至11日下午，才全歼被围之敌。这次战斗共俘敌正副团长以下800余人，缴获步枪800余支、重机关枪6挺，刘士毅残部溃退赣州。这是红四军下井冈山以来的首次大捷，极大地振奋了军心，并一举扭转了被动的局面①。1933年毛泽东重回大柏地时忆起"当年鏖战急，弹洞前村壁"，欣然写下了"赤橙黄绿青蓝紫，谁持彩练当空舞"的名句。大柏地一战后，部队乘胜进占宁都县城，国民党守军一个团不战而逃。在这里，红四军筹集物资后，又从黄陂经永丰转向吉安东固地区。1929年2月20日，与李文林等领导的江西红二团、红四团在东固螺坑胜利会师，休整了非常宝贵的一星期。

在东固，听闻井冈山失守的消息后，毛泽东、朱德及红军将士都深感沉痛。这时，赣敌李文彬部正向东固逼近，敌金汉鼎部也向东固取进击之势。为了对付敌人的跟踪追击，毛泽东召开东固前委会议，决议放弃原定的固定区域的公开割据政策，采取变动不居的"打圈子"游击政策，离开东固，出击赣南、闽西。毛泽东、朱德的这一决策，不仅使红四军走出了低谷，而且为开创赣南、闽西革命根据地，形成中央革命根据地，打下了坚实的基础。

2月25日，红四军离开东固，经吉水、永丰、乐安、宁都向广昌前进。3月9日折至瑞金壬田。10日再转往闽西，以摆脱敌军的穷追。12日，红四军进入闽西长汀县四都镇。毛泽东乘逢圩在圩场召开群众大会，号召工农群众团结

---

① 中共中央文献研究室编《毛泽东年谱（1893—1949）（修订本）》上卷，中央文献出版社，2013，第263页。

起来，打土豪、分田地，建立革命政权。14日，红四军分三路在长岭寨与敌郭凤鸣部一战，在地方党组织配合下，经过半天激烈战斗，大获全胜，并击毙了闽西土著军阀郭凤鸣，随即占领长汀城。这是"红四军入闽的第一次大胜仗，揭开了创建闽西革命根据地的序幕"①。

红四军在长汀补充了大量的军需，并进行了半个多月的分兵。毛泽东、朱德等对红四军进行了改编，将原来的团的建制改为3个纵队。每个纵队1200余人，配500余支枪，下设2个支队。根据中共六大"组织问题决议案"在红军中建立政治部的要求，将下井冈山之前组织的工农运动委员会改为军政治部，毛泽东兼任政治部主任，谭震林兼任政治部副主任。每个纵队设立政治部，由党代表兼主任。支队、大队两级不设政治部，只设立党代表。

在转战赣南、闽西的两个月中，毛泽东逐渐对当地的地理环境、风土人情、群众基础等有了比较深刻的认识。3月中旬，毛泽东在长汀当地党组织的帮助下，邀请长汀城里的钱粮师爷、老衙役、老裁缝、老教书先生、老佃农等各阶层人士在辛耕别墅召开各种座谈会和调查会，了解长汀的政治、经济情况和风俗民情。根据调查的情况，广泛发动群众，开展打击豪绅地主活动，并制定了各项城市政策。3月20日，毛泽东在长汀城辛耕别墅主持召开了红四军前委扩大会议，提出了红军的战略计划和行动方针，勾画了创建赣南、闽西革命根据地的蓝图，作出了以"赣南、闽西二十余县为范围"创建大块革命根据地的重大决策，"由此割据区域以与湘赣边界之割据区域相连接"。②与此同时，毛泽东和朱德依据江西东固游击区秘密割据的经验，帮助长汀党组织秘密发展党员，党员规模比以前扩大了2倍；成立了20个秘密农协、5个秘密工会，并成立了总工会。随即召集各界代表会议选举革命委员会，建立了闽西第一个红色政权。

4月1日，红四军回师赣南瑞金，与先期到达瑞金的红五军会合。4月3日，红四军前委在瑞金收到了中央的"二月来信"。这封信于2月7日发出，介

---

① 中共中央文献研究室编《毛泽东年谱（1893—1949）（修订本）》上卷，中央文献出版社，2013，第265页。
② 中共中央文献研究室编《毛泽东年谱（1893—1949）（修订本）》上卷，中央文献出版社，2013，第267页。

绍了当时的国际国内形势，着意强调了城市工作的重要性，对在农村的红军前途作了较为悲观的估量。这封来信提出，红四军必须分成小部队的组织，"散入湘、赣边境各乡村中进行和深入土地革命"，以"避免敌人目标的集中和便于给养与持久"，并要求朱德、毛泽东"离开部队"，"速来中央"。毛泽东认为"'二月来信'的精神是不好的"，为此主持召开了中共红四军前委会议。会上绝大多数同志都深有同感，不同意朱、毛离开部队，并要毛泽东代表前委给中央复信。4月5日，毛泽东代表中共红四军前委在复信中以红四军的切身体会说明了分兵游击的危害，并提出了一年争取江西同时兼及闽西、浙西的计划。他在复信中指出："农村斗争的发展，小区域红色政权的建立，红军的创造和扩大，尤其是帮助城市斗争、促进革命潮流高涨的主要条件。""抛弃城市斗争，是错误的；但是畏惧农民势力的发展，以为将超过工人的势力而不利于革命，如果党员中有这种意见，我们以为也是错误的。"这是因为，在半殖民地半封建的中国进行革命，"只有农民斗争得不到工人的领导而失败，没有农民斗争的发展超过工人的势力而不利于革命本身的。"[1]复信中还提出，如要朱、毛离开部队，请中央派刘伯承、恽代英两人来接替，以利工作。

中央收到此信后，在周恩来的努力下，没有坚持原议，朱、毛因此也没有离开红四军。4月11日，红四军前委又在于都召开会议。会议对蒋桂战争的形势进行了分析，讨论了红军的行动计划，同意彭德怀提出的率红四军第五纵队打回井冈山、恢复湘赣边政权的意见；决定红四军主力在赣南进行短距离分兵，开辟、扩大革命根据地。会后，红五军返回井冈山收复失地，红四军则分兵赣南，为开拓创建中央革命根据地展开了新的斗争。

（二）边界武装斗争的持续开展

井冈山失守后，敌人对根据地实行了惨无人道的"石头要过刀，茅草要过火，人要换种"[2]的血腥政策。根据地边界各县的党组织遭到严重破坏。

---

[1] 中共中央文献研究室编《毛泽东年谱（1893—1949）（修订本）》上卷，中央文献出版社，2013，第269页。
[2] 井冈山革命博物馆编《中国革命摇篮井冈山》，人民出版社，2004，第79页。

为了恢复边界工作，1929年2月，边界特委委员兼特委巡视员宛希先来到九陇山，召集宁冈、茶陵、永新三县党的负责人召开联席会议，成立了中共湘赣边界临时特委，以朱昌偕为书记，统一领导边界斗争和收容整理工作。3月14日，边界特委扩大会议在永新召开，分析了边界的形势和斗争策略，成立新的临时特委，边界的永新、茶陵、宁冈等县党的组织一大部分很快健全起来，并开展了正常的活动和斗争，各项工作又出现新的局面。

1929年4月底，彭德怀、滕代远率领红五军经信丰、南康、遂川等地重回井冈山，使边界工作力量顿增。红军先后收复了遂川、宁冈两县城。10月，刘作述、王佐、陈竞进率永、宁、莲三县地方武装攻克永新县城，取得了红军主力撤离后的重大胜利。由此，永新逐步成为湘赣边界斗争的中心。

这里不得不提到古田。古田镇，位于福建省龙岩市上杭县东北部，梅花山南麓。1929年12月28日，120多位红四军代表、地方干部代表等聚集在这里。毛泽东在福建古田主持召开了中国工农红军第四军第九次代表大会（即古田会议），总结了南昌起义以来红军建设的丰富经验，批判了红军党内存在的单纯军事观点、非组织观点、极端民主化等各种非无产阶级思想，提出和形成

图2-7　古田会议旧址

了党的思想建设和组织建设及军队"政治建军"的原则，奠定了党的建设纲领，指明了革命军队建设的方向。会议产生的决议（史称"古田会议决议"）被作为思想建党、政治建军的第一个纲领性文件而载入史册。由此，古田成为中国共产党确立思想建党、政治建军原则的地方，是我军政治工作奠基的地方，是新型人民军队定型的地方。

时光荏苒，山峦含黛。"古田会议永放光芒"八个大字，雄立在会议旧址之后，熠熠生辉，照耀在中国共产党前进的道路上。

（三）湘赣革命根据地的崛起

赣西的革命形势出现了蓬勃发展的局面。1930年初，江西红军独立二、三、四团合并，组成中国工农红军第六军（以下简称红六军），向吉水一带推进；红五军向袁州开进，进逼吉安。2月上旬，红四军由闽西返至吉安地区活动。2月6—9日，为解决赣西党内关于时局的估量和行动问题的纷争，红四军前委在吉安陂头召集红四军、红五军、红六军军委和赣西、赣南、湘赣边界特委联席会议，史称"二七陂头会议"。

会议由毛泽东、刘士奇、曾山等领导召开。在毛泽东主持下，会议充分估计了当时的国际国内形势，讨论和确定了赣西南党的主要任务；通过了毛泽东的"拉开攻吉安架式，但围而不攻，扫清外围，歼灭敌人"的主张，研究和确定了攻打吉安的行动目标和战役部署。会议成立了统一领导军队和几个根据地的领导机关，建立新的赣西南特委。会议还讨论和解决了分配土地的政策，制定了4章23条的土地法（即《"二七"土地法》）。会议还成立了统一领导军队和几块根据地的领导机关——前委，统辖红四军、红五军、红六军军队以及赣西南特委、闽西特委、粤东特委。同时，决定将湘赣边特委、赣西特委、赣南特委合并"建立新的赣西南特委"，指挥赣西南各地的群众斗争。会议结束后，在主力红军分兵发动群众的推动下，湘赣边界以至整个赣西南全面掀起了轰轰烈烈的土地革命运动，由此开启了赣西群众斗争和土地革命新征程。

至此，井冈山斗争史落下帷幕，湘赣边界以宁冈为中心的井冈山革命根据地，逐步发展成为以永新为中心的湘赣革命根据地。与此同时，以瑞金为中心的中央革命根据地开始崛起。

第三章 03

井冈山精神的科学内涵

井冈山精神是中国共产党革命精神的重要源头,其科学内涵在党领导人民进行的伟大社会革命中不断丰富和发展,彰显出强大的生命力。2016年2月,习近平总书记在江西考察期间强调指出,井冈山是中国革命的摇篮。井冈山时期留给我们最为宝贵的财富,就是跨越时空的井冈山精神。踏上全面建设社会主义现代化国家的新征程,弘扬跨越时空的井冈山精神,就要结合新的时代条件认识和把握其科学内涵。广大青少年要牢记习近平总书记的嘱托,结合新的时代条件,立足新发展阶段,坚持坚定执着追理想、实事求是闯新路、艰苦奋斗攻难关、依靠群众求胜利,让井冈山精神放射出新的时代光芒,并投身到全面建成社会主义现代化强国的伟大事业中去。

一、井冈山精神的灵魂：坚定执着追理想

"仁者不以盛衰改节，义者不以存亡易心。"对马克思主义的坚定信仰，对社会主义和共产主义的坚定信念，是井冈山精神的灵魂，也是共产党人立身、处世、干事的精神支柱。[1]理想指引方向，信念决定成败。理想信念问题是一个极其重要的问题。理想信念是人的精神世界的核心，是人精神上的"钙"，具有无穷的力量。在革命战争年代，理想信念是支撑中国共产党人和革命先辈勇往直前的内生动力。中国共产党自成立以来就旗帜鲜明地把实现共产主义作为自己的奋斗目标，并为实现这一崇高目标而不懈努力奋斗。邓小平同志指出，我们过去几十年艰苦奋斗，就是靠用坚定的信念把人民团结起来，为人民自己的利益而奋斗。没有这样的信念，就没有凝聚力。没有这样的信念，就没有一切。[2]习近平总书记曾指出："信仰、信念、信心，任何时候都至关重要。……无论过去、现在还是将来，对马克思主义的信仰，对中国特色社会主义的信念，对实现中华民族伟大复兴中国梦的信心，都是指引和支撑中国人民站起来、富起来、强起来的强大精神力量。"[3]在井冈山的行洲，至今保存着一条醒目的红军标语"坚持马克思主义，坚持共产主义"。井冈山革命斗争时期，以毛泽东同志为代表的中国共产党人凭着"革命理想高于天"的精神力量，"坚定执着追理想"，在极其艰苦的条件下，在湘赣边界坚持井冈山革命斗争，谱写了一曲曲共产党人和革命志士为捍卫和实现崇高理想而矢志不渝、百折不挠的英雄凯歌。

---

[1] 习近平：《论中国共产党历史》，中央文献出版社，2021，第112页。
[2] 邓小平：《邓小平文选》第3卷，人民出版社，1993，第190页。
[3] 习近平：《在庆祝改革开放40周年大会上的讲话》，人民出版社，2018，第42-43页。

（一）理想是革命者的灵魂

有共同理想，才能有共同步调。选定革命理想，是在风雨如晦的革命战争年代极为不易的一件事情，更彰显着先辈的价值追求。井冈山革命斗争时期，为了共同的革命理想，一大批先进分子从五湖四海汇聚到井冈山，在艰苦万分的条件下倾力奉献。

在20世纪的井冈山曾有这样一些人：他们曾经远渡重洋求学，去寻找救国真理。他们本来可以在城市过上舒服的生活；但是他们为了心中的理想信念，为了苦苦寻找中国革命道路，从城市来到农村，不计任何报酬，为了党的革命事业牺牲一切。因为他们认识到，只有到农村，只有发动农民，中国革命才会有希望。留学德国和苏联的朱德，留学法国的陈毅、何长工，就是其中的典型代表。

在20世纪的井冈山曾有这样一群大学毕业生：他们没有留在城市，从不计较个人的名誉、地位和待遇，始终把革命利益放在第一位；他们是那个时代的知识精英，满怀抱负和理想来到井冈山，用行动证明自己对真理的追求和对信念的坚持。据现有资料统计，参加过井冈山斗争的大学生有16人，他们分别是：北京中法大学陈毅，山东青岛大学及武昌中山大学罗荣桓，北京大学李却非、伍中豪、邝鄘、谭衷、刘霞，北京师范大学邓贞谦，北京私立国民大学朱亦岳，上海大学何挺颖，上海复旦大学游雪程，南京南方大学及上海法政大学谭梓生，重庆中法大学徐彦刚，湖南益阳信义大学曾士峨，上海持志大学王良，湖南南华大学周鲂。

在井冈山还有相当数量的黄埔军校毕业生。他们是军事俊才、革命中坚，本来可以投奔国民党，享受高官厚禄，过上舒适安逸的生活；但是，他们来到了湘赣边界，甘愿风餐露宿，粗茶淡饭，出生入死。据现有史料考证，在参加过井冈山斗争的红军官兵中，可以确定的黄埔军校毕业生就有73人，他们是：卢德铭、张子清、余洒度（后叛变）、苏先俊（后叛变）、伍中豪、徐彦刚、陈浩（后叛变）、陈毅安、张宗逊、谭希林、陈龙鹤（朝鲜人）、范树德、曾士峨、游雪程、刘型、王良、陈伯钧、吕赤、徐庶（后叛变）、黄子吉（后叛变）、王尔琢、王展程、朱云卿、杨至成、刘之至、林彪（后叛逃）、唐天际、戴诚本、肖劲、朱舍我、段辉唐、袁崇全（后叛变）、陈东日、邝鄘、李天柱、陈俊、曹福昌、刘铁超、资秉谦、邓萍、贺国中等。

他们当中有像萧克这样的一批革命志士。萧克，原名武毅，字子敬，湖南省嘉禾县人。1926年1月，他用借到的7块大洋做盘缠，独自离家出走，奔赴广州参加革命运动，先后入国民政府中央军事政治学校宪兵教练所、国民革命军补充第五团，在叶挺部任连政治指导员，随部参加北伐战争，不久加入中国共产党。大革命失败后，面对国民党的白色恐怖，他不顾自己出身书香门第，不顾自己曾是铁军的一名军官，放下架子，一路讨饭，寻找党组织和革命队伍，继续战斗。

图3-1　在井冈山时的萧克

1928年，萧克参加了朱德、陈毅组织的湘南起义，参与组建了宜章独立营，任副营长兼连长。宜章独立营约500人，有80多支枪、300多杆梭镖枪，被称为"梭镖营"。1928年4月中旬，萧克率领独立营进入资兴县龙溪洞与毛泽东率领的井冈山工农革命军相遇。毛泽东风趣地说："好哇，没接到朱德，接到个萧克！"井冈山会师后，萧克全身心投入革命斗争，身先士卒，数次在战斗中英勇负伤。

他们当中还有龙超清、胡少海等原本家庭富裕的进步人士，却与自己的家庭"割席"，投身革命队伍，且屡建奇功。龙超清长期担任中共宁冈县委书记，为秋收起义部队立足井冈山立下了汗马功劳，受到毛泽东等人的高度赞扬。胡少海则历任红二十九团团长，红二纵队、红四纵队司令员等。他们英勇善战、侠肝义胆，最后都为共产主义而献身。1928年8月，由于错误的领导，红二十九团强攻湖南郴州时遭到惨败，士气受到了严重挫折。胡少海鼓励大家坚定革命信心，并慷慨陈辞，表示继续跟着毛泽东、朱德干革命，因而及时地稳定了军心，将幸存的部队带回井冈山。

（二）高擎理想的旗帜

大革命失败后，白色恐怖笼罩全国。中国共产党能不能坚持革命，敢不敢起来反抗国民党的屠杀政策，这是摆在全党和全国人民面前的一个亟待回答的问题，也是一个事关中国革命能否继续的关键问题。井冈山的革命斗争靠什么燃起"工农武装割据"的燎原之火，照亮中国革命的前程？靠的就是共产党人对中国革命光明未来的坚定信念和不懈追求。正是因为有了崇高的理想信念，才会在艰难困苦环境中产生战胜一切困难的超凡勇气，才会在四面包围的白色政权中自强不息、百折不挠，历经艰难奋战而不溃散。

1937年，毛泽东曾指出："共产党人决不抛弃其社会主义和共产主义的理想"①。这就是共产党人坚定理想信念的生动写照。在大革命失败后的危急关头，中国共产党领导了湘赣边界秋收起义，在进攻长沙遭遇挫折后，部队由起义初期的5000余人减员到千余人，而且弹药缺乏、没有给养，许多指战员情绪低落。9月29日，部队到达永新县三湾村。在这里，毛泽东对这支部队进行了通俗易懂的教育，并指出了革命的光明前途，他说："这次秋收暴动打了几个败仗，这算不了什么，万事开头难。要革命嘛，就不要怕困难！贺龙两把菜刀起家，现在做了军长，带了一军人。我们现在有两营人，还怕干不起来吗？没有挫折和失败就不会有成功！"毛泽东的讲话，扭转了因战斗失利和艰苦生活而产生的悲观失望情绪，极大地鼓舞了官兵的斗志。在继续行军途中，人们纷纷议论："毛委员不怕，我们还怕什么？""贺龙两把菜刀能够起家，我们几百人还不能起家吗？"②整编后的部队以坚定的步伐开始了向井冈山的伟大进军。

南昌起义失败后，朱德、陈毅率领南昌起义余部800余人转入粤赣边界地区后，不仅受到地主武装、反动军阀的袭击，而且面临着寒冷、饥饿、疾病的残酷折磨。有些意志不坚定者开小差逃跑了，有些看不到前途者带兵自寻出路去了。人员一天天减少，而且弥漫着失败的情绪。留在队伍里的人员，也还有一些寻思着或早或迟准备离开。在部队濒临瓦解的关键时刻，朱德、陈毅及时

---

① 毛泽东：《毛泽东选集》第1卷，人民出版社，1991，第259页。
② 逄先知、金冲及：《毛泽东传》第1卷，中央文献出版社，2013，第158页。

对部队进行了"赣南三整",并对部队进行了卓有成效的革命前途教育。他号召大家要做失败时的英雄,要经得起失败的考验。朱德以俄国革命所走过的艰难曲折历程作为例子,使他们树立革命必胜的坚定信念。"一九二七年的中国革命,好比一九〇五年的俄国革命。俄国在一九〇五年革命失败后,是黑暗的,但黑暗是暂时的。到了一九一七年,革命终于成功了。中国也会有个'一九一七年'的。只要保存实力,革命就有办法。""虽然大革命是失败了,我们的起义军也失败了,但是,我们还要革命的。要革命的跟我走;不愿继续奋斗的可以回家!不勉强!"①正是在理想信念的感召和激励下,这支队伍克服了重重困难,在四周白色恐怖之下,以革命者英勇无畏的勇气出击赣南、转战湘南,并发动了著名的湘南起义,给反动派以沉重的一击,并在艰难苦战后上了井冈山,与毛泽东领导的秋收起义部队胜利会师,携手开创井冈山革命斗争的伟业。在两军会师大会上,毛泽东坚定地说,现在我们虽然在数量上、装备上不如敌人,但是我们有马列主义,有群众支持,不怕打不败敌人。

1928年1月,彭德怀经段德昌介绍加入中国共产党。7月22日,彭德怀以闹饷为名发动士兵举行了平江起义,随后建立湘鄂赣边特委和根据地,将红五军与地方游击队混编为3个纵队,黄公略一部留平浏地区坚持斗争。彭德怀、滕代远率领红五军在向井冈山转移途中,前有堵截、后有追兵,有时一天竟然要打几次仗,每次打仗彭德怀都冲锋在前。他满怀信心地激励部队官兵:革命不要怕吃苦,不要怕流血,不要怕牺牲,就是剩下我一个人,也要举着红旗干到底。这支队伍克服艰难险阻,终于到达井冈山,与红四军胜利会师。彭德怀对井冈山的向往由来已久。早在平江起义之前,他曾给黄公略写过一首"密诗"表明心志:"惟有润之工农军,跃上井冈旗帜新。我欲以之为榜样,或依湖泊或山区。利用周磐办随校,谨慎争取两年时。"②彭德怀上井冈山,彰显了一名共产党人的崇高信仰和坚定信念。彭德怀参加革命,不惜抛弃旧军队中上校团长的优厚待遇,认为"唯有润之工农军,跃上井冈旗帜新",把井冈山视为"中国革命的一盏明灯","产生了对毛润之的敬仰"③,走上了井冈山革命

---

① 中共中央文献研究室编《朱德年谱(新编本)》上卷,中央文献出版社,2006,第92页。
② 彭德怀:《彭德怀自传》,解放军文艺出版社,2002,第78页。
③ 彭德怀:《彭德怀自述》,人民出版社,1981,第112、142页。

斗争之路。

井冈山的革命斗争是在敌我力量对比非常悬殊、白色势力四面包围中进行的。"边界的斗争，完全是军事的斗争，党和群众不得不一齐军事化。"[①]那时，国民党反动派不断派出"进剿"和"会剿"的部队进攻井冈山革命根据地，妄图扑灭井冈山的星星之火，扼杀共产党和人民群众的革命活动。敌人见人就杀，见房就烧，见东西就抢。在如此凶残的敌人面前，究竟是什么力量支撑着井冈山军民与国民党反动派作着不屈不挠的斗争呢？这就是共产主义理想和革命必胜的信念。这种理想信念使得根据地军民抱定了为自己和工农阶级利益而战的决心，高擎火炬前行，毅然决然团结战斗在井冈山红旗下。

毛泽东在《星星之火，可以燎原》一文中以诗意的语言和革命豪情描绘了中国革命胜利的光辉前景。"它是站在海岸遥望海中已经看得见桅杆尖头了的一只航船，它是立于高山之巅远看东方已见光芒四射喷薄欲出的一轮朝日，它是躁动于母腹中的快要成熟了的一个婴儿。"[②]这不仅拨开了笼罩在根据地红军和群众心中的迷雾，而且指出了中国革命由小块红色根据地这个"星星之火"，必将发展到"取得全国政权"的"燎原"之势，从而极大地坚定了井冈山军民革命到底的理想信念，成为井冈山精神的灵魂。

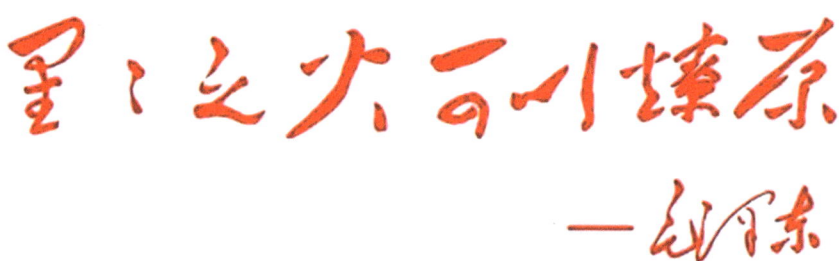

图 3-2 毛泽东题写的"星星之火，可以燎原"

（三）边界红旗始终不倒

共产主义运动的发展从来不是靠空谈，而是靠实践。井冈山革命根据地的

---

① 毛泽东：《毛泽东选集》第 1 卷，人民出版社，1991，第 63 页。
② 同上书，第 106 页。

斗争几经挫折，几经失败。当时，既要同国民党反动派进行殊死的搏斗，又要同来自党内的"左"倾或右倾错误进行斗争。道路如此曲折，斗争如此复杂，是什么力量使得井冈山革命根据地这面红旗始终高高飘扬呢？说到底，还是来自于党和红军对理想信念的坚定。如果失去了革命理想和信念，就会在挫折和逆境中消沉下去，失去斗争的信心和勇气。正如习近平总书记所指出，"中国共产党之所以叫共产党，就是因为从成立之日起我们党就把共产主义确立为远大理想。我们党之所以能够经受一次次挫折而又一次次奋起，归根到底是因为我们党有远大理想和崇高追求。"①

中共一大召开之前，上海共产主义小组起草了《中国共产党宣言》，把党员称作"共产主义者"，提出了"共产主义者的理想"和"共产主义者的目的"；并提出，没有私有制、没有剥削和压迫的社会，是共产主义者追求的理想，而"共产主义者的目的是要按照共产主义者的理想，创造一个新的社会"②。抗日战争时期，毛泽东曾阐释共产主义理想的实现必须立足于客观现实，"共产主义是在革命发展的将来阶段实行的，共产主义者在现在阶段并不梦想实行共产主义，而是要实行历史规定的民族革命主义和民主革命主义，这是共产党提出抗日民族统一战线和统一的民主共和国的根本理由。"③井冈山革命斗争时期，如何坚守理想、夺取政权，就是现实的选择。

面对当时蒋介石在全国统治地位的确立，中国共产党偏安农村一隅的客观现实，以及农村革命根据地艰苦的革命斗争，工农革命军中有些人员以及一些群众发出"红旗到底打得多久"的疑问，毛泽东看在眼里、记在心里。他想，如果不对这种疑问进行正确的回答，将会助长悲观失望的情绪，使工农群众看不到革命的未来而葬送好不容易保存下来的"星星之火"。因此，毛泽东经常用通俗易懂的语言，对工农红军和革命群众进行革命道理教育。他说，别看现在全国都是国民党的统治，但蒋介石是帝国主义在中国的走狗，是大地主大资本家利益的代表，一定会遭到全国人民的反对，他终究会失败；别小看我们红

---

① 习近平：《习近平谈治国理政》第2卷，外文出版社，2017，第34页。
② 中共中央文献研究室编《建党以来重要文献选编（1921—1949）》第1册，中央文献出版社，2011，第486页。
③ 毛泽东：《毛泽东选集》第2卷，人民出版社，1991，第367-368页。

军只有700多人，我们是工农革命军，代表全国人民的利益，一定会得到他们的支持，终究会取得胜利。这就叫作"得道者多助，失道者寡助"。这个"道"就是革命，就是正义。凡是革命的、正义的事业，终究是会胜利的。大家一边走一边听，都觉得毛委员讲得很有道理，天下总是穷人多嘛，我们共产党和红军都是为了穷人翻身得解放来干革命的。就这样，工农革命军对形势、任务、前途也就有了比较清晰的认识，心头的包袱也渐渐减轻了许多。他们满怀信心，高举红旗，继续跟着共产党闹革命。

到了1928年10月，在宁冈召开的边界党的第二次代表大会上，为了从理论上进一步回答"红旗到底打得多久"的问题，毛泽东从中国半殖民地半封建社会的国情出发，指明了中国的红色政权之所以能够存在并得到发展的原因：一是连续不断的军阀混战；二是有大革命的群众基础；三是有全国革命形势的发展；四是有相当力量正式红军的存在；五是有中国共产党的领导。他认为，"这些红色区域将继续发展，日渐接近于全国政权的取得。"[1]"边界红旗子始终不倒，不但表示了共产党的力量，而且表示了统治阶级的破产，在全国政治上有重大的意义。"[2]毛泽东的这些光辉论断，展示了"以农村包围城市，最后夺取全国胜利"的光明前景，消除了党和红军及群众心中的迷雾，进一步坚定了他们的共产主义理想信念和革命必胜的信心，给井冈山军民以极大的鼓舞和激励，成为边界红旗插遍井冈山、高高飘扬的内在精神动力。

（四）为主义而牺牲

在井冈山斗争的革命岁月里，井冈山军民为了实现远大理想，将生死名利置之度外，抛头颅、洒热血，在中国革命史上谱写了一曲曲敢于牺牲、乐于奉献的英雄史诗。共产主义者应当"不怕死，不畏难，不爱钱，为共产主义而牺牲"[3]，生动地诠释了他们为崇高理想而献身的决心。共产主义信仰是一种现世的信仰，主张在世俗的社会生活中追求生活的意义和幸福。在创建、发展和

---

[1] 毛泽东：《毛泽东选集》第1卷，人民出版社，1991，第50页。
[2] 同上书，第81页。
[3] 井冈山革命博物馆编《井冈山革命根据地》下册，中共党史资料出版社，1987，第206页。

守卫井冈山革命根据地过程中,无数革命先烈为了自己崇高的革命理想和必胜的革命前途而英勇献身,真正践行了一个共产党员的铮铮誓言。

井冈山是一座英雄的山,一座承载着革命先烈信仰的山。在井冈山的峥嵘岁月中,井冈山军民以"为有牺牲多壮志,敢教日月换新天"的英雄气概,谱写了一曲曲感天动地、气壮山河的英雄史诗。他们是父母的孩子,妻子的丈夫,尽管各自身份可能不同,但是他们有着一个共同的名字"共产主义的殉道者"。在龙源口战斗中,正当敌我胶着鏖战之际,班长马亦夫身先士卒,用身体堵住了敌人的机枪口,为井冈山军民取得龙源口战斗的胜利带来了转机。1928年3月,宁冈茅坪乡工农兵政府秘书谢甲开在得知敌人将要进村进行烧杀,在通知和安排其他父老乡亲迅速转移后,自己来不及躲藏,被敌人抓住。敌人残忍地对他施以极刑,剖腹开膛,挖出心肝,碎尸五段抛入河中。中共莲花县委书记刘仁堪不幸被捕后,敌人以高官厚禄诱降他,企图从他口中得知党和红军的秘密,但他富贵不淫、贫贱不移、威武不屈,始终守口如瓶。"党和红军的秘密我都知道,但你们休想得到。"这是刘仁堪对敌人的铿锵回答。敌人恼羞成怒,对他施以各种酷刑,但他咬紧牙关,毫不屈服。敌人无计可施,将他游街示众,以此来威吓井冈山民众;但是敌人万万没有想到的是,刘仁堪把游街变成了向群众宣传革命道理的讲堂。敌人残忍地割下了他的舌头,刘仁堪便用脚趾蘸着自己的鲜血,在地上写下"革命成功万岁"六个大字后英勇就义。

在井冈山斗争时期,红军指战员脖颈上都系着一条红带子,取名"牺牲带",表明他们为了崇高理想而献身的决心。打仗之前,相互之间只有两句话:一句是,告诉我的老母亲,你儿子在什么时候、什么地方光荣牺牲了;另一句是,胜利之后,在烈士纪念册上给我登记一个名字。在他们看来,为了中国人民的神圣事业而作出自己最大的牺牲,直至献出宝贵的生命,都是值得的,是毋庸置疑的,是重于泰山的。他们用自己的实际行动,用自己的一言一行,努力践行着自己的誓言,认真履行着自己的职责。

刘真是井冈山时期中共湘赣边界特委常委,中共永新县委书记。1929年8月底,刘真在南昌参加党的会议,归途中因叛徒出卖而被捕。面对敌人的酷刑,他毫无惧色、坚贞不屈,高喊:"共产党万岁!""革命成功万岁!"并斩钉截铁地说:"我生是共产党的人,死是共产党的鬼。""要杀便杀,决不会与尔等反革命为伍!"最后英勇就义。刘真用年轻的生命践行了一个共产党员"为主义而牺牲"的铮铮誓言。

在遂川县西庄,曾发生过"工农护大印"的感人故事。1930年红军撤出遂川后,反动武装头目肖家璧对革命群众进行疯狂报复,搜寻苏维埃政府的印章。西庄的群众都知道,苏维埃政府的大印保存在乡苏维埃成员、赤卫队员冯恩增手里;但是谁也不露一点儿风声。乡苏维埃主席李邦万一家被抓走了,刚烈的贫苦农民李耀琦被杀害了,倔强的乡赤卫队队长曾宝华也牺牲了。曾宝华牺牲前,大声怒斥匪徒的暴行。匪徒又把曾宝华的妻子郭桂英及其独子带到曾宝华尸体前,威逼她说出红印章的下落。郭桂英坚贞不屈,结果母子俩被匪徒活活打死。这是井冈山普通群众面对生死选择的最后答案,他们的生命与日月同在。

张子清,红四军第十一师师长。1928年3月,在率部往湘南运动途中,为掩护朱德、陈毅部队后撤,张子清不幸被一颗子弹击穿了左脚踝骨,被迫离开战场。负伤后,他仍然以一个普通党员身份参加各种活动。他一方面协助毛泽东运筹帷幄,筹划军事行动;另一方面做战士、伤病员的思想政治工作。在一次作战中,红军缴获了一些药品和食盐,战士们将药品和食盐优先送给他;但是他委婉地推辞掉,而把药品和食盐让给了其他重伤病员。1928年底,井冈

图3-3　小井红军医院旧址

山一度断盐,他把自己积存的用来清洗伤口的最后一点食盐送给了其他战士。随着时间的推移,加上缺医少药,张子清的伤势愈来愈重。1929年1月,毛泽东、朱德率领红四军主力下山,向赣南进行游击。张子清自愿留下来,协助红五军军长彭德怀指挥第三次反"会剿"。后来,他被迫转移到金狮面猴子山的游击洞里。当时,身着单衣的张子清,在天寒地冻的境况下,每天只是一把黄豆一把雪地生活着。后来,他终因伤口发炎,壮烈牺牲,年仅28岁。

在井冈山斗争的艰难岁月里,最为惨烈的莫过于那些牺牲在小井红军医院、手无寸铁的伤残战士。1929年1月,国民党反动派攻上井冈山,在"石要过刀,草要过火,人要换种"的反动口号下,对井冈山展开了血腥的大屠杀。在小井红军医院,来不及转移的130多名重伤病员和医务人员被敌人团团围住。他们用拐杖、板凳、木棍等同敌人进行殊死搏斗,终因寡不敌众被俘。他们被押至离医院200米远的一块稻田里。敌人凶神恶煞地追问关于红军大队去向和群众隐藏粮食、武器地点的信息。面对死亡的威胁,130多名红军战士怒目而视、毫无惧色。他们当中没有一人点一下头或说一句求饶的话,最后全部倒在了国民党机枪扫射之下,其中年龄最小的仅有14岁。他们的鲜血染红了那片稻田地和旁边的溪水。他们生命中最后的呐喊"中国共产党万岁!"响彻了整个山谷。我们不禁要问,这到底是一种怎样的生死观?这是一种为人民利益而死重于泰山的生死观。他们无怨无悔的生死选择,让死亡成为生命中最高的礼赞。

据统计,在井冈山斗争短短的两年零四个月里,牺牲的革命烈士达4.8万余人,其中有姓名流传下来的仅有15744名,而无名英雄超过3万人,平均每天有近60人牺牲。习近平总书记曾指出:"井冈山时期,近五万名革命烈士献出宝贵生命。他们抛头颅洒热血为的是什么?为的就是坚定执着的理想信念。"[①]当时,面对艰难困苦的生存环境,面对如此巨大的牺牲,井冈山就是一盏革命的明灯,吸引着无数革命者为了心中的理想和主义,甘愿牺牲个人的荣华富贵,抛头颅、洒热血,汇聚于井冈山。他们用革命行动在井冈山寻找着"山沟沟里的马克思主义",寻找着中国革命的正确道路。

---

① 习近平:《论中国共产党历史》,中央文献出版社,2021,第113页。

（五）面对党内错误路线干扰不动摇

井冈山革命斗争几经挫折，几经失败。当时，既要同国民党反动派进行殊死的搏斗，又要同来自党内的"左"倾或右倾错误进行斗争。道路如此曲折，斗争如此复杂，是什么力量鼓舞和激励着革命前辈从挫折和失败中奋起呢？还是靠革命的理想和信念。如果失去了理想和信念，就会在挫折和逆境中消沉下去，失去斗争的信心和勇气。

1928年3月中旬，湘南特委代表周鲁奉中共湖南省委之命到达宁冈，指责边界"烧杀太少！行动太右！"并错误地把井冈山部队拉往湘南。工农革命军离开后，致使井冈山革命根据地被敌人占领了一个多月，导致边界斗争的"三月失败"。此时，党内"左"倾领导者撤销了毛泽东的中央临时政治局候补委员、湖南省委委员职务，并说他率领部队举行秋收起义之后不去攻打长沙，而把部队拉上井冈山，是"政治上犯了严重错误"。周鲁上山时又将上述处分决定误传为开除了党籍，致使毛泽东只能当师长。在逆境和挫折面前，毛泽东不灰心、不动摇，以革命事业为重，一方面反对去湘南的"左"倾做法，另一方面在部队去湘南的途中耐心地做指战员说服工作。毛泽东用深入浅出的道理反复向战士讲解中国革命的特点、国际国内形势、阶级力量对比和共产主义在中国最终胜利的条件。他说，眼下我们还处于革命的低潮，但是在中国共产党领导下，经过人民的努力与斗争，革命高潮必然到来。我们要由小到大、由一点到多点、由多点到一片地发展，最后达到夺取全国政权的目的。毛泽东在逆境中的一言一行，充分体现了一个革命者无比坚定的信念和胸怀远大的理想。

1928年6月，中共湖南省委在"左"倾盲动主义影响下，错误地分析了形势，认为湖南的反动势力十分薄弱，于是制定了湘南第二次武装起义计划。其实，湖南的革命形势并不像中共湖南省委所预示的那样，当时驻湖南的敌人兵力有10个军，其中4个军驻扎在湘南和湘东的茶陵、酃县地区；敌人驻江西的兵力约有3个军，其中驻扎在赣西的不到1个军。湖南的反动势力已经大大超过江西，且湘赣两省敌军正酝酿对井冈山革命根据地进行"会剿"。然而，面对敌强我弱的状况，湖南省委不顾客观实际，于6月下旬两次写信和派人到井冈山，要求红四军主力立即毫不犹豫地向以郴县为中心的湘南发展。6月30

日，边界特委、红四军军委和永新县委在永新举行联席会议，传达和讨论了湖南省委的指示。会议认为，湖南之敌过于强大，其他条件也于我不利，红军主力不宜到湘南去，而应坚持创造罗霄山脉中段政权计划，继续在湘赣边界各县建设巩固的根据地。7月4日，湘赣边界特委和红四军军委将会议的意见和决定报告了湖南省委，建议省委重新讨论和决定红四军的行动方针。

然而，中共湖南省委代表不顾联席会议的决议，附和红二十九团思乡情切的想法，硬是在7月17日将红四军军部和红二十八团、红二十九团拉往湘南。红四军主力离开井冈山之后，敌军向根据地发起了进攻。永新、莲花、宁冈先后被敌人占领，造成边界的"八月失败"。在此过程中，毛泽东等人同错误路线进行了顽强的斗争。其主要表现是：据理力争，向湖南省委提出红军不去湘南的主张和理由；在永新联席会议上同湖南省委代表杜修经进行了面对面的斗争；红四军主力远离根据地之后，又多次写信给杜修经要求主力回山；当得知红军大队在湘南失败的消息时，果断决策亲自前往迎回红军大队，尽可能减少"八月失败"的损失。

在井冈山斗争遭受挫折之际，革命队伍中的少数人对革命前途悲观失望、缺乏信心，提出了"红旗到底打得多久"的疑问。毛泽东针对右倾悲观论调，运用马克思主义基本原理进行了鞭辟入里的回答，论述了一国之内在四面白色政权的包围中，一小块红色政权能够长期存在和发展的主客观条件，深刻地揭示了中国革命发展的客观规律。毛泽东指出："我们只须知道中国白色政权的分裂和战争是继续不断的，则红色政权的发生、存在并且日益发展，便是无疑的了。""这些红色区域将继续发展，日渐接近于全国政权的取得。"[①]毛泽东的这些光辉论断，展示了"以农村包围城市，最后夺取全国胜利"的灿烂前景，给井冈山军民以极大的鼓舞和激励。

井冈山斗争的历史证明，没有坚定的共产主义理想和始终不渝的革命信念，就没有井冈山道路的开辟，这是井冈山精神内涵的根本所在。井冈山斗争的历史还告诉我们，要牢固树立坚定的共产主义理想和信念，必须认真学习马克思主义理论，运用马克思主义的立场、观点和方法去分析、研究社会发展客观规律，并脚踏实地地为之奋斗。

---

① 毛泽东：《毛泽东选集》第1卷，人民出版社，1991，第49、50页。

（六）软骨病源自精神缺钙

理想信念是井冈山精神的灵魂。在革命战争年代，正是因为有着"革命理想高于天"的信念，我们党才能做到"敌军围困万千重，我自岿然不动"，才能有力地回答"红旗到底打得多久"的疑问。理想信念至关重要，有了理想信念，就如同在黑夜中有了指引方向的明灯，如同风雨交加的大海中有了乘风破浪的风帆。坚定的理想信念，既是一个人的精神支柱，也是一个民族、一个国家、一个政党的精神支柱。一个人，倘若没有理想信念，就如同没有灵魂；一个民族、一个国家、一个政党，倘若没有理想信念，就会丧失奋斗目标和前进方向，就会失去凝聚力和向心力。

井冈山斗争时期，既有坚定的革命者，也有信念动摇的投机者，甚至有可耻的叛变者。习近平总书记指出："对马克思主义的信仰，对社会主义和共产主义的信念，是共产党人的政治灵魂，是共产党人经受住任何考验的精神支柱。""共产党人如果没有信仰、没有理想，或信仰、理想不坚定，精神上就会'缺钙'，就会得'软骨病'，就必然导致政治上变质、经济上贪婪、道德上堕落、生活上腐化。"[1]今天回过头来看，井冈山革命斗争时期，那些临阵脱逃、出卖同志、背叛革命的典型有：陈浩、徐庶、韩昌剑、黄子吉、余洒度、苏先俊、袁崇全等。他们之所以犯下这样的罪行，最根本的原因就是精神上"缺钙"，在信仰、理想上发生了动摇。

经过"三湾改编"，秋收起义部队被缩编成工农革命军第一军第一师第一团，团长陈浩，副团长徐庶，团参谋长韩昌剑，第一营营长黄子吉。然而，手握重兵的陈浩等人在奉命带兵下井冈山向茶陵县城进发时，却想借机叛变革命。据《谭震林传》介绍，陈浩"缺乏坚强的革命信念，害怕过艰苦生活，在敌强我弱、斗争遇到挫折的严重关头，就动摇并企图叛变"[2]。在敌人到达安仁、攸县时，陈浩一伙就开始进行阴谋反叛的活动。随部队同行的团政治部主任兼一营党代表宛希先及时察觉了陈浩一伙密谋叛变的行动，并立即修书给毛

---

[1] 习近平：《习近平谈治国理政》第2卷，外文出版社，2017，第326页。
[2] 《谭震林传》编写组：《谭震林传》，浙江人民出版社，1992，第28页。

泽东。闻讯赶来的毛泽东查实情况后，将他们予以逮捕。1927年12月29日，部队在宁冈砻市沙洲上召开大会，公布了他们叛变投敌的罪行，并处决了这四个叛徒。①

袁崇全是又一个罪孽深重的叛徒。1928年8月25日，红军兵败郴州，红二十九团几乎全军覆没。红二十八团全体官兵及红二十九团剩余的官兵撤离湘南，在桂东寨前圩绕道崇义、上犹返回井冈山时，担任前卫的是红二十八团第二营4个步兵连及团部机枪连、迫击炮连，统由二营营长袁崇全率领。袁崇全在崇义县思顺圩叛变。3个步兵连和机枪连的干部发觉行动方向不对，摆脱袁崇全控制，率部返回大队。袁崇全仅仅胁迫、拉走了1个步兵连和迫击炮连。红四军参谋长兼红二十八团团长王尔琢率部追回了这两个连。②袁崇全狗急跳墙，穷凶极恶地向王尔琢射去一串罪恶的子弹。王尔琢当场牺牲。被蒙蔽的官兵认清了袁崇全的真面目，调转枪口围捕叛徒。1928年9月13日，袁崇全被生擒，经公审后被公开处决。

历史一再表明，背弃理想的人必将为历史所唾弃。

二、井冈山精神的核心：实事求是闯新路

实事求是、敢闯新路，是井冈山精神的核心。实事求是，是马克思主义的根本观点，是中国共产党人认识世界、改造世界的根本要求，是我们党的基本思想方法、工作方法、领导方法。在井冈山斗争中，以毛泽东同志为代表的中国共产党人，坚持不唯上、不唯书、只唯实，从中国革命具体实际出发，以"敢为天下先"的创新气概，领导井冈山军民，把马克思主义普遍原理与中国革命具体实际相结合，开辟了一条推动中国革命走向胜利的道路——井冈山道

---

① 中共江西省委宣传部、中共江西省委党史研究室：《跨越时空的井冈山精神》，江西教育出版社，2017，第14页。
② 中共中央文献研究室编《朱德年谱（新编本）》上卷，中央文献出版社，2006，第125页。

路。这条道路是"奇事",是"世界各国从来没有的事"①,却是马克思主义中国化的经典之作。马克思主义经典作家没有相关论述,国际共产主义运动没有现成经验,党内"左"倾路线和教条主义又不断干扰打压,但这条道路却在大革命失败后指引中国革命取得胜利。井冈山道路是马克思主义中国化的经典之作,从这里革命才走向成功。邓小平曾深刻指出:"中国革命为什么能取得胜利?就是以毛泽东同志为首的中国共产党人,独立思考,把马列主义的普遍原理同中国的具体情况相结合,找到了适合中国情况的革命道路、形式和方法。"②它启示我们,无论是革命、建设还是改革,都必须从实际出发,敢于开辟前人没有走过的路。

(一)"没有调查就没有发言权"

坚持一切从实际出发,注重调查研究,是人们正确认识世界和改造世界的根本立足点,是无产阶级政党正确地制定和执行路线方针政策的前提。"研究必须充分地占有材料,分析它的各种发展形式,探寻这些形式的内在联系。"③这是马克思从事革命事业和研究工作一以贯之的工作方法。为写作《资本论》,马克思研究过1500多种图书和档案文件,深入调研工厂及工人阶级状况,对资本主义国家的经济状况进行了广泛的调查研究,这使他"在整个世界史观上实现了变革"④,发现了人类社会发展规律和资本主义产生、发展、灭亡的规律,从而使科学社会主义理论奠定在坚实的科学基础之上。列宁从当时世界资本主义和俄国实际出发,在大量的调查研究基础上,写出了《帝国主义是资本主义的最高阶段》。在俄国十月革命胜利之后,列宁多次强调,调查研究工作对于工农政府来说是迫切需要的,因为调查资料将成为苏维埃政权建设的基础。

实事求是闯新路,首要的就是深入开展调查研究,摸清楚基本情况。实事

---

① 毛泽东:《毛泽东选集》第1卷,人民出版社,1991,第48页。
② 邓小平:《邓小平文选》第3卷,人民出版社,1993,第27页。
③ 马克思、恩格斯:《马克思恩格斯文集》第5卷,人民出版社,2009,第21页。
④ 马克思、恩格斯:《马克思恩格斯文集》第3卷,人民出版社,2009,第457页。

求是的态度源自广泛的调查研究,这是大的前提。关于实事求是,毛泽东曾指出:"'实事'就是客观存在着的一切事物,'是'就是客观事物的内部联系,即规律性,'求'就是我们去研究。"[1]那么,怎么"求"呢?就是要靠调查研究。这是认清国情、达到实事求是的基础,是把马克思主义基本原理同中国实际相结合的桥梁。习近平总书记曾指出:"调查研究是谋事之基、成事之道。没有调查,就没有发言权,更没有决策权。"研究、思考、决定工作思路和重大举措,"刻舟求剑不行,闭门造车不行,异想天开更不行,必须进行全面深入的调查研究。"[2]中国共产党人历来重视调查研究,并把调查研究作为做好工作的一项基本功。只有通过广泛的调查研究,才可能对形势有全面的了解,才可能根据实际情况开展工作。

毛泽东是善于调查研究的杰出代表。为寻找中国革命的正确道路,他通过密集的调研,写出了《中国佃农生活举例》《湖南农民运动考察报告》《永新调查》《宁冈调查》《寻乌调查》《兴国调查》《长冈乡调查》《才溪乡调查》等调查名篇,为找到中国革命的正确道路打下了坚实基础。毛泽东曾在《〈农村调查〉的序言和跋》中说:"要了解情况,唯一的方法是向社会作调查,调查社会各阶级的生动情况。""要做这件事,第一是眼睛向下,不要只是昂首望天。没有眼睛向下的兴趣和决心,是一辈子也不会真正懂得中国的事情的。""第二是开调查会。""必须明白:群众是真正的英雄,而我们自己则往往是幼稚可笑的,不了解这一点,就不能得到起码的知识。"[3]毛泽东在《反对本本主义》中也指出:"你对于某个问题没有调查,就停止你对于某个问题的发言权。""你对那个问题的现实情况和历史情况既然没有调查,不知底里,对于那个问题的发言便一定是瞎说一顿。""许多的同志都成天地闭着眼睛在那里瞎说,这是共产党员的耻辱,岂有共产党员而可以闭着眼睛瞎说一顿的吗?"[4]

回过头来看,井冈山革命斗争时期,以毛泽东同志为代表的中国共产党人非常善于开展调查研究。可以说,革命事业每前进一步,都离不开深入、全面

---

[1] 毛泽东:《毛泽东选集》第3卷,人民出版社,1991,第801页。
[2] 中共中央文献研究室编《习近平关于全面深化改革论述摘编》,中央文献出版社,2014,第37页。
[3] 同[1]书,第789-790页。
[4] 毛泽东:《毛泽东选集》第1卷,人民出版社,1991,第109页。

的调查研究。1927年11月,工农革命军主力攻打茶陵。毛泽东因为脚被草鞋磨破而溃烂,无法随军前去。在茅坪,为了全面了解边界的政治经济状况,毛泽东采取开座谈会或个别访问的方式在宁冈茅坪坝上、洋桥湖、马沅一带搞社会调查。通过口问手写并同调查对象开展讨论,获取了大量的第一手材料,并整理成《宁冈调查》。时任宁冈县委组织部部长刘克犹后来回忆说:"1927年11月间,井冈山革命根据地刚刚开始诞生,工农革命军攻打茶陵去了……这时,毛委员没有去打茶陵,在步云山附近的洋桥湖、坝上一带搞社会调查。"①遗憾的是,后因井冈山失守,原文遗失了。

1928年2月,毛泽东率领工农革命军一个连来到永新秋溪乡,除了打土豪、筹款子、开展党建工作外,不仅自己带头搞社会调查,找农民谈话,召开各类座谈会、调查会,还指导那些从未做过调查工作的革命军开展调查,帮助他们拟订调查提纲,讲授调查方法。对此,永新革命老人李步陵曾回忆说:"1928年2月间,毛泽东又从井冈山率领红军来到永新秋溪开展群众运动,帮助永新县委工作。毛泽东来到秋溪后,深入群众,访贫问苦,又和县委的同志经常研究工作,带来的红军则帮助我们群众干活。在毛泽东的亲自领导和关怀下,秋溪、龙源口一带的工作得到很大的发展。"②通过调查,毛泽东详细了解了当地的地主、富农、中农、贫农人数及比例,各阶层占有土地数目及其比例,群众斗争情况,当地的工价、物价等情况。这些调查后来形成《永新调查》,对于推动革命事业发展起到了积极作用。

1928年5月和6月,毛泽东三次到永新夏幽塘边村,历时40余天,深入实际调查研究,领导分田工作,并总结了塘边的分田经验,亲自起草了《分田临时纲领十七条》。③在此基础上,根据1928年8月30日发出的中共中央通告第三十七号《关于没收土地和建立苏维埃》及中央六月来信中关于土地政策的指示精神,经过两个多月的酝酿、讨论和修改,制定出《土地法》。这是中国共产党历史上第一部土地法,因推翻了几千年来封建土地所有制,广大贫苦农民在较短时间内得到了看得见、摸得着的利益,成为土地的主人。

---

① 余伯流、陈刚:《井冈山革命根据地全史》,江西人民出版社,2007,第121-122页。
② 同上书,第122页。
③ 逄先知、金冲及:《毛泽东传》第1卷,中央文献出版社,2013,第180页。

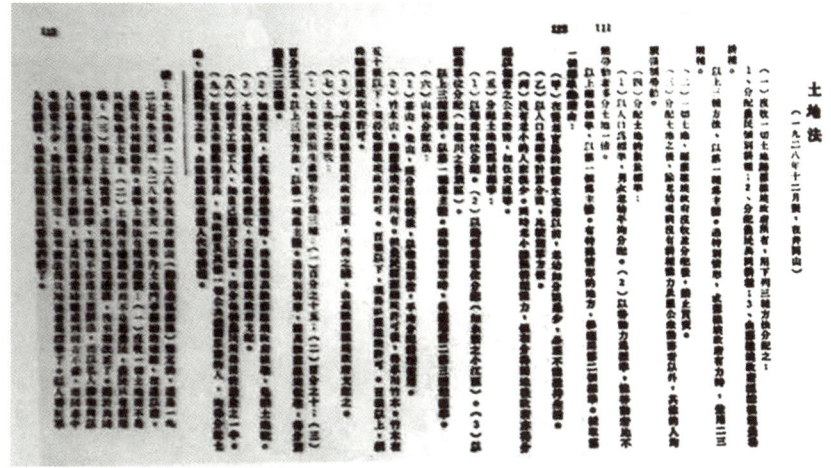

图 3-4 《土地法》（1928年12月，在井冈山）

毛泽东不仅自己深入实际调查研究，而且要求红军干部、地方干部与士兵都应调查研究，并将此作为一项任务来完成。当时制定的《党代表工作大纲》分五个部分，其中一个部分就是民众调查。《党代表工作大纲》中明确要求，党代表要实行报告制度，"注意民间调查和官兵调查"。为此，专门开列了调查及报告的详细项目。

曾志在《回忆在井冈山的战斗生活》中讲道：

> 毛主席在行军路上很注意调查。收集沿途情况，这是毛主席亲自布置我做的第一件事。毛主席还教给我如何做调查表，其中就包括村镇名称和方位、房屋数量和结构、土地面积和肥瘦、人口数量和结构、作物种类和数量、商铺数量和经营状况、山林面积和占有情况等。

正是因为注重调查，毛泽东在井冈山斗争时期掌握和了解了湘赣边界的政治经济状况，从而为制定正确的政策和策略提供了依据。

1. 在政权建设方面

1927年11月，在毛泽东指示下，茶陵县成立了湘赣边界第一个县级红色政权，选举三名工农兵代表组成了工农兵执委会。1928年1月上旬，毛泽东率领部队攻下遂川县城。他不仅亲自指导工农兵政府筹建，而且对陈正人草拟的《遂川县工农兵政府临时纲领》进行了修改。该《纲领》包括政治、文化、军事、土地、生产、人民生活等各个方面30余条，对于如何执政作了详细规定。1928年2月，工农革命军攻克宁冈县新城后，筹建成立宁冈县工农兵政府，发布了《宁冈县工农兵政府施政纲领》，成立了区乡各级工农兵政府，建立了相对完整的红色政权体系。同时，毛泽东还创造性地提出"党政分开"，要求"以后党要执行领导政府的任务，党的主张办法，除宣传外，执行的时候必须通过政府的组织"。1928年5月底，毛泽东主持召开中共湘赣边界第一次代表大会，成立了湘赣边界工农兵苏维埃政府。这是湘赣边界第一个县级以上的农村红色政权，并设置了工农兵代表大会、工农兵代表大会执行委员会，以及军事、财政、土地、司法四个部和青年、妇女、工农运动等三个委员会。这是中国共产党在农村革命根据地建立红色政权、进行局部执政的尝试。

2. 在武装斗争方面

毛泽东在《井冈山的斗争》一文中指出："边界的斗争，完全是军事的斗争，党和群众不得不一齐军事化。怎样对付敌人，怎样作战，成了日常生活的中心问题。"① 毛泽东、朱德等在指挥军事斗争的实践中，先后提出了"分兵以发动群众，集中以应付敌人""敌进我退，敌驻我扰，敌疲我打，敌退我追""固定区域的割据，用波浪式的推进政策""强敌跟追，用盘旋式的打圈子政策"等战术原则。这些战术原则是处于劣势的弱小军队战胜优势敌人的法宝，在此基础上逐步发展形成的中国游击战争的战略战术成为人民军队建设的重要原则。

3. 在党的建设方面

毛泽东开创性地提出了"无产阶级思想领导"的问题，强调要思想建党。毛泽东在《井冈山的斗争》中指出："我们感觉无产阶级思想领导的问题，是一个非常重要的问题。边界各县的党，几乎完全是农民成分的党，若不给以无产阶级的思想领导，其趋向是会要错误的。"② "党在村落中的组织，因居住关系，许多是一姓的党员为一个支部，支部会议简直同时就是家族会议。在这种

---

① 毛泽东：《毛泽东选集》第1卷，人民出版社，1991，第63页。
② 同上书，第77页。

情形下，'斗争的布尔什维克党'的建设，真是难得很。"①为此，毛泽东举办党团训练班，"竭力铲除一般同志的机会主义思想和封建小资产阶级思想，确定无产阶级革命的人生观"。②毛泽东、朱德等经常到训练班讲课。通过马克思主义基本理论灌输教育，使大家认识到共产党不能分你姓什么、他姓什么，你是土籍、他是客籍，也不分县界、区界、乡界，天下穷人是一家，要讲共产主义，要团结一致，对付共同的敌人。

针对边界各县一部分党员对民主集中制意识淡薄，即组织纪律性差等现象，毛泽东曾公开指出他们的缺点。例如，对永新的党"要公开脱离特委"的问题，对鄳县县委违反群众纪律问题，都曾在《特委通讯》中予以严厉的批评，力求一面消灭党内发生分歧的原因，一面加紧教育。对于不坚定分子，从支部改造起，肃清组织上和政策机会主义的领导，党员成分必须是选拔先进的觉悟的踏实的勇敢的贫苦工农分子，对小资产阶级、知识分子、富农必须严格限制，制定党的"铁的纪律"。

1929年12月，针对红四军主力转战赣南、闽西，极端民主化、重军事轻政治、不重视建立巩固的根据地、流寇思想和军阀主义等非无产阶级思想，红四军党的第九次代表大会通过了《中国共产党红军第四军第九次代表大会决议案》，即古田会议决议。这次会议规定了红军的无产阶级性质和全心全意为人民服务的根本宗旨，指出："中国的红军是一个执行革命的政治任务的武装集团"，"红军决不是单纯地打仗的，它除了打仗消灭敌人军事力量之外，还要负担宣传群众、组织群众、武装群众、帮助群众建立革命政权以至于建立共产党的组织等项重大的任务"③。正如邓小平指出："把列宁的建党学说发展得最完备的是毛泽东同志。在井冈山时期，即红军创建时期，毛泽东同志的建党思想就很明确。大家看看红军第四军第九次党代表大会的决议就可以了解。"④

正是因为善于调查研究，极其细心、极其留心观察敌人之间的一切裂痕，

---

① 毛泽东：《毛泽东选集》第1卷，人民出版社，1991，第74页。
② 中共中央文献研究室编《建党以来重要文献选编（1921—1949）》第5册，中央文献出版社，2011，第638页。
③ 同①书，第86页。
④ 邓小平：《邓小平文选》第2卷，人民出版社，1994，第44页。

才能制定瓦解敌军的有效政策。毕占云和张威率部起义就是典型案例。① 毕占云，出生于四川广安县，早年曾投身绿林，后被川军收编为阎仲儒师王湘鲁团的一个营（毕占云任营长）。他与朱德、陈毅彼此间曾有过来往，在土地革命的浪潮中，产生了对共产党主张和政策的赞赏心情，同时对蒋介石的独裁统治甚为不满。1928年6—7月，阎仲儒师被调往桂东参加"剿共"。在桂东，毕占云耳闻目睹了共产党、红军给老百姓带来的好处，颇受影响。8月，红军在遂川大汾、左安一带俘虏了毕占云部一班人，从俘虏口中了解到毕占云的情况。为了争取毕占云，红二十八团党代表何长工向军部请示，释放俘虏。毛泽东、朱德、陈毅等一致同意何长工的意见，将这个班连人带枪全部放回。朱德、陈毅联名以同乡的身份给毕占云写了一封信，指出他属于杂牌军、受蒋介石嫡系排挤之处境，希望他反戈一击，投奔红军。毕占云接信后，见红军将他的人马放回，甚为感动，于是决定投奔红军，并派副官蔡达景到黄坳与红军联络。陈毅热情地接待了蔡副官，商定了起义的有关事宜。10月中旬，毕占云在桂东正式率全营人马起义，来到遂川汤湖，受到陈毅等人的热情欢迎。随后，毕占云营被编为红四军特务营，仍以毕占云为营长。

张威，云南人，出身于贫苦家庭。投身北伐军后，因作战勇敢，被擢升为连长。大革命失败后，他所属的朱耀华第十八师被调到江西樟树一带防守共产党，后又被调至袁州（今属江西宜春市）"剿共"。国民党军内与地方的腐败，人民生活的贫困，使他感到前途黯淡，情绪低落。他终日出入赌场，不料竟将军饷输掉。张威的这些情况，被我袁州地下党组织掌握。地下党即对他进行了强大的政策攻心，启发他的阶级觉悟，鼓励他弃暗投明。张威经过反复思考，于11月初毅然率部起义，随后进入莲花红色区域，被编在莲花红色独立团。不久，独立团开赴宁冈参加红四军冬季整训。整训结束后，莲花红色独立团被改编为县赤卫大队，张威部被改编为红四军独立营，张威为营长。

毕占云、张威两部参加红军后，毛泽东、朱德、陈毅等军中领导非常关心他们的成长。毕占云、张威两部的政治素质得到改造与提高，很快成为红四军的两支重要武装力量。毕占云、张威两部弃暗投明参加红军，是井冈山革命根

---

① 中共江西省委宣传部、中共江西省委党史研究室：《跨越时空的井冈山精神》，江西教育出版社，2017，第63页。

据地和红四军政治影响深入人心的结果，也是共产党和红军分化瓦解敌军政策威力的产物。

（二）路在何方？"上山"

"上山"——向农村进军，依靠农民进行革命，是大革命失败前后毛泽东在实践中逐步形成的重要策略思想，也是中国共产党人坚持从实际出发成功寻找中国革命道路的理论升华。

审时度势，因势利导，开辟新局。在革命道路上，辨析并准确地把握形势，才能作出正确的决策。1927年对于中国共产党和革命群众来说是极其黑暗的一年。这一年，蒋介石和汪精卫相继叛变革命，曾经"志同道合"的朋友此刻成为仇敌，蒋介石和汪精卫手中的大刀向共产党和革命群众挥来。无数共产党人和革命群众牺牲在国民党屠刀下。据不完全统计，1927年3月至1928年上半年，共产党人和革命群众被杀害者达31万余人，其中共产党人2.6万余人。在严峻的生死考验面前，在革命前途仿佛已经变得十分暗淡的艰难时刻，年轻的中国共产党表现出可贵的大无畏品格。面对反动派要将革命者斩尽杀绝的屠杀政策，中国共产党毅然举起了革命大旗，进行武装抵抗。

1927年的南昌起义是中国共产党在极端危急的情况下，为了挽救革命而作出的第一声响亮的回答。南昌起义打响了武装反抗国民党反动派的第一枪，中共领导的军队在这次起义中诞生了。面对敌强我弱的形势，起义部队撤离南昌，在南下途中遭遇了重大挫折。此后，秋收起义和广州起义等大大小小的反抗国民党反动派的起义相继爆发，但是几乎都遭遇挫折或失败。惨痛的失败使中国共产党人从革命实践中不断总结经验和吸取教训。他们看到，俄国人的革命道路似乎在中国行不通。纵观世界社会主义发展史，无产阶级领导的以夺取大城市为中心的革命运动取得成功的范例仅有两次：一次是巴黎公社的伟大尝试，虽然这个政权仅仅存在了72天便夭折，但是为后来者留下了宝贵的经验和教训；另一次是列宁领导的苏维埃革命最终取得成功，建立了无产阶级政权，开辟了人类历史的新纪元，并因此产生了十月革命的道路模式。然而，在革命实践中直接运用"城市中心"的办法，遭遇了严重的失败和挫折。"枪杆子"里面到底怎样才能出政权呢？中国革命要取得成功，必须另辟蹊径。

以毛泽东同志为代表的中国共产党人，毅然将革命队伍带向敌人统治力量薄弱的农村。这在当时是要冒极大的革命风险的，但是作为前委书记的毛泽东果断作出了这样一个现在看来足以影响整个中国共产主义革命运动的伟大壮举。当然，这一伟大壮举的背后其实是毛泽东一直以来对中国革命所特有的敏锐。早在大革命时期，毛泽东就提出在革命迫不得已的情况下应该上山的思想。这一思想也是他将革命队伍引向井冈山所走的关键一步。

毛泽东自幼同情和关心灾难深重的中国农民，他的青年时代是在寻找中国人民解放的道路中度过的。早在1919年7月，毛泽东在《湘江评论》上就指出："世界什么问题最大？吃饭问题最大。什么力量最强？民众联合的力量最强。"[1]他认为，要实现民族独立和人民解放，就必须实现民众的大联合。那么，在中国，最大多数的民众在哪里呢？毛泽东说："湖南工人数量很少，国民党员和共产党员更少，可是漫山遍野都是农民。""任何革命，农民问题都是最重要的。"[2]他还对中国社会各阶级的状况进行了深入的调查研究，相继写出了《中国社会各阶级的分析》《湖南农民运动考察报告》，以翔实的史料和事例论证了中国农民在革命战争中的地位和作用。"农民问题乃国民革命的中心问题"，必须把广大农民充分调动起来，积极投身于国民革命，"帝国主义、军阀的基础才能确实动摇，国民革命才能得着确实的胜利"[3]。1926年5月，毛泽东在主持第六届农民运动讲习所时就教导学员，干革命就是要刀对刀、枪对枪，要推翻地主的团防局，就必须建立农民的武装，刀把子不掌握在自己手里就会出乱子。[4]大革命时期毛泽东关于农民问题的理论与实践，为"上山"思想的产生、形成和发展奠定了基础。

大革命失败前后，在中国共产党内，"上山"思想逐步开始酝酿。为了挽救革命，1927年6月，以张太雷为书记的中共湖北省委明确提出了武装农民"上山"和争取地方武装等策略，随后湖北省委在武昌举行紧急会议，提出以武汉为中心，发动工农兵武装起义，推翻国民党右派反动政权的建议。同时，

---

[1] 彭明：《中国现代史资料选辑》第1册，中国人民大学出版社，1987，第207页。
[2] 转引自黎永泰：《毛泽东与大革命》，四川人民出版社，1991，第282页。
[3] 毛泽东：《毛泽东文集》第1卷，人民出版社，1993，第39页。
[4] 佚名：《回忆毛主席》，人民文学出版社，1977，第59页。

中共湖南省委在《湖南目前工作计划》中也提出"上山"的主张。

就在这一时期,毛泽东的"上山"思想开始逐步形成并得以实践。

毛泽东正式提出"上山",则是在1927年6月中旬。据袁任远回忆,在汉口日租界一旅社,毛泽东把湖南工会、农民协会干部等人员召集到一起开会,要求大家"回到原来的岗位,恢复工作,拿起武器,山区的上山,滨湖的上船,坚决与敌人作斗争,武装保卫革命"①。据李维汉回忆,"毛泽东同志自1927年马日事变以后,就明确指出农民武装在处境十分不利的情况下,即应上山,上山可造成军事势力的基础。当时只有他提出了这种马克思列宁主义与中国国情具体相结合的远见卓识。"②

当时,革命形势已经到了岌岌可危的地步。蒋介石四一二反革命政变、夏斗寅武装叛乱、许克祥马日事变等相继发生,湘鄂赣三省已处于严重的白色恐怖之中。在湖南,许克祥袭击了省农民协会、省总工会及一切革命组织,杀害共产党员、国民党左派和革命群众,共产党的组织被迫转入地下。

为恢复和发展湖南革命运动,毛泽东主动提出回湖南工作。在6月17日召开的中共中央政治局常委会会议上,蔡和森提议改组湖南省委,并鉴于毛泽东在农民运动方面的工作能力,特推荐他任湖南省委书记。③在6月24日召开的中共中央政治局常委会会议上,决定成立以毛泽东为书记的新的中共湖南省委。

此时,唐生智也回到长沙。他悍然取消工农团体,停办中等以上学校,取缔"二五减租",公开打出反对共产党的旗帜,默认长沙市公安局逮捕共产党员数十名,杀害五人。在这种情况下,以毛泽东为首的中共湖南省委毅然举起了反对唐生智的旗帜,制订了《湖南目前工作计划》,明确提出"一切经济的和政治的斗争,一切口号的鼓动,都以推翻唐生智的统治为目的"。该计划提出要秘密恢复省农协和各级农协,宣传土地革命的意义,并着重提出了保存工农武装的形式:"第一编成合法的挨户团;次之则上山;再次之则将枪支分散

---

① 朱德、聂荣臻等:《星火燎原》第1集,解放军出版社,1979,第320页。
② 李维汉:《回忆与研究》上册,中共党史资料出版社,1986,第172页。
③ 后来蔡和森回忆说,1926年冬季以来,毛泽东"完全代表湖南土地革命的倾向,为一切敌人之所痛恨,而为一切农民之所欢迎,所以,马日事变后,和森主张他回湘工作"。蔡和森:《党的机会主义史》(1927年9月),载《蔡和森的十二篇文章》,人民出版社,1980,第101页。

埋入土中。"①

中共湖南省委根据毛泽东制订的上述计划,对工农武装进行了具体安排。已经暴露的工农武装力量,全部"上山";尚在潜伏状态的工农武装力量,暂时保持挨户团名称,以等待时机;力量弱小、组织也不健全的工农武装,枪支入土,人员隐蔽,或投入贺龙、叶挺部队。制订上述计划后,中共湖南省委发出通告,要求各地党组织认真贯彻执行。潘心源在写给中央的报告中提到,"我们退到浏阳县城时,省委又派郭静茹(即郭亮——引者)由平来浏,……他主张我们退到浏阳与江西边界当'大王'。对平江也一样主张。"②在毛泽东"上山"思想指导下,湖南保存了大量的工农武装,约有2000支枪。集中在安源的工农武装和湘赣边的平江、浏阳农军,后来成了秋收起义的基本队伍;宜章、郴州、资兴、汝城、桂东、耒阳、安仁等地农军,成了湘南起义的重要力量。

在大革命失败前夕的7月4日,毛泽东进一步把"上山"思想提交中共中央政治局常委会讨论。这次会议讨论湖南农民协会、农民自卫武装应当如何对付敌人的搜捕和屠杀,以及反动派到来时如何保存农村革命力量等问题。陈独秀提出,国民革命军备军招兵时,农民协会的会员和自卫武装可应征加入,即"我们可以不客气地多将群众送给他们"③。毛泽东不同意这一主张。他认为,保存武装力量的策略主要有两种:"1. 改成安抚军合法保存,此条实难办到。2. 此外尚有两条路:A. 上山。B. 投入军队中去。上山可造成军事势力的基础"。在毛泽东看来,武力发挥着重要作用,"不保存武力则将来一到事变我们即无办法"④。毛泽东的这一意见获得了蔡和森的支持;但因陈独秀固执己见,毛泽东的正确意见未被采纳。

尽管如此,毛泽东仍然没有放弃自己的主张。比如,他在准备湘南暴动的计划中,明确把土地革命列入。8月初,毛泽东为中共中央起草了《湘南运动大纲》。这个大纲的要点是:"湘南特别运动以汝城县为中心,由此中心进而占

---

① 中央档案馆、湖南省档案馆编《湖南革命历史文件汇集》甲5,湖南省档案馆,第110-111页。
② 《广州农民运动讲习所文献资料》,毛泽东同志主办农民运动讲习所旧址纪念馆1986年印,第104页。
③ 唐宝林、林茂生:《陈独秀年谱》,上海人民出版社,1988,第332页。
④ 中国革命博物馆、湖南省博物馆编《湖南农民运动资料选编》,人民出版社,1988,第14-15页。

领桂东、宜章、郴州等四五县，成一政治形势，组织一政府模样的革命指挥机关，实行土地革命，与长沙之唐政府对抗，与湘西之反唐部队取联络。"①正因如此，八七会议后，主持中共中央工作的瞿秋白，征求毛泽东的意见，要他到上海中央机关去工作。对此，毛泽东明确表示，"我不愿跟你们去住高楼大厦，我要上山结交绿林朋友"②。

1927年8月9日，毛泽东出席中共中央临时政治局第一次会议。他在发言时仍然强调"上山"，即便付出沉重代价也应如此。他说，湖南省委要组织一个师的武装去广东是很错误的。大家不应只看到一个广东，湖南也是很重要的。湖南民众组织比广东还要扩大，所缺的是武装，当前处在暴动时期更需要武装。"前不久我起草经常委通过的一个计划（即《湘南运动大纲》——引者），要在湘南形成一师的武装，占据五六县，形成一政治基础，发展全省的土地革命，纵然失败也不用去广东而应上山。"③这一思想对于后来他领导的湘赣边界秋收起义并向井冈山进军有着积极的意义。这次会议同时决定，毛泽东回湖南传达八七会议精神，并全权负责改组湖南省委。

在秋收起义部队进攻长沙久攻不克后，毛泽东放弃了攻打长沙的计划，带领部队向敌人统治力量薄弱的山区进攻。1927年9月19日，秋收起义部队在文家市会合，并召开了由前委书记毛泽东主持的前委会议。何长工回忆说，毛泽东"从学校借来一张地图，指着罗霄山脉中段说，我们要到这眉毛画得最浓的地方去当'山大王'。当时有些人不同意毛泽东的意见，觉得革命革命，革到山上做大王去了，这叫什么革命。毛泽东同志耐心地说服大家。他说："我们这个山大王，是特殊的山大王，是共产党领导的有主义、有政策、有办法的山大王。"④经过艰苦转战，最终在茅坪安家，创建了第一个农村革命根据地，开创了农村包围城市、武装夺取政权的革命道路，在中国人民革命斗争史上写下了光辉的篇章。

井冈山革命根据地的建立，是毛泽东在革命处于低潮情况下领导秋收起义

---

① 中央档案馆编《秋收起义（资料选辑）》，中共中央党校出版社，1982，第27页。
② 井冈山革命博物馆编《井冈山革命根据地》下册，中共党史资料出版社，1987，第10页。
③ 中共中央文献研究室编《毛泽东年谱（1893—1949）（修订本）》上卷，中央文献出版社，2013，第207页。
④ 井冈山革命博物馆编《井冈山革命根据地》下册，中共党史资料出版社，1987，第146页

队伍向井冈山进军,是中国共产党组织的最有秩序、最少损失的退却,但又是最强有力的进攻——向敌人统治力量最薄弱的偏僻的山区、农村进攻。以毛泽东为书记的湘赣边特委和红四军军委给湖南省委的报告中指出:"此种主张绝非保守观念,过去全国暴动,各地曾蓬勃一时,一旦敌人反攻,则如水洗河,一败涂地。此皆不求基础巩固,只求声势浩大之故。我们此刻力矫此病,一面为军事建立一大本营,一面为湘赣两省暴动前途建立一巩固基础。现我们全力在永新、宁冈工作……深入土地革命,创建地方武装,再能有一些工夫,敌人再来进攻,颇有胜利的把握。"①因此,毛泽东率部"上山"是把战略退却与战略进攻巧妙地结合在一起的光辉典范,是把夺取政权和在农村搞武装斗争结合起来的伟大创举。可以说,这是生存需要的现实选择,也是毛泽东远见卓识的体现。不管怎样,结果是,他的"上山"思想为中国革命找到了进行武装斗争的正确突破口,在敌强我弱的情况下,革命武装可以向敌人统治力量薄弱的农村进军,建立革命根据地,配合城市起义夺取革命胜利。对此,1938年,毛泽东还在"抗大"多次谈到"上山"。他在"抗大"一大队成立大会上生动地解释说:"为什么我们要上井冈山呢?因为下面住不得,没有法子才上山去,打游击战。我们要实现半殖民地半封建国家的资产阶级民主革命的任务,就举起了反帝反封建的大旗。可是这旗帜不准我们在城内插,我们就只好到山顶上去插,永不放下。"②

(三)开辟"新路"——中国革命新道路

道路正确与否,关系党和国家事业的成败。在土地革命战争时期,中国共产党人始终牢记"实事求是"这个马克思主义的精髓和活的灵魂。实践证明,中国共产党领导的事业的成败得失,与其自身能否把马克思主义基本原理与中国实际相结合休戚相关。只有实事求是按照中国国情"闯"出来的路,才最适合中国的发展需要。在井冈山斗争的伟大实践中,以毛泽东同志为代表的中国共产党人在悉心研究中国国情的基础上,摒弃了"城市中心论",从中国革命

---

① 嘉湘:《井冈山的武装割据》,江西人民出版社,1980,第146页。
② 毛泽东:《合则两利,分则两伤》(1938年5月4日),《党的文献》1995年第4期,第15页。

的实际出发，创造性地提出了"上山"的思想、做"革命山大王"的思想、建立"军事大本营"的思想、实行"工农武装割据"的思想、红色政权"波浪式前进"的思想、"星星之火，可以燎原"的思想，并且对井冈山斗争的丰富实践经验进行了科学的理论概括，写出了《中国的红色政权为什么能够存在？》《井冈山的斗争》等光辉著作，创立了中国革命关于红色政权的理论，科学地论述了在四周白色政权包围中小块红色政权能够存在和发展的客观依据和历史必然性。

井冈山革命根据地创建，历经苦难与辉煌。苦难在于，选择这条道路非常曲折和艰辛；辉煌则在于，走出了一条农村包围城市、武装夺取全国政权的正确道路——井冈山道路。毛泽东对井冈山道路的基本点进行了多次阐述：以武装斗争为主要形式，以土地革命为基本内容，以农村革命根据地为根本依托。这三者密切联系，互为依存、缺一不可。

1. 以武装斗争为主要形式

中国共产党要领导革命，就必须解决在半殖民地半封建的中国以何种斗争为主要形式的问题。在西方资本主义国家，外部没有民族压迫，内部没有封建制度，并且建立了资产阶级的民主制度。这些国家的无产阶级可以利用工会、议会等形式进行长期合法的斗争来达到自己的目的，可以不需要拥有自己的军队和武装力量。

但是，中国具有自己特殊的国情。中国是一个半殖民地半封建社会的国家，外部没有民族独立，内部没有民主制度。在这样的情况下，没有利用议会来表达无产阶级利益的可能，也没有组织工人罢工的合法权利。同时，中国的无产阶级所面对的敌人是异常强大和凶残的，他们拥有强大的反革命武装力量，对无产阶级进行赤裸裸的剥削和压迫。这就是中国不同于欧美资本主义国家的重要特点。因此，中国革命只能以武装斗争为主要手段和形式，以革命的武装力量对付反革命的武装力量。毛泽东在大革命失败后就充分认识到武装力量对于中国共产党领导的无产阶级革命所具有的重要意义，因此，在八七会议上提出了"政权是由枪杆子中取得"的思想。

毛泽东在《井冈山的斗争》中指出："边界的斗争，完全是军事的斗争，党和群众不得不一齐军事化。怎样对付敌人，怎样作战，成了日常生活的中心问题。"①在后来的革命斗争中,毛泽东多次阐述并强调了这一思想的重要性。在中国,主要的斗争形式是战争,主要的组织形式是军队。在中国,离开了武装斗争,就没有无产阶级的地位,就没有人民的地位,就没有共产党的地位,就没有革命的胜利。

武装斗争是中国革命的主要斗争形式,而且这种斗争是长期的;因为我们的敌人是异常强大的,革命力量必须在长期积聚锻炼成为一股强大的力量不可。当然,我们说武装斗争是中国革命的主要斗争形式,并不意味着要放弃或者忽视其他形式的斗争。武装斗争只有与其他形式的斗争相互配合,武装斗争才能顺利开展,革命才能取得最后胜利。

2. 以土地革命为基本内容

农民问题是中国革命的基本问题。中国资产阶级民主革命的实质是农民革命,中国革命战争的实质就是农民战争。农民问题的核心是土地问题。在旧中国,农民占中国人口的80%,他们长期受封建地主阶级的剥削与压迫,对作为农民命根子的土地有着强烈的要求。

毛泽东在井冈山斗争时期就明确指出:"中国的民主革命的内容,依国际及中央的指示,包括推翻帝国主义及其工具军阀在中国的统治,完成民族革命,并实行土地革命,消灭豪绅阶级对农民的封建的剥削。"②因此,在半殖民地半封建社会的中国,中国共产党要领导中国革命取得胜利,就必须深入农村,领导农民开展打土豪、分田地的土地革命运动,获得农民的支持,如此才能建立巩固的工农联盟。中国革命如果失去了农民的支持,中国共产党所开创的农村革命根据地就会失去依托,中国共产党就会失去力量,中国革命就不能取得成功。

在井冈山斗争时期,毛泽东根据中国革命的实际,从解决农民土地问题的需要出发,领导井冈山军民开展了土地革命运动。在井冈山革命根据地建立后不久,就在湘赣边界党的一大上提出了"深入割据地区的土地革命"的重要政策。此后,在党和工农兵政府领导下,各地相继出现了分田的高潮,极大地激

---

① 毛泽东:《毛泽东选集》第1卷,人民出版社,1991,第63页。
② 同上书,第48页。

发了农民革命和生产的积极性，获得了农民对党和红军的拥护。1928年12月，在总结根据地分田斗争经验的基础上，毛泽东主持起草了《土地法》。这是中国共产党在土地革命战争时期的第一部土地法，具有重要的意义。

经过党对土地革命的进一步探索，中国共产党逐步形成了一条比较完备的土地革命路线。那就是：依靠贫雇农，联合中农，限制富农，保护中小工商业者，消灭地主阶级，变封建半封建的土地所有制为农民的土地所有制的土地革命路线。这条土地革命路线，对中国革命起了重要的指导作用。

3. 以农村革命根据地为根本依托

由于中国革命的长期性和残酷性的特点，反革命势力为维护其反动统治，对以武装力量反抗其统治的人民革命必然采取残暴的手段予以镇压。为了在与敌人长期残酷的斗争中不致被敌人消灭，为了在革命力量还相对弱小的时候不致被敌人瓦解，就需要一个巩固的战略基地来积蓄革命力量，从而不断发展壮大。这就需要建立农村革命根据地。中国革命的实践证明，革命根据地是革命人民和革命军队赖以生存和发展的根本依托。

纵观近代以来中国历史上的农民起义或战争，在反抗外来侵略和反封建的斗争中，他们一定程度上给帝国主义和封建主义以沉重的打击；然而，在中外反动势力的联合绞杀下，即使他们作出了巨大的牺牲，也没能改变中国半殖民地半封建社会的性质，没能完成民族独立和人民解放的使命。究其缘由，除了他们不是新的社会生产力的代表，不代表历史发展方向这一根本原因，没有形成建立根据地的思想是他们失败的一个重要原因。毛泽东指出："游击战争的根据地是什么呢？它是游击战争赖以执行自己的战略任务，达到保存和发展自己、消灭和驱逐敌人之目的的战略基地。没有这种战略基地，一切战略任务的执行和战争目的的实现就失掉了依托。"[1]因此，对于中国共产党领导的革命来说，"必须把落后的农村造成先进的巩固的根据地，造成军事上、政治上、经济上、文化上的伟大的革命阵地，借以反对利用城市进攻农村区域的凶恶敌人"[2]。井冈山革命根据地就是这样一个伟大的革命阵地。

---

[1] 毛泽东：《毛泽东选集》第2卷，人民出版社，1991，第418页。
[2] 同上书，第635页。

在井冈山革命根据地创建过程中，斗争异常尖锐和艰巨。当时，在党和红军内存在着一种走州过府、轻视建立根据地和红色政权的"流寇主义"思潮。他们企图通过流动游击战争的形式来扩大政治影响，等到各地争取群众的工作做好了，再来一个全国武装起义，造成全国范围内的大革命，以此来取得革命的胜利。毛泽东对这种思潮提出了严厉的批评，认为这种全国范围的、包括一切地方的、先争取群众后建立政权的理论，是不适合中国革命的实际的。毛泽东还明确指出，红军、游击队和红色区域的建立和发展，是半殖民地中国在无产阶级领导之下的农民斗争的最高形式，是半殖民地农民斗争发展的必然结果，并且毫无疑义地是促进全国革命高潮的最重要因素。中国革命正是依靠这样一小块或若干小块农村革命根据地，波浪式向前推进，一片一片地发展壮大为全国基本区域，从而取得全国革命的胜利。

总之，以武装斗争为主要形式，以土地革命为基本内容，以农村革命根据地为根本依托，最后农村包围城市、武装夺取政权的革命道路，是以毛泽东同志为代表的中国共产党人，在探索中国革命出路过程中，将马克思主义基本原理与中国革命具体实践相结合而形成的极富中国特色的革命道路。正因为走上了这条道路，中国革命由小到大、由弱变强，最终赢得了胜利。

（四）"山沟里的马克思主义"

社会的变革催生理论的发展。井冈山斗争时期，毛泽东不仅解决了革命根据地创建过程中的一系列重大实际问题，而且进行了独创性的理论创造，提出了中国革命红色政权的理论，逐步开辟了农村包围城市、武装夺取政权的革命道路，成为"山沟里的马克思主义"。

1. 提出了关于"工农武装割据"思想

"工农武装割据"思想是毛泽东在《中国的红色政权为什么能够存在？》一文中提出的。他明确指出："'工农武装割据'的思想，是共产党和割据地方的工农群众必须充分具备的一个重要的思想。"[①]这是深刻总结湘赣边界"工农

---

① 毛泽东：《毛泽东选集》第1卷，人民出版社，1991，第50页。

武装割据"斗争丰富经验的基础上,经过理论思考,逐步形成并予以科学概括的。党和红军如果没有这种"工农武装割据"的思想,就没有"建立红色政权的深刻观念",也就没有"用这种红色政权的巩固和扩大去促进全国高潮的深刻观念",当然也就谈不上取得全国政权的胜利。

毛泽东从理论上论证了"工农武装割据"和红色政权在白色政权包围下存在和发展的客观条件:一是,中国地方性的农业经济和帝国主义划分势力范围的分裂剥削政策,造成了反动统治的缝隙,给革命以可利用之机会;二是,有经过大革命的"有过农民割据"的良好群众基础;三是,有全国革命形势"继续向前发展"的大背景;四是,有相当力量的正式红军的存在和发展;五是,共产党组织的有力量和它的政策的不错误。毛泽东从五个方面分析了"一国之内,在四围白色政权的包围中,有一小块或若干小块红色政权的区域长期地存在"这种"世界各国从来没有的事",以及"这种奇事的发生"的"独特的原因",从而具有可信的科学的理论依据。①

与此同时,毛泽东还指出了"工农武装割据"的发展前途,他说:"以宁冈为中心的湘赣边界工农武装割据,其意义决不限于边界数县,这种割据在湘鄂赣三省工农暴动夺取三省政权的过程中是有很大的意义的。"②不仅如此,毛泽东还把湘赣边界的红色割据同夺取全国政权的伟大宏图联系起来考虑,极为精辟地指出:"这些红色区域将继续发展,日渐接近于全国政权的取得。"③可见,毛泽东身在井冈山,放眼全中国,已经把井冈山的红色区域视为夺取全国政权的战略基地和胜利起点。从引兵井冈山到"工农武装割据",从"夺取三省政权"到"全国政权的取得",毛泽东这种大胆而又成熟的战略构想,这种富有远见、独具慧眼的理论概括,无疑为最终形成的以农村包围城市、武装夺取政权的中国革命道路理论奠定了坚实的思想基础。

2. 提出了关于人民军队建设与游击战术思想

三湾改编以后,毛泽东就创立了"支部建在连上"的原则和党代表制度,

---

① 毛泽东:《毛泽东选集》第1卷,人民出版社,1991,第48页。
② 同上书,第52页。
③ 同上书,第50页。

确立了党对军队的绝对领导；规定了人民军队的"三大任务"和"三大纪律、六项注意"；首创了正规红军、地方赤卫队和暴动队三结合的人民军队体制；实行了军民一致、军政一致、官兵一致的建军原则和民主制度；提出了正确对待俘虏和投诚白军的政策；等等。与此同时，毛泽东还同朱德一起创造性地提出了著名的"敌进我退，敌驻我扰，敌疲我打，敌退我追"的"十六字诀"，以及"分兵以发动群众，集中以应付敌人""固定区域的割据，用波浪式的推进政策。强敌跟追，用盘旋式的打圈子政策"等游击战术原则。[1]这些都是在井冈山的军事斗争实践中创造性地提出来的。

毛泽东在总结红军斗争经验时还强调指出："党代表制度，经验证明不能废除。特别是在连一级，因党的支部建设在连上，党代表更为重要。……事实证明，哪一个连的党代表较好，哪一个连就较健全，而连长在政治上却不易有这样大的作用。……从表面看，似乎既称红军，就可以不要党代表了，实在大谬不然。"[2]这个思想到1929年12月红四军党的九大召开时，得到了进一步的发挥。毛泽东指出，"中国的红军是一个执行革命的政治任务的武装集团"，如果脱离了共产党领导，"便有走到脱离群众、以军队控制政权、离开无产阶级领导的危险，如像国民党军队所走的军阀主义的道路一样。"[3]这就更进一步阐明了人民军队的性质、宗旨和党指挥枪的原则。从井冈山斗争到古田会议，是毛泽东军事思想开始形成的重要阶段。

3. 提出了关于土地革命的思想和政策

毛泽东在井冈山斗争初期，就提出了中国民主革命的内容主要是"实行土地革命"的思想。在1928年5月召开的湘赣边界党的一大上，他进一步提出了"深入割据地区的土地革命"[4]的方针，从而掀起了湘赣边界土地革命风暴。在土地革命过程中，由于"边界对于土地是采取全部没收、彻底分配的政策"，一度"大受中间阶级的阻碍"，出现"延宕分田及隐瞒土地"的现象[5]，边界的

---

[1] 毛泽东:《毛泽东选集》第1卷，人民出版社，1991，第104页。
[2] 同上书，第64页。
[3] 同上书，第86页。
[4] 同上书，第51页。
[5] 同上书，第69页。

分田运动直至6月下旬龙源口大捷后,充分发挥红军分兵的威力,发动群众处理了一些延宕分田的人,才实际地分下去。

在总结井冈山一年以来土地斗争经验的基础上,1928年12月,毛泽东亲自起草和主持制定了农村革命根据地第一部土地法——井冈山《土地法》。井冈山《土地法》共9条14款。由于受中共中央及共产国际"土地国有"观的影响,没收地主的土地后归公,属于苏维埃政府所有,只把土地交给农民耕种,而不是分给他们当成私有财产,也不许买卖,从而在一定程度上削弱了农民的积极性。

1929年3月毛泽东率领红四军向赣南进军途中,正值蒋桂战争爆发,这给红四军以有利的革命形势。在毛泽东的领导下,红四军先后占领兴国、宁都、瑞金等县,初步打开了赣南区的局面。在兴国期间,毛泽东进行了调查研究,举办了土地革命干部训练班,制定和颁布了兴国《土地法》,纠正了井冈山《土地法》中的一些不足。

4. 提出了关于根据地建设的思想

毛泽东在井冈山斗争时期,自始至终十分重视根据地建设。首先,毛泽东提出了"以宁冈为大本营"的思想。大本营是革命根据地的腹心地域、根本堡垒,只有建设好、巩固好大本营,根据地才能无后顾之忧。其次,毛泽东提出了"建立中心区域的坚实基础"的思想。他认为,为备白色恐怖到来时有所恃而不恐,必须采取"逐渐地推进"的战略,在军事上切忌分兵冒进,在地方上"集中力量建立中心区域的坚实基础,以求自立于不败之地"①。具体举措就是大力经营永新。在毛泽东看来,"永新比一国还重要"。为此,他亲率红四军主力在永新境内分兵发动群众,开展土地革命,建立红色政权。再次,毛泽东还非常关心根据地政权建设。他批评了政权建设中的"独裁专断的恶习惯"和以党代政的现象,"许多事情为图省便,党在那里直接做了,把政权机关搁置一边"②,这是要避免的;主张"党要执行领导政府的任务",但"执行的时候必

---

① 毛泽东:《毛泽东选集》第1卷,人民出版社,1991,第58页。
② 同上书,第73页。

须通过政府的组织"①。为此，在根据地斗争后期，毛泽东把建设井冈山、九陇山两个军事根据地作为边界党的一项重大任务，认为"在四周白色政权中间的红色割据，利用山险是必要的"。

以毛泽东为首的边界地区党组织，在井冈山时期还总结和概括了一整套根据地建设和对敌斗争的政策及策略。"当时边界特委（毛泽东为书记）和军委（陈毅为书记）的政策是：坚决地和敌人作斗争，造成罗霄山脉中段政权，反对逃跑主义；深入割据地区的土地革命；军队的党帮助地方党的发展，军队的武装帮助地方武装的发展；对统治势力比较强大的湖南取守势，对统治势力比较薄弱的江西取攻势；用大力经营永新，创造群众的割据，布置长期斗争；集中红军相机迎击当前之敌，反对分兵，避免被敌人各个击破；割据地区的扩大采取波浪式的推进政策，反对冒进政策。因为这些策略的适当，加以边界地形的利于斗争，湘赣两省进攻军队的不尽一致，于是才有四月至七月四个月的各次军事胜利和群众割据的发展。"②

这些政策和策略，是井冈山斗争经验的理论概括，是毛泽东等在红军初创时期的独特创造，闪耀着马克思列宁主义策略思想的光辉，对中国共产党人在中央苏区和后来的军事斗争中有着重要的影响。

5. 提出了关于农村环境下党的建设思想

在一个无产阶级人数少、农民和其他小资产阶级占人口大多数的国家里，建设一个具有广大群众性的、马克思列宁主义的无产阶级的政党，其任务是极其艰巨的。毛泽东在井冈山时就感叹地说道："党在村落中的组织，因居住关系，许多是一姓的党员为一个支部，支部会议简直同时就是家族会议。在这种情形下，'斗争的布尔什维克党'的建设，真是难得很。"③毛泽东所说的"真是难得很"，道出了在农村环境下党的建设面临的困难与艰辛。

同时，在井冈山还存在因沿袭的土客籍矛盾和"很深的地方主义"，而且这个问题边界各县都有，"而以宁冈的问题最为严重"，经常因为打土豪、地方

---

① 毛泽东：《毛泽东选集》第1卷，人民出版社，1991，第73页。
② 同上书，第59—60页。
③ 同上书，第74页。

政府选举等引起纷争，以致出现"土籍的党，客籍的枪"（即土籍掌握党权，客籍掌握军权）的格局，阻碍党的建设。为了改变这种状况，毛泽东和边界特委在1928年两次边界党的代表大会上进行了深刻的教育，并开展了中国共产党历史上第一次整党运动——九月"洗党"。"洗党"时，对所有党员进行"重新登记"，严格限制，清洗不坚定分子，纯洁党的队伍，整顿党的组织。

更为重要的是，毛泽东提出了思想上建党的原则。他明确指出："我们感觉无产阶级思想领导的问题，是一个非常重要的问题。边界各县的党，几乎完全是农民成分的党，若不给以无产阶级的思想领导，其趋向是会要错误的。"① 毛泽东的这一重要思想，是对马克思主义建党学说的新发展，是一个独创性的理论贡献。

由于时局的变化，毛泽东这一重要思想在井冈山还没有来得及充分发挥和阐述，直到1929年12月古田会议期间作了系统而深刻的阐发，撰写和发表了著名的《关于纠正党内的错误思想》一文，从而奠定了中国共产党的马克思列宁主义的建党路线。由此可见，作为中共建党路线的核心思想——着重从思想上建党的原则，最早是毛泽东在井冈山斗争时期提出来的。正如邓小平所指出："把列宁的建党学说发展得最完备的是毛泽东同志。在井冈山时期，即红军创建时期，毛泽东同志的建党思想就很明确。"②

"工农武装割据"思想、人民军队建设与游击战术思想、土地革命思想和政策、根据地建设思想、农村环境下党的建设的思想这五个方面的理论创造，是毛泽东对中国共产党人在井冈山斗争时期丰富经验的科学理论概括，是"山沟里的马克思主义"。

（五）革命道路在实践中的发展

井冈山时期，毛泽东形成了"工农武装割据"思想即红色政权的理论；但有了"工农武装割据"思想，并不等于有了农村包围城市道路理论。"工农武装割据"思想与农村包围城市道路理论是既有联系又有区别的，属于两个不同

---

① 毛泽东：《毛泽东选集》第1卷，人民出版社，1991，第77页。
② 邓小平：《邓小平文选》第2卷，人民出版社，1994，第44页。

的概念，既不能混为一谈，又不能割裂开来。1928年10月毛泽东在井冈山形成的"工农武装割据"思想，在中国革命的伟大实践中得到了不断丰富和发展。1930年1月毛泽东撰写的《星星之火，可以燎原》一文，进一步发展了"工农武装割据"思想，开始形成具有中国特色的农村包围城市、武装夺取政权的革命道路。1936年以后，这个理论就比较完备、日臻成熟了。这是马克思列宁主义与中国革命实际相结合的产物，是中国人民长期英勇奋斗历史经验的总结，是中国共产党人集体智慧的结晶。毛泽东同志在总结和概括这一光辉理论中作出了突出的贡献。

井冈山道路这条具有中国特色的革命道路的成功开辟，代表了中国革命的新方向。此后，在敌人统治力量薄弱的农村地区，原先由于中国共产党领导的进攻大城市遭到失败的革命在农村地区又开始蓬勃发展起来。全国各地建立了大大小小的革命根据地。这些革命根据地在四周白色恐怖的笼罩下能够存在并发展壮大，足以显示出中国特色革命道路所具有的生命力。尽管后来由于王明"左"倾路线导致南方革命根据地全部陷落，但是共产党人所开创的农村包围城市、武装夺取政权的道路却始终在陕北闪烁着耀眼的光芒。经过井冈山革命斗争的洗礼，"农村包围城市道路"已普遍为党内同志所理解和接受，毛泽东后来撰写的《中国革命战争的战略问题》《战争和战略问题》《中国革命和中国共产党》等光辉著作，成功地完成了历史赋予中国共产党民族独立和人民解放的任务。1949年9月21日，中国人民政治协商会议第一届全体会议在北平（今北京）举行，毛泽东在开幕词中说："我们的工作将写在人类的历史上，它将表明：占人类总数四分之一的中国人从此站立起来了。"中华人民共和国的成立雄辩地说明，井冈山道路是伟大而正确的道路。中国革命正是沿着这条有别于俄国模式的农村包围城市、武装夺取政权的道路前进，才取得了新民主主义革命的伟大胜利。

三、井冈山精神的基石：艰苦奋斗攻难关

艰苦奋斗是我们党的政治本色和优良传统，反映了井冈山精神的根本属

性，在井冈山革命斗争中弥足珍贵。习近平总书记明确指出，艰苦奋斗是井冈山精神的基石。①井冈山斗争时期，艰险的自然环境、艰苦的生活条件，加之国民党军队的"进剿""会剿"和经济上的严密封锁，致使斗争环境十分恶劣，"军民面临的处境极为困难"②。如何让部队在农村环境中生存下来，又如何适应缺医少药的战斗环境，成为党和红军面临的重大难关。闯过这一重大难关，依靠的正是发扬艰苦奋斗精神。正像邓小平所指出："为什么过去很困难的局面我们都能渡过？根本的问题是我们的干部、党员同人民群众一块苦。"③井冈山革命斗争中，以毛泽东同志为代表的中国共产党人团结带领根据地军民不畏强敌、不畏艰难，开展积极的生产自救和反封锁斗争，打退了敌人一次又一次进攻，渡过了一个又一个难关，创造了一个又一个奇迹，取得了一个又一个胜利。

（一）困难有时真是到了极度

井冈山根据地高山和丘陵占全境总面积85%。连绵起伏的群山给根据地军民带来了极大的挑战，首要的困难就是物质匮乏导致的艰苦，"军民日用必需品和现金的缺乏，成了极大的问题"④。"割据区域内，与外间消息隔绝，油盐布匹药材等不能输入，农产品不能输入，农民感到困难，不能耐久奋斗"⑤。毛泽东和工农革命军到达井冈山后，面临着粮食缺乏、缺衣少被、医药匮乏等各种各样的困难。

毛泽东在《中国的红色政权为什么能够存在？》中写道：

在白色势力的四面包围中，军民日用必需品和现金的缺乏，成了极大的问题。一年以来，边界政权割据的地区，因为敌人的严密封锁，食盐、布匹、药材等日用必需品，无时不在十分缺乏和十分昂贵之中，因此引起

---

① 习近平：《论中国共产党历史》，中央文献出版社，2021，第114页。
② 同上。
③ 邓小平：《邓小平文选》第2卷，人民出版社，1994，第217页。
④ 井冈山革命博物馆编《井冈山革命根据地》上册，中共党史资料出版社，1987，第249页。
⑤ 同上书，第167页。

工农小资产阶级群众和红军士兵群众的生活的不安，有时真是到了极度。红军一面要打仗，一面又要筹饷。每天除粮食外的五分钱伙食费都感到缺乏，营养不足，病的甚多，医院伤兵，其苦更甚。这种困难，在全国总政权没有取得以前当然是不能免的，但是这种困难的比较地获得解决，使生活比较地好一点，特别是红军的给养使之比较地充足一点，则是迫切地需要的。①

这样冷了，许多士兵还是穿两层单衣。②

中共湘赣边界特委书记杨开明1929年2月25日在《关于湘赣边苏区情况的综合报告》中记载：

红军中的生活与经济是非常之艰难的。拥有数千之众，每个月至少要15000元作伙食费，米还是由当地筹办的。经济的来源全靠去打土豪……红军中的薪饷，早就废除了，只有饭吃，有钱的时候发一二块钱的零用钱，最近几个月来，不讲（仅）零用钱不发，草鞋费也没有发，伙食费也减少了。……这个经济问题，要算红军中最困难的问题，也就是边界割据的致命伤。③

井冈山革命根据地的严峻形势和经济恐慌，与国民党的军事进攻和经济封锁不无关系。当时，井冈山根据地面临的情形是：

年年农民的丝、木、茶油、米粒、花生、鸦片等生产品不能运出卖钱，而需要食盐、棉花、布匹等日用必须（需）物品，亦无法取得。生息停滞，有溃败而不可收拾之势——这是割据区域内的情形。而曾经割据了而复失去了的或邻近井冈各县，如茶陵、鄘县、永新、遂川、莲花等县，一则都是经过红军的征发过了的，加之接近井冈，反军时常屯数团之久，饷薪需索担负甚重，军事影响生产顿减。长影响（深）入作战情况，商业亦甚少起色，所以经济的崩溃成为了一个无法挽救的僵局，因此生活程度，加速度的高涨。生活程度最高处如大小五井，肉要一元钱四斤；鸡要

---

① 毛泽东：《毛泽东选集》第1卷，人民出版社，1991，第53页。
② 同上书，第65页。
③ 井冈山革命博物馆编《井冈山革命根据地》上册，中共党史资料出版社，1987，第265页。

一串二百钱一斤；小菜如萝卜、冬（瓜）、南瓜、青菜之类，要一百钱一斤；米比较便宜，也要三元大洋籴一石；盐一元钱只买得四斤或二斤不等；茶油一元钱六斤多；布匹、棉花及日用必须（需）品有由小贩自鄢县偷贩过来者，因为供不应求之故，价值的昂贵，等于上海的物价。因为经如此的崩溃，经济恐慌到了如此程度，一般民众感觉非常痛苦，而找不到出路……而经济的没出路，农民一般生活的不安定应是他的根本原因。这个经济恐慌的危机，是边界割据的致命伤。①

1. 粮食缺乏

井冈山革命根据地处于山区丘陵之地，地处偏隅、地力贫瘠、交通不便，生产力十分落后。边界的经济仍然是一种封建闭塞的自给自足的自然经济。"边界的经济，是农业经济，有些地方还停留在杵臼时代"②。这是毛泽东在调查研究的基础上对井冈山地区经济状况作出的高度概括。"边界的经济本来是一个小农经济区域，自耕农甚多，日常生活程度颇低。……因为地处边陲的原因，受资本经济的侵蚀颇迟，洋货业在市场不甚发达，有些地方的交易还是'日中而市'的逢圩办法。""人民多务农，商人及读书的占极少数。""农民在红军未来之前，除遂、鄢、茶、莲之大部外，颇觉安居乐业，有天下太平的气象。有日出而作、日落而息，老死不相往来的神气。"③

与此同时，"全井冈山才有十多个村庄，人口不满两千，产谷不满万担，除他们自己吃用之外，剩下的就不多了"④。秋收起义部队到达井冈山之后，"情形就大大改变了，因为红军经济的唯一来源，全靠打土豪；又因对土地革命政策的错误，连小资产阶级富农小商也在被打倒之列；又以大破坏之后，没有注意到建设问题，没有注意到经济恐慌的危机，以致造成乡村全部的破产，日益激烈的崩溃。"⑤尤其是朱毛红军会师后，军队骤然达到万余人，部队给养

---

① 井冈山革命博物馆编《井冈山革命根据地》上册，中共党史资料出版社，1987，第249-250页。
② 毛泽东：《毛泽东选集》第1卷，人民出版社，1991，第74页。
③ 同①书，第248页。
④ 同①书，第356页。
⑤ 同③。

严重不足，使"产谷不满万担"的井冈山军民生活十分困难。萧克曾回忆说："当时8000农军涌上井冈山，既增强了湘赣边界工农武装割据的力量，但也给边界特委和四军军委带来了很大困难"①。

为了解决这上万人的吃饭问题，红军每到一地，都需要派出一支专门的队伍去打土豪，如此来取得必要的物资，解决给养问题。"我们的正常粮食又是怎么解决的呢？我们手里有枪，当地有公开的或秘密的组织，他们一报信给我们，我们就派出一支部队去打土豪，老话叫'吊羊''绑票'，这就取得了一定数量的粮食和物质"②。后来，土豪打得差不多了，就只能吃红米饭、南瓜汤了。刘显宜回忆说："井冈山斗争时期，我们的生活是非常艰苦的，每人每天只有三分钱的伙食费，天天吃的是南瓜。"③当时，为了节约开支，部队买菜只能买便宜的菜。井冈山上的南瓜最便宜，保存的时间也比较长，于是南瓜汤就几乎成了红军每顿必不可少的菜。1928年10月，部队从宁冈就挑回来了一万个南瓜。极度困难时期，油盐也很难见到。当时根据地流行一句"打倒资本家，天天吃南瓜"的口号。这本来是战士们的一句牢骚话，当反过来之后就成了一句战斗口号，起到鼓舞人心和斗志的作用。据参加井冈山斗争的王耀南同志回忆，"我们有个口号是：'天天吃南瓜，打倒资本家。'这个口号很能鼓舞战士的斗志，使同志们认识到，没有粮食吃，我们可以吃菜充饥，一样去消灭国民党。"④

极困难的时候甚至连南瓜都很难吃到，这时候就只能用野菜充饥。吃饭的难题成为毛泽东高度关注的问题。1928年5月，毛泽东在一个月内两次向湖南省委、江西省委和党中央呼吁：我们在井冈山上吃饭太难，山上粮食万难。一般的战士生活困难，连伤病员也不例外。基本生活都困难，更不要说吃肉了。据陈伯钧回忆，"有时三个月闻不到肉味"⑤。

为了解决吃饭问题，井冈山军民一方面尽可能从打土豪中获得一定的粮食，以解燃眉之急；另一方面尽可能开源节流，一是制定鼓励农民生产的政策

---

① 萧克：《朱毛红军侧记》，中共中央党校出版社，1993，第121页。
② 张泰城：《井冈山精神》，中共党史出版社，2017，第108页。
③ 井冈山革命博物馆编《井冈山革命根据地》下册，中共党史资料出版社，1987，第473页。
④ 张泰城、刘家桂：《井冈山革命根据地经济建设史》，江西人民出版社，2014，第42-43页。
⑤ 鲍甫生：《在井冈山的岁月》，江西人民出版社，2000，第373页。

措施（如开荒种地、耕田互助等），二是厉行勤俭节约。因为边界几乎是自给自足的小农经济，面对近万人的队伍，光靠边界的粮食生产有限，打土豪获得补给也不是长久之计，这就必须用钱去购买一些粮食，因此就必须"细水长流"。"办法就是节省一切非必要的开支，例如：办公费规定具体数字，原来擦枪要买油布……此时，为了节省开支，这些钱我们就节省不花，地主家里有茶油、旧衣服、旧布很自然的部队就会解决擦枪开支问题了；他们是发一根布条子、一点茶油给每班战士自己去擦。"①

2. 缺衣少被

井冈山属于山地气候，冬天异常寒冷；然而，在国民党军队的包围和经济封锁下，根据地物资流通困难，布匹严重短缺，缺衣少被的困难就不可避免。正如毛泽东在《井冈山的斗争》一文中所说的，"现在全军五千人的冬衣，有了棉花，还缺少布。这样冷了，许多士兵还是穿两层单衣。"②关于根据地缺衣少被的史料，还有很多。

韩伟说：

井冈山的冬天很冷，战士们还是穿两件单衣。后来搞来一点儿棉花，又缺少布，战士们就在两层单衣里夹点棉花，拿针缝一缝穿上。晚上睡觉也没有被子，盖的是稻草。晚上睡觉的时候连人都看不到，因为人都钻进稻草里去了。在那寒冷的冬天，战士们脚上没有鞋子穿，穿的是自己打的草鞋。当时打草鞋没有麻，大家就把稻草锤软，搓成网绳，再打草鞋。③

朱良才说：

井冈山的冬天非常寒冷，可我们都还穿着单衣。就拿我来说吧，一条长单裤，因为连续战斗，不论风里雨里，白天黑夜，起来一身，睡下一铺，早已破得不象（像）样，要补又找不到布，只得挖东墙补西墙——撕了裤腿补裤裆。

---

① 井冈山革命博物馆编《井冈山革命根据地》下册，中共党史资料出版社，1987，第664页。
② 毛泽东：《毛泽东选集》第1卷，人民出版社，1991，第65页。
③ 中国人民解放军战士出版社编《星火燎原·选编》第1卷，中国人民解放军战士出版社，1977，第162页。

撕来撕去，结果把一条长裤撕成了短裤。①

刘显龙回忆说：

在冬天我们没有被子盖，有时候能搞到一条由两层布做成的"夹被"算是不错的了。即使这样的夹被，我在开始（时）还没有，后来在打土豪时缴到了一些，经过党代表分配给我一条。冬天我们两个人合在一起睡，上面盖一条，下面垫一条，夹被里面塞进干稻草。有时候实在太冷了，我们就起来烤火，烤暖了再睡。②

朱裕和回忆说：

（我们教导队）学院穿的衣服是各式各样的，有的穿军衣，有的穿便衣，有的穿长衫；但是有一点是相同的：每人只有身上的一套。衣服穿脏了，选择暖和一点的天气洗一洗。冷了找点重体力劳动干或烤烤火，衣服一干马上穿上。衣服破了，没有布补，只好扯下袖子补背襟，扯裤管补裤裆。结果袖子越穿越短，背襟越穿越厚。③

当时艰苦的生活并没有吓倒这些聚集在井冈山的忠诚的共产主义战士。有老红军回忆说："虽然生活这样苦，但是大家都不感到什么苦，情绪是饱满的，精神是乐观的。"他们发扬革命的乐观主义精神，唱出了一首至今都令人振奋的歌谣，"红米饭南瓜汤，秋茄子味道香，餐餐吃得精打光。干稻草来软又黄，金丝被儿盖身上。不怕北风和大雪，暖暖和和入梦乡。"

3. 医药匮乏

最困难的是医院药品、医疗器械和医生奇缺，连最起码的麻醉药品、碘酒、盐水与酒精都几乎没有。毛泽东在《井冈山的斗争》中写道："作战一次，就有一批伤兵。由于营养不足、受冻和其他原因，官兵病的很多。医院设在山上，用中西两法治疗，医生药品均缺。现在医院中共有八百多人。湖南省

---

① 井冈山革命博物馆编《井冈山革命根据地》下册，中共党史资料出版社，1987，第436页。
② 同上书，第473页。
③ 张泰城：《井冈山精神》下册，中共党史出版社，2017，第111页。

委答应办药,至今不见送到。"①井冈山地处高寒山地,非战斗病人本就不少,加之在频繁的战争中伤病员不断增加,导致医药需求量越来越大。

为了解决医药紧张的问题,井冈山军民自力更生、艰苦奋斗,想尽各种办法来克服困难。没有像样的医院,战士们就自己动手建设。曾志回忆说:"我当时虽已怀孕7个多月,但也跟着大家一起抬木头。男同志力气大,他们抬头,我们抬尾,重量都压在他们身上。下山时两只脚踩在新砍下来的树枝上,迈一步都很艰难。后来干脆将木头放在地上顺坡溜下来,到了平地再抬着走,一直抬到小井。"②在医院建设期间,患者、老人、小孩儿、孕妇等都纷纷参与劳动。

当战士们听说在小井建设医院缺钱时,纷纷将自己好不容易节省下来的伙食"尾子"捐出来,凑到了1000元大洋。大家还踊跃出力,帮着抬木头、锯木板……就这样,小井红军医院建成了。这座简易的医院,中间是走廊,南北各半,楼上楼下设有阳台,阳光充足,空气流通,便于伤病员休息、活动、晒太阳等。有办公室、门诊室、手术室等医务人员的工作室,能容纳伤病员几百人。重伤员住楼下,轻伤员住楼上。医院简陋,木板粗糙,因为没有倒板,屋顶就用杉皮盖,从杉皮的缝隙中可以看到天空;甚至伤病员的床铺是用几根木头支起来,上面放了几块板子和一些稻草。即便如此,在当时,这已经是收治伤员、医治伤病的"较好的红军医院"。

医院建立起来后,药品缺乏的问题一直没有得到解决。老红军杨至城回忆说:

> 在井冈山上,不仅粮食困难,医药同样是苦(困)难的,中药都用不上,那时伤病员的痛苦是难以言喻的。毛党代表率领大队南下时,要我留守在井冈山上管理伤病员的工作,这个任务比打仗还难。我看到伤病员在床褥呻吟,辗转不安,十分痛苦。③

为了解决药品缺乏的问题,党和红军也想了很多办法。当时,医院的药品

---

① 毛泽东:《毛泽东选集》第1卷,人民出版社,1991,第65页。
② 张泰城等:《井冈山的红色回忆》,江西人民出版社,2016,第268页。
③ 井冈山革命博物馆编《井冈山革命根据地》下册,中共党史资料出版社,1987,第544页。

来源主要有三个：一是从敌人那里缴获过来；二是通过地下党组织从白区搞一些过来；三是自己用土办法来解决。时任小井红军医院看护班长的王云霖在《回忆井冈山上的红军医院》中说："比如没有凡士林，我们就是用猪油代替"①。解决药品缺乏的第四个方法是组织当地的中草药医生和群众上山采药，当时采回来的药有：紫苏、黄连、金银花、鱼腥草、南天竹、钩藤、土茯苓、首乌、车前草等100余种。"在医疗器械方面也是这样，用土办法来代替，比如消毒用的盆子，我们用大的竹子锯成一段一段的，再把中间的节削掉，成了象（像）盒子一样用来代替消毒盆、便盆、脓盆。把竹子进行加工，削成很扁的薄片，再放在火上一烤，把它一弯，就成了一把'镊子'。"②"当时做外科手术时，没有骨锯，就用木匠的小锯子，是那种细齿的小锯子来做断骨手术；没有手术刀，就用杀猪刀来开刀。"③

不仅医药极度匮乏，医生不足的矛盾也十分突出。时任红四军红三十一团二连连长张宗逊回忆说：

> 当时医院的医疗条件很差，没有消毒品和麻醉药品，就用纱布或棉花塞进伤口里，用竹子往里捅。这种换药的方法，实在痛得很。能够搞到一点碘片冲上开水消毒，那是最好的办法了。我当时是伤了大腿。开始在茶陵时，请来中医，用什么冰片、鸭毛洗伤口，还说鸭毛最干净。治了许久，花了不少钱，不见有什么效果。以后到茅坪，医院里的医生就要（用）纱布、竹子、碘片洗伤口。医生每天用竹片捅到伤口里，把旧纱布拿出来，换上新的。换药时痛得难忍，总不见效。后来请来本地的一些草药医生，也不知用的什么草药，有草根、青草、树皮，混在一起，砸成糊糊，然后敷在伤口上，把脓血都弄出来，再贴上一张膏药，一个星期就好了。④

---

① 张泰城等：《井冈山的红色回忆》，江西人民出版社，2016，第366页。
② 井冈山革命博物馆编《井冈山革命根据地》下册，中共党史资料出版社，1987，第566-567页。
③ 张泰城：《井冈山精神》，中共党史出版社，2017，第114页。
④ 同上书，第114-115页。

4. 武器不足

在井冈山革命根据地，武器弹药严重短缺。粟裕同志回忆说："那时弹药很少，一枪一般只发三发子弹，有五发子弹就算很多了。"三发子弹在打仗时也要省着用，"冲锋前打一二发子弹，都是打排枪，用作火力准备，接着就是冲锋。第三发子弹要留着打追击时用。"①为了使武器能够发挥最大作用，规定"一切枪弹归军部，各团、营、连不得自由支配"，"每连长枪定75支，每营四连。每团一个特务连，其枪数与步兵连等。每团可有机关枪与迫击炮，每连步枪40支。团部传令排定枪8支、营部4支"，"短枪每连至多不过6支，营部至多不得过3支，团部至多不得过5支，军部至多不得过6支"。②尽管如此，红军将士却斗志昂扬，一往无前。时任红二十八团连长粟裕在争夺老七溪的战斗中，留下6个人控制制高点，带领3个人越过山顶，猛追逃敌，"一过山凹，发现有百把敌人猬集在一起。我们立刻冲上去，大喊'枪放下，你们被俘虏了'。这时留在制高点的司号员也很机灵，虽不见我们的动作，但他在山顶挥起了红旗，吹起了冲锋号。敌人不知道我们的底细吓得乖乖地把枪放下了。我们只有三个人，没法拿百把条枪，于是命令俘虏把枪柄卸下来。我们拿枪柄，空枪让他们背。这是很惊险的，如果敌人对我们反扑，我们就吃亏了。但敌人被我们的气势所吓倒，不敢进行反扑。这就是'两军相逢勇者胜'。"③

极端困难的斗争环境，锤炼着每一个共产党员和红军战士的信仰、胆略、气概和毅力。在这样的境遇之下，井冈山军民不怕流血牺牲，以革命的乐观主义精神来看待自己周遭的"不幸"，始终保持着昂扬的斗志。他们从未向困难低头，而是以开天辟地的勇气、艰苦奋斗的作风迎难而上，谱写了一曲曲感天动地的壮丽诗篇。

---

① 粟裕：《粟裕战争回忆录》，解放军出版社，1988，第76页。
② 井冈山革命博物馆编《井冈山革命根据地》上册，中共党史资料出版社，1987，第202页。
③ 同①书，第78页。

（二）千方百计克服困难

发展农业生产，把农业生产放在第一位，是根据地经济建设的头等任务。只有生产出更多的粮食，解决井冈山军民的吃饭问题，才能坚持工农武装割据的斗争。边界的党和政府十分重视农业生产，想方设法采取各种措施发展农业生产，改善根据地军民的经济生活。红军每打下一个地方，都把土地分配给农民，调动农民的生产积极性。各级苏维埃政府也发布了各种鼓励、保护或刺激农民生产的措施。比如宁冈县第三区第八乡苏维埃政府布告："红军帮我工农，瓜分地主粮田。属乡均已分好，务遂耕耘在前。倘有自由抛荒，查觉重责难免。刻下稻熟之期，不准鹅鸭放田。特示布告于后，各宜领遵为先。"① 又如，"（二）各乡农友个个分了谷子，分了田地，革命持努力工作，兹农友徒贩小卖都不去挑运谷子，殊属反动。嗣后再敢故违，将人拿住，将货充公；（三）各乡农友禁止烧山，一不得运木做柴，二不得损坏木皮，三不得砍伐茶树，仰该农友遵照，如违严责不贷。切切此布。"②

在井冈山艰苦的革命斗争中，青壮年男子大多数参加了红军或赤卫队，家里留下的都是一些老人、妇女和小孩儿。为了发展农业生产，党和政府积极号召妇女下田务农，参加农业生产劳动，学习耕犁技术。有妇女回忆道，"那时，强壮的男人都去打土豪劣绅或者参加红军了，家里只剩下些老弱病残。于是，犁田、肥田、插秧都是我们妇女干的。"③ 那时，根据地的妇女既是生产骨干，又是支援前线的积极分子。此外，边界政府还动员组织群众实行劳力换工和耕牛农具互助。对军属和烈属的土地，组织劳力实行包耕、代耕，基本上解决了根据地劳动力不足的困难，极大地解放了生产力。

此外，边界政府还组织根据地军民进行兴修水利、保护庄稼、植树造林、保持水土等农田基本建设。1928年，毛泽东来到永新县塘边村，看到耕牛路过田埂时因为太窄而损坏禾苗，当即决定修建几条牛路，从而避免了耕牛来回

---

① 井冈山革命博物馆编《井冈山革命根据地》上册，中共党史资料出版社，1987，第180页。
② 同上书，第208页。
③ 张东莲：《忆三湾乡的妇女工作》，永新县革命历史纪念馆馆藏资料。

走过时损坏田里的禾苗。

红军战士还到处开荒种菜种粮,想尽办法增加农业生产,齐心协力开展生产自救。

王耀南在《井冈山上二三事》中回忆道:

> 小井医院党代表曾志亲自动手种南瓜,她要求,每个人种四颗。有些同志是轻伤病员,身体好些,当然可以种。有些重伤员,残废了,起不来,走不动。在这种情况下,伤病员互相帮助,有的战士不是种四颗,而是种了十几颗,这就保证了平均每人种四颗。大家种南瓜的情绪很高。有的轻伤员说,我多种是为了以后给重伤病员吃,不要把他们饿倒了。[①]

其行其言多么令人感动,多么伟大。正是由于这些人的模范行动,影响和带动了一批又一批人投入到种粮种菜保生产中。当时,有一位姓赵的排长脚受伤了,稍微好点之后便不顾医务人员的劝阻,拄着拐杖一瘸一拐地硬要去种南瓜。他说,我的腿坏了,可我还有手;干不了重活,还可以干轻活;我们不能挑粪,还可以浇水,可以点籽。同时,部队官兵在闲暇时也积极帮助农民进行农业生产,"那个时候,毛司令亲自带领贺子珍、贺敏学和红军司令部的同志到永新泉水窝侧边帮助我们割禾,以后又在塘边前村的田陇里,帮助孤寡老人和劳动力缺少的群众割禾。"[②]

井冈山军民就是靠着这种官长士兵、干部群众齐上阵的自力更生精神,使根据地的农业生产得到了较快发展。1928年秋,根据地普遍获得农业大丰收。以宁冈县为例,1928年粮食总产量比1927年增长了20%,油、茶的丰收更是十几年来所没有的。这样就有力地支援了革命战争,改善了军民生活,巩固了革命根据地。

1928年1月初,工农红军打下遂川,缴获几百担白布,运回宁冈茅坪后,在茅坪桃寮村建立了染布作坊,并用土法将白布染成灰布后制成灰军装,创办了第一个被服厂。毛泽东还在井冈山组织创办了造币厂,铸造"工"字银元;在步云山开办修械所;在茨坪开办军械处;在茅坪象山庵创办印刷厂。同时,

---

① 张泰城:《井冈山精神》,中共党史出版社,2017,第122页。
② 井冈山革命博物馆编《井冈山革命根据地》下册,中共党史资料出版社,1987,第365页。

还组织军民和群众开展熬制硝盐运动,在遂川草林和宁冈大陇建立了红色圩场,开展红区和白区经济贸易。

红色圩场的开办,沟通了根据地内外的贸易,繁荣了根据地的经济,红军所需的很多物资都得到了解决,支援了革命战争,同时密切了军民关系,对于粉碎敌人的经济封锁起了很大的作用。"对小资产阶级的政策,我们在今年二月以前,是比较地执行得好的。……在遂川特别收到了好的效果,县城和市镇上的商人不畏避我们了,颇有说红军的好话的。草林圩上逢圩(日中为市,三天一次),到圩两万人,为从来所未有。这件事,证明我们的政策是正确的了。"[1] 赖春风在《毛委员领导我们建立红色圩场》中说:"大陇红色圩场开辟后,白区的商贩和人民群众一致反映,他们来到大陇商场做生意,感到什么都比白区新鲜,心情格外舒畅,红区和白区真是两重天!他们哪怕冒着生命危险,也要到根据地来做生意,支援根据地人民的斗争。井冈山根据地的人民群众则说:毛委员真英明……大陇圩场开得好,不仅打破了敌人的经济封锁,渡过了难关,而且促进了根据地工农业生产和经济建设的发展。"[2]

此外,井冈山军民还因陋就简地创办了军械所,维修损坏的武器设备等,同时制造一些简易的武器。其中"黄洋界上炮声隆"中的迫击炮,就是经由军械所修好后运用于战场上的。此役,这尊迫击炮可谓是黄洋界保卫战取得胜利的关键。在根据地还创办了红军被服厂,被服厂的工人从工农革命军和当地群众中抽调,其原材料是打土豪得来的布匹。用这些布匹不仅缝制成了红军的被服,还制作成了红军的绑腿、子弹袋等。

1929年2月25日,杨开明在《关于湘赣边苏区情况的综合报告》中说:"布匹、棉花及日用必需品有由小贩自鄜县偷贩过来者,因为供不应求之故,价值的昂贵,等于上海的物价。"[3] 硝盐一块钱八两。咸盐一块钱只能买到一两,还很难买到。当时,食盐是井冈山的稀缺货,虽然通过赤白贸易可以搞到一些,但是在敌人封锁之后,要从外面再买进一些食盐就难上加难。为了缓解根据地军民食盐紧张的状况,边界政府掀起了熬制硝盐运动。那时,群众从老

---

[1] 毛泽东:《毛泽东选集》第1卷,人民出版社,1991,第78页。
[2] 井冈山革命博物馆编《井冈山革命根据地》下册,中共党史资料出版社,1987,第509页。
[3] 井冈山革命博物馆编《井冈山革命根据地》上册,中共党史资料出版社,1987,第250页。

房子的墙根上挖出老土,换上新土,然后将老土放在水里浸泡,用泡出的水熬制硝盐。有时甚至是将尿桶底部长期积下来的白硝刮下来熬制硝盐。这种熬出来的硝盐,虽然又苦又涩,但总比长期不吃盐引起的浮肿好多了。"就是这样的硝盐,在南瓜汤里放进一点,味道就很好了。"①

在敌强我弱、物资短缺、战斗频繁的极端艰苦条件下,井冈山军民任凭"敌军围困万千重,我自岿然不动",并且"使割据地区一天一天扩大,土地革命一天一天深入,民众政权一天一天推广,红军和赤卫队一天一天扩大"②。这得益于根据地军民发扬艰苦奋斗、自力更生的精神。在当时严酷的条件下,红军不得不经常进行战略转移,穿梭在崇山峻岭之间。"山上积着冰雪,穿的是单衣已破破烂烂。就(是)这样一支坚韧不拔的军队,使拥有二百万军队的蒋介石寝食不安。我们的两条腿不停地走,每天少则四五十公里,多则六十多公里。夜晚,我们在夹被里装上禾草盖着睡觉;雨雪天,把夹被当作雪衣披在身上。因为一路急行军,炊事担子掉在后面,所以饭都是自己做。每人带一个搪瓷缸子,到宿营地,自己放一把米,放上水,烧起一堆火。一个班一堆,大家围着火睡。一觉醒来,饭也熟了。吃过饭,接着走。就这样,我们忍着疲劳、严寒和饥饿,保持着旺盛的战斗意志。"③黄公略对红军在艰难奋战中依旧保持旺盛战斗力的情形也作了描述,他说:"从红五军主力上井冈山之后,我们在湘鄂赣边的万山丛中度过了一个艰苦、寒冷的冬天,吃的是红薯片,喝的是雪水。下山的时候倒着身子向后走,为的是不在雪地上给敌人留下痕迹。那时,我们困难得很。以后我们紧紧地依靠地方党和游击队,采取'旋磨打圈'的游击战术,忽南忽北、声东击西,白天隐蔽,晚上出击敌人,因此敌人不仅没有'剿'光我们,反而被我们搞得心惊胆战,龟缩在据点里不敢轻举妄动。"④

---

① 张泰城:《井冈山精神》,中共党史出版社,2017,第127页。
② 毛泽东:《毛泽东选集》第1卷,人民出版社,1991,第59页。
③ 粟裕:《粟裕战争回忆录》,解放军出版社,1988,第82页。
④ 井冈山革命博物馆编《井冈山革命根据地》下册,中共党史资料出版社,1987,第636页。

（三）同甘共苦攻难关

艰苦奋斗攻难关，贵在与人民群众一起艰苦奋斗，同甘共苦、军民同心。在革命战争年代，困难就是一种考验，它可以检验一个人的意志品质，展示一个人的价值取向。井冈山革命斗争时期，面对频繁的军事斗争和匮乏的物质条件，毛泽东、朱德、陈毅等领导人处处以身作则、身体力行，"红军的官兵，物质享受一样，所以官兵不能有什么分别"[1]，展现了中国共产党人卓越的政治品质，为人民群众树立了光辉的典范。广大人民群众自觉从自己做起，从小事做起，厉行节约、省吃俭用，全力以赴支持在前线作战的红军官兵，使井冈山革命根据地的扩展和壮大获得了基础性力量。

井冈山斗争时期，红军的生活十分艰苦。时任红四军前委书记毛泽东在给中共中央的一份报告中写道："好在苦惯了。而且什么人都是一样苦，从军长到伙夫，除粮食外一律吃五分钱的伙食。发零用钱，两角即一律两角，四角即一律四角。因此士兵也不怨恨什么人。"[2]至今留存在宁冈砻市龙江书院的石柱上反映红军官兵平等的对联，就很能说明问题，而且至今闪耀着光辉。"红军中官兵伕薪饷穿吃一样，军阀里将校尉起居饮食不同"[3]。正是因为"有盐同咸、无盐同淡"，红军靠着吃红米饭、南瓜汤度过了艰苦的岁月。

那时候，红四军党代表、前委书记毛泽东处处以身作则、率先垂范，在衣食住行等方面坚持吃苦在前、享受在后，与军民共克时艰。红军实行官兵一致，"从毛泽东同志到炊事员都是一样。在政治上、经济上没有上下级之分，只有分工不同，大家非常团结，考虑的是如何去把敌人消灭，根本没有考虑生活上的问题。那时实行的是志愿兵制，不限制年龄，也无所谓是官还是兵，吃饭的时候每个班一个菜盆子，官兵都一样，天天吃红米南瓜。"[4]"当时官兵生活一个样，除了指挥权以外，都不分官兵。毛泽东住的地方十分简朴，一块门

---

[1] 中共中央文献研究室编《建党以来重要文献选编（1921—1949）》第6册，中央文献出版社，2011，第455页。
[2] 毛泽东：《毛泽东选集》第1卷，人民出版社，1991，第65页。
[3] 同①，第455页。
[4] 井冈山革命博物馆编《井冈山革命根据地》下册，中共党史资料出版社，1987，第175页。

板，两条板凳，上面铺禾草，盖一块布，被子破旧还打了补钉，根本没有蚊帐。朱德当军长，也和战士一样艰苦，身上长满了虱子，经常和战士一样利用休息时间抓虱子。他曾经风趣地说，不生虱子的人不革命"①。

现在，井冈山还流传着毛泽东带头吃"苦菜"的故事。

在井冈山斗争最艰难的时候，山上的红米、南瓜都要吃光了，战士们不得不另寻"吃路"。可是，山上除了野菜之外什么也没有了，战士们于是纷纷到山里挖野菜。可是，野菜又涩又苦，很难下咽。在步云山，到吃饭的时候，毛泽东看到战士们的情绪有些不一样，三三两两议论纷纷。得知部队缺粮，挖来的野菜又太苦，毛泽东二话没说，端起碗就往碗里夹野菜吃起来，并一面吃一面讲：野菜虽然苦，但有丰富的政治营养，革命军队要不怕一切苦啊！战士们看到毛泽东带头吃，也都跟着吃起来。1928年冬天，部队发放棉衣，毛泽东得知数量不够，就拒绝领自己应得的棉衣。司务长看到毛泽东在寒冷的夜晚依然穿着两件单衣写文件，心里十分难过，便从军需处为他领了一件棉衣。他发现新棉衣后，便问司务长是不是给每个战士都发了，并表示要让战士先穿上棉衣，自己最后一个穿。

图3-4 朱德在井冈山时期用过的扁担

---

① 井冈山革命博物馆编《井冈山革命根据地》下册，中共党史资料出版社，1987，第159页。

那时，按规定，毛泽东晚上办公的时候，油灯可以点三根灯芯；但是为了省油，他只用一根灯芯，在微弱的灯光下看书写文章。经典篇目《井冈山的斗争》《星星之火，可以燎原》就是毛泽东在这样的环境下写出来的。

作为井冈山革命斗争时期党的领导干部，在根据地建设各项工作非常繁忙的情况下，还能亲自去帮助群众进行夏收，确实是难得一见的。这样的群众工作毫无疑问能产生极好的示范效应，促进良好的党群关系、军民关系形成。

为人们津津乐道的"朱德扁担"的故事，就发生在这个时期。1928年朱毛红军会师后，根据地面临着严峻的困难，物质十分匮乏，几乎到了食不果腹的地步，又面临着敌人对井冈山革命根据地的封锁。为了解决眼前的吃饭问题和粮食储备问题，红四军司令部发起了挑粮上山运动。这些粮食大部分要从宁冈的大陇运上来。这一路上需要爬坡过坎。山路陡峭崎岖，行路艰难跋涉。不要说挑东西，就是平时徒手从山下走到山上都令人望而生畏，非得把人累得筋疲力尽不可。"毛主席和朱总司令都亲自带头，和战士一起运粮食。"而且每次两只箩筐都装得满满的，走起路来十分稳健，连身强体健的小伙子都被他甩开老远。战士们心里佩服朱军长，又心疼他。朱军长年纪稍长，平时又公务繁忙，为革命日理万机，此时还要翻山越岭去挑粮，大家都担心朱军长的身体受不了，都劝他不要去挑粮食了；但他却说："我身体好，军事工作可以安排早晚时间去处理，挑粮不能不去。"眼见劝说没有成效，大家于是偷偷把朱德的扁担藏起来，以为这样就可以阻止他去挑粮了；然而，万万没有想到的是，作为军长的朱德竟然让后勤军需处长范树德准备了一根毛竹，自己做了一根扁担，并在扁担上刻下了"朱德扁担，不准乱拿"八个大字。第二天一大早，朱德又出现在了挑粮队伍中。战士们莫不惊讶诧异，又增添了几分崇敬和干劲。从此，朱德扁担的故事流传开来，大家都深受感动。后来，战士们编了一首歌谣："朱德挑粮上坳，粮食绝对可靠。大家齐心协力，粉碎敌人'围剿'。"1929年9月1日，陈毅在向党中央的报告中谈到一则趣闻：群众及敌兵俘虏起初看见鼎鼎大名的红四军军长那样芒鞋草履十分褴褛莫不诧异，若不介绍，至多只能估量他是一个伙夫头。同时，到现在"伙夫头"三个字恰成了红四军军长的诨号。①

此外，红四军政治部主任陈毅在井冈山斗争时期也是一样处处想着别人，为他人着想。在寒冬腊月的井冈山，陈毅与他人"合盖一床被"。井冈山老红军欧阳毅回忆说："在井冈山时，我们就是一个布毯子。我们两个人共一个铺，比较长都睡在一个屋里。我的作为垫的，垫在地面上；他的毯子盖在上面，那真是不错的东西。我们两个人经常住在一块，所以陈毅元帅在解放后还是叫我'小家伙小家伙'。我说：'老总啊，我的头发都快白了，你还是叫我小家伙啊？'他说：'就是小家伙嘛，讲惯了嘛。'"②

井冈山根据地在敌人的严密封锁下，各种药品非常缺乏，食盐就成为红军伤员擦洗伤口时消毒的最好药品。由于食盐缺乏，在小井红军医院里就发生了一包救命盐的感人故事。在小井红军医院，战士们总是互相谦让，"重伤员把自己当轻伤员，特别是党员、干部、班、排长一级的，要他们离开火线真不容易。就是送到医院，他们还要把药品让给别人"③，而张子清就是其中的优秀代表。

唐天际，曾担任红四军一营二连党代表。他在《安仁农军上井冈山》一文中回忆说，党代表都要"关心官兵痛痒，收容受伤的、落伍掉队的同志。当时经常要长途行军，有时一夜要走一百几十里，我们都要替伤病员和落伍掉队的同志背枪。如我们连的最后一名战士朱水秋，人很小，每次行军都要替他背枪。我们点名的时候往往问：最后一名回来了没有？如果最后一名回来了，人就到齐了。那时连队里有马匹，是领导同志骑的，但都是互相谦让，谁也不愿骑，总是伤病员骑得多些"④。

红军官兵上下一致、同甘共苦，想尽一切办法来克服困难，练就了在艰苦环境中战无不胜的坚强意志，尤其是领导、干部以身作则、带头吃苦，身处险境而无所畏惧，面临困难而毫不退缩。这种精神和言行深深地感动了红军战

---

① 中共中央文献研究室编《建党以来重要文献选编（1921—1949）》第6册，中央文献出版社，2011，第455页。
② 俞向党：《共和国之魂》，江西人民出版社，1997，第72页。
③ 井冈山革命博物馆编《井冈山革命根据地》下册，中共党史资料出版社，1987，第574—575页。
④ 同上书，第345页。

士,对于稳定军心、克服困难起了很大作用。虽然生活是艰苦的,但大家的精神是快乐的。"好在苦惯了",这是井冈山革命英烈面对饥饿难忍、刺骨寒风、伤病折磨发出的革命宣言,也是革命乐观主义精神的写照。杨至诚回忆说:"在井冈山岁月中,从毛党代表起,官兵的生活都是一样的。"[1]红军女战士彭儒回忆说:"生活虽然艰苦,同志们却非常乐观,一吃饭就要唱'红米饭南瓜汤,秋茄子味好香,餐餐吃得精打光'。为了在夜晚能稍微睡上一会儿,大家开动脑筋,弄些稻草装在夹被里,效果还真灵。同志们高兴地叫它'金丝被'。每到晚上,只要一钻进'被窝',他们就会唱起'干稻草软又黄,金丝被盖身上,暖暖和和入梦乡'。"1928年,陈毅安在给未婚妻的一封信中写道:"我天天跑路,钱也没有用,衣也没有穿,但是精神非常的愉快!"1929年,曾士峨在致亲友的信中写道:"士峨离家四载有余,虽奔波南北,历尽千辛,然为大众之生息,常觉无形的快慰,精神爽奋。"[2]

毛泽东、朱德等老一辈无产阶级革命家先天下之忧而忧、后天下之乐而乐,吃苦在前、享受在后,用自己艰苦奋斗的模范行动教育和鼓舞着井冈山军民克服困难、奋勇拼搏。

(四)军民团结,众志成城

井冈山革命根据地要发展壮大,必须依靠民众的支持。所以,红军上井冈山后一直都很注重群众工作,通过土地革命和宣传工作,使农民的积极性大大提高。井冈山时期的土地法改变了封建土地所有制,激发了广大农民积极生产、改善生活的热情。他们认识到,只有革命战争取得胜利,保卫工农兵苏维埃政权,才能维护土地革命的胜利果实,才能维护农民翻身做主人的地位。因此,井冈山根据地广大农民将自己的命运和工农兵苏维埃政权的命运紧密联系在一起,全力支持革命,形成了军民团结众志成城的局面。

一是群众积极支持红军。根据地内出现了参军热潮,出现了妻子送丈夫、

---

[1] 井冈山革命根据地党史资料征集编研小组编《井冈山革命根据地》(回忆录八),内部资料,1986。

[2] 《新华月报》编《永远的丰碑(十一)》,人民出版社,2006,第29页。

父母送儿子、姐妹送兄弟当红军的热烈场面。"人人争当红军",当红军成了根据地人民十分光荣的事情。井冈山群众在战时或是在平时都积极拥护和支持红军,说:"宁愿我们自己苦一点,也不能叫自己的军队冻着,饿着呀!"①在红军打仗时,根据地人民自动站岗放哨,还组织了运输队、担架队、救护队,帮助红军运送伤病员。每当红军打完仗回来,群众就像迎接亲人一样,忙着扫屋子、铺床铺、烧开水、做好饭,等红军一到村里,就把热乎乎的茶、饭送到嘴边;洗衣队的妇女们抢着把战士们换下来的衣服拿去,洗得干干净净,还到小井红军医院帮助红军伤病员洗衣服,喂重病员吃饭,清洗伤口;缝衣服的妇女们将红军穿破的衣服缝缝补补,用自己节约下来的布给红军缝制布鞋;儿童组成儿童团,帮助红军站岗、放哨、送信;老人们又是送鸡蛋,又是送枣子,热情慰劳自己的子弟兵。根据地人民每年有四五次给红军送慰劳品。慰劳品中,有吃的各种菜干、猪肉、米果,有穿的草鞋、布鞋、凉鞋,有戴的草帽、用的扇子。他们还组织慰劳品比赛,看谁的慰劳品做得漂亮,有的鞋子上绣有花和口号,如"英勇杀敌,百战百胜"等。②

二是群众帮助红军修筑防御工事。根据地人民还积极参加修筑军事工事的劳动。为了巩固根据地的军事防御,1928年春耕插秧后,仅宁冈县乔林乡群众就分三批900多人上井冈山参加修建哨口工事的劳动。井冈山有黄洋界、八面山、双马石、硃砂冲、桐木岭五大哨口,群众和红军战士一起挖战壕、筑石墙。老人和小孩儿不能参加修筑工事的劳动,便日夜赶削竹钉,并把削好的竹钉用锅炒干,再泡到尿里,使竹钉既坚硬又带有毒性,敌人被扎伤后不容易痊愈。井冈山根据地五大哨口下面的小路上,密密麻麻地布满了这种竹钉。这就是井冈山有名的"竹钉阵"。经过军民的共同努力,五大哨口的防御工事得到加强,每个哨口上有瞭望哨,中有战斗堡垒,下有几里路程的"竹钉阵"。这些军事工事在黄洋界保卫战中发挥了很大的作用。

三是开展群众性熬硝盐运动。井冈山斗争时期,国民党对根据地实行严密封锁,严格控制食盐的销量,并设立层层关卡检查来往行人,一旦发现有人携带食盐运往根据地,携带者就要坐牢或者被杀头,从而导致根据地的食盐供应

---

① 井冈山革命博物馆编《井冈山革命根据地》下册,中共党史资料出版社,1987,第356页。
② 同上书,第355-356页。

极为困难。虽然有时可以通过一些中小商人从白区运过来一些盐，但数量有限，且价格非常昂贵，最贵时一块银元只能买四两盐。

为了解决井冈山根据地的食盐问题，党和工农兵政府除了鼓励中小商人从外地运盐来卖，或者设法从白区秘密运进食盐外，还发动根据地群众开展熬制硝盐运动。熬制硝盐的方法是：将厨房、厕所等老式泥墙或土砖墙房子最下面三四尺高的老墙角用土砖换下，将换下的墙土打碎，泡在水里，数天后将泡土墙的水放到锅里去熬，水熬干后，锅里剩下的固体下层便是硝盐。据当时的红军战士王耀南回忆，除了用老土墙来熬制硝盐外，"有时还把尿桶底上长期积起来的白硝刮下来，用水一泡来熬硝盐。因为尿桶底上的白硝含盐量较多。硝盐熬出以后，上面是硝，下面是盐。就是这样的盐，在南瓜汤里放进一点，味道就算很好了。"①这种硝盐虽然吃起来有些苦涩味，放少了不咸，放多了又苦，但在当时的环境下解决了人民群众的吃盐难问题。同时，熬制硝盐的副产品硝，又可以用作制造子弹和手榴弹的火药。

正是井冈山军民的大团结，使得井冈山根据地"森严壁垒，更加众志成城"。红军依靠广大人民群众的大力拥护和支持，群策群力解决当时的困难，依靠自力更生和人民群众的力量共同对抗敌人。

井冈山斗争时期，红军力量弱小，根据地不大，红军的战斗环境极其困难，物质生活也非常艰苦。面对艰苦的生活和强大的敌人，以毛泽东同志为代表的中国共产党人充分发扬自强不息、艰苦奋斗的精神，领导根据地军民大力发展农业生产，创建被服厂和军械处，创办造币厂和公卖处，开辟红色圩场，组织全军将士挑粮上山，开展群众性的熬制硝盐运动。通过党员干部共同奋斗，红军官兵同甘共苦，军民团结众志成城，红军以少胜多、以弱胜强，粉碎了敌人的多次"进剿"和"会剿"，渡过了重重难关，创造了中国革命史上的奇迹。正是这种艰苦奋斗精神，使红军在中国革命最困难、最艰苦的时刻仍然保持着英勇奋战的顽强斗志，并成为我党我军的优良作风代代相传，成为一种光荣传统和高尚精神被全国人民继承和发扬。

---

① 张泰城、刘家桂：《井冈山革命根据地经济建设史》，江西人民出版社，2014，第52页。

四、井冈山精神的法宝：依靠群众求胜利

紧紧团结群众、依靠群众，是井冈山革命根据地创建和发展的重要法宝。群众观点是马克思主义的基本观点。把千百万人民群众组织和团结在自己的周围，自觉地为千百万劳动人民的利益而奋斗，与人民群众保持最密切的联系，这是中国共产党人特有的政治优势，也是在任何艰难困苦面前始终立于不败之地的根本保证。①对于这一点，我们党在成立之初就有了明确的认识。井冈山时期，党和红军一开始就把"做群众工作"作为红军的三大任务之一，通过多种方式激发群众参加革命、支持革命的热情和行动，把分散的民众转化为革命斗争的重要力量。那个时期，在艰难困苦的战争环境下，党和红军之所以能取得一个个胜利，使处于白色恐怖之中的根据地得以生存和发展，根本原因就是以毛泽东同志为代表的中国共产党人始终依靠群众、相信群众，真心实意地为群众谋利益，与人民群众建立起鱼水情深的血肉联系。有了群众这"真正的铜墙铁壁"，党和红军才能多次创造了以少胜多、以弱胜强的奇迹。井冈山精神深刻地启示我们，谁扎根人民，同人民群众紧密结合，谁就有力量、有智慧、有办法，就能战胜困难、无往不胜。

（一）"老百姓真的那么冷漠吗"

群众是真正的英雄。毛泽东曾指出："人民，只有人民，才是创造世界历史的动力。"②之所以说依靠群众求胜利是井冈山精神的重要内涵，就在于井冈山革命斗争始终坚持紧紧依靠群众干革命。《红军第四军司令部布告》明确宣称："红军宗旨，民权革命""革命成功，尽在民众"③。"有很好的群众"是毛

---

① 张泰城：《井冈山精神》，中共党史出版社，2017，第139页。
② 毛泽东：《毛泽东选集》第3卷，人民出版社，1991，第1031页。
③ 毛泽东：《毛泽东文集》第1卷，人民出版社，1993，第52–53页。

泽东阐释中国红色政权为什么能够存在的首要因素，并由此提出以宁冈为中心的罗霄山脉中段最有利于武装割据。那么，究竟如何依靠群众呢？首先就要唤起群众，让群众了解、认同共产党和工农革命军。

然而，湘赣边界的群众长期生活在信息闭塞的山区，动员难度很大。湘赣边界特委书记杨开明曾说："他们有许多是不满意或怀疑革命的，所以有些农民有'国民党也好，工农革命军也好，横直老百姓吃苦'的话。有些说，'从前要抽税，现在还不是要抽土地税'……"①这样的客观条件，使工农革命军在做群众工作时必须"接地气"，用好群言群语，因为"说共产党不分国界省界的话，他们不大懂，不分县界、区界、乡界的话，他们也是不大懂得的"②。这就要求中国共产党人做耐心细致的工作，唤起千百万工农同心干。

井冈山革命斗争中，以毛泽东同志为代表的中国共产党人非常注重并善于开展动员群众的工作，最大限度地激发群众的积极性。1927年9月，工农革命军来到永新县三湾村。然而，村里的老百姓都躲到山上去了，留下了一座空村。毛泽东得知这一情况后，命令部队在村子外面埋锅造饭，任何人都不得进入村庄休息，更不能乱拿老百姓的东西。与此同时，毛泽东派人到山上喊话，动员群众下山回家。群众根据自己的所见所闻得出了自己的判断，认为这是"好人的队伍"，于是陆陆续续返回村子。而后，村中的党员和农会干部主动出面联络，为部队安排住处。这样的事实让毛泽东更加深刻地体会到动员群众的重要性、依靠群众的可能性。随后，工农革命军"上山"在茅坪安家，更加深入地了解群众的需求和愿望，广泛动员群众，提高群众的革命觉悟，就成为必须完成的工作。

在宣传动员群众过程中，有很多生动的故事。1927年10月底的一个傍晚，毛泽东独自一人来到大井村一个姓邹的老表家里访贫问苦。邹老表看见屋里走来一位身材高大魁梧、穿一件蓝布长褂的客人，就和气地同毛泽东打了招呼，但他这时并不知道进来的人是毛泽东。邹老表热情地搬过一条长凳让毛泽东坐下，邹大嫂则从灶屋里端来一杯热茶，送到毛泽东面前。毛泽东双手接过茶碗，随即向邹老表问起村里哪些人家最贫苦、生活情况怎么样，邹老表一五

---

① 井冈山革命博物馆编《井冈山革命根据地》下册，中共党史资料出版社，1987，第244页。
② 毛泽东：《毛泽东选集》第1卷，人民出版社，1991，第74页。

一十地回答了。毛泽东和邹老表坐在一条板凳上，越说越亲热，越说话越多。后来，不知不觉就讲到了穷人为什么穷的问题上。邹老表说："往年哪——土豪劣绅把我们的血都吸干了。我屋里没有牛，全家大人细仔拉犁耕田，寒冬腊月打赤脚。一年累到头，收下几担谷，又是这个租，又是那个税，还有蛮多说不出名的派款。唉——，辛苦一年，只落得个箩底朝天。穷人要是没有共产党、毛委员哪，还不晓得哪辈子才能出头呢。"

毛泽东点点头，给邹老表道出了其中的道理。穷人之所以穷，是因为国民党反动派、土豪劣绅的压榨，还有帝国主义为他们撑腰。如果工农兵不彻底推翻他们的统治，就永远不得翻身。现在井冈山周围虽然红了，但是全国还有几万万人民正在受苦受难。共产党就是要领导工农闹革命，让全国都红遍。

邹老表刚想开口问怎么才能让全国都红遍时，毛泽东好像看透了邹老表的心事一样。他说："无产阶级要革命，要翻身求解放，就必须团结起来。"他顺手从桌上拿起几根筷子，比画着讲，"像这筷子，一根一根的，一折就断了。如果合成一把，就不那么容易折断了。"毛泽东通俗易懂的话让邹老表疑惑大解、豁然开朗。邹老表心里默想着，"这位同志哥真了不起，句句都说得在理，字字都说到了我的心坎上。"于是，他向毛泽东靠得更紧，提出的问题更多了。……当邹老表最后知道与他聊天的正是毛泽东时，激动万分。从此，毛泽东和邹老表的谈话就传遍了全村。群众知道了，毛泽东所率领的共产党和红军是关心群众生活的。更重要的是，农民从毛泽东的话中认识到，只有联合起来才能推翻骑在他们头上作威作福的地主豪绅，才能使自己过上更好的生活。

正是工农革命军在湘赣边界通过各种方式发动群众，扩大政治影响，在井冈山上站稳了脚跟，开辟了一条新路。"湘赣边界的割据，正值南方统治势力暂时稳定的时候，湘赣两省派来'进剿'的反动军队，至少有八九个团，多的时候到过十八个团。然而我们以不足四个团的兵力，和敌人斗争了四个月之久，使割据地区一天一天扩大，土地革命一天一天深入，民众政权一天一天推广，红军和赤卫队一天一天扩大"[①]。这堪称奇迹，奇迹的密码就是依靠群众。

---

① 毛泽东：《毛泽东选集》第 1 卷，人民出版社，1991，第 59 页。

（二）真心实意为群众

依靠群众求胜利，就必须真心实意为群众。

冬天的井冈山异常寒冷，大雪纷飞，北风凛冽。1927年冬天，工农革命军打下了遂川，筹得了一些棉花、布匹；但是由于自建的被服厂赶制不及，还是有很多人没有穿上棉衣。毛泽东当时因为作社会调查，住在茅坪附近洋桥湖一个叫谢槐福的家里。在如此寒冷的冬日里，他和大家一样，睡的是用一块旧门板搭成的床，床上只铺着一条薄薄的线毯，身上只穿了几件单衣。晚上办公时冷得受不了，他便把床上的那条线毯拿起来披在身上。

有一天，司务长给毛泽东送来了一件棉衣。毛泽东正想穿上，忽然想到房东谢槐福。谢槐福是个老实巴交的庄稼汉，一家人全靠他维持生计。秋收后，他还得顶风冒雪上山烧炭卖钱补助来年。晚上，毛泽东把棉衣送到谢槐福房中，谢槐福说什么也不肯接受。老谢知道，毛委员自己还穿着两层单衣，晚上办公冷得受不了时，总是把线毯披在身上。毛泽东执意要谢槐福穿上，并亲自给他扣好扣子，反复说自己正壮年、挺得住。谢槐福是个明白人，思来想去，不能白领毛委员的棉衣啊。他想到了一个好办法。晚上，他与妻子烧了一盆炭火，一人端盆，一人挑炭，送到了毛泽东的住房。毛泽东见他们把木炭挑过来，便对他们说："槐福，你怎么把火盆、木炭送到这里来啦？你家孩子多，快拿回去吧。"谢槐福见毛泽东不收木炭，便急了起来，他对毛泽东说道："不收木炭，我就把棉衣还给你。"说着，便去解扣子。毛泽东按住他的手，笑着答应收下，并从衣服的口袋里掏出一些钱塞给谢槐福。谢槐福说什么也不肯接受，毛泽东便把钱塞进他的棉衣口袋里，并说明公买公卖是部队的纪律。谢槐福只好收下，可是他把钱掏出来一数，却发现多了一倍。当他准备把多余的钱退还给毛泽东时，毛泽东摇摇头对他们夫妻俩说："你们烧炭很辛苦，这点钱不算多。"

毛泽东没有动这担木炭。他在作社会调查时，认识了本村一位孤寡老人魏殿娘。毛泽东待老谢夫妻俩上山后，便把这担木炭给魏殿娘送去了。魏殿娘亲眼看到这个人称毛委员的"湖南老表"，说的是为众人的事，办的是为众人的活，自己穿着两层单衣，心里却还挂记着一个孤寡老人过冬的事，真是天底下也难找的好人哪!

除了毛泽东,作为军长的朱德,尽管军务繁忙,可是一刻也没有忘记群众。

有一次,朱德率领红二十八团在碧州村开展工作。他带着一个通信员来到山中的一个茅棚前,敲了几下门,但是没有人来开门。等了许久,才见一个手拄拐杖的老人出来。朱德见老人两脚摇摇晃晃的,问道:"老人家,你病啦?"老人对朱德说自己没事儿,但在朱德的追问下老人终于道出了实情。由于敌人实行严密的经济封锁,食盐奇缺,他已经有六个月没有吃盐了,因此患了脚肿病。朱德听在耳里,记在心上。第二天,朱德派通信员给老人送了一包硝盐过去。老人深受感动,眼含热泪,但是再三推辞,不肯接受。通信员就说:"收下吧,老人家。朱军长说了,我们红军与群众有盐同咸、无盐同淡。这是朱军长交给我们的任务啊!"老人听说盐是朱德送来的,手捧着盐深情地说:"朱军长,你带那么多兵,管那么大事,还把我们穷人家缺盐的这种小事时刻放在心上啊。"

在井冈山斗争时期,以毛泽东同志为代表的中国共产党人正是秉持着群众利益"一点也不疏忽,一点也不看轻"的原则,时时想着百姓、事事装着百姓,切实解决广大群众生产和生活中的实际问题,才赢得了人民群众的真心拥护。正如毛泽东后来在中央苏区总结经验时说:"要得到群众的拥护吗?要群众拿出他们的全力放到战线上去吗?那末,就得和群众在一起,就得去发动群众的积极性,就得关心群众的痛痒,就得真心实意地为群众谋利益,解决群众的生产和生活的问题,盐的问题,米的问题,房子的问题,衣的问题,生小孩子的问题,解决群众的一切问题。我们是这样做了么,广大群众就必定拥护我们,把革命当作他们的生命,把革命当作他们无上光荣的旗帜。"[①]井冈山斗争时期,正是因为中国共产党及其领导的工农红军做到了这些,人民群众才发自肺腑地说:共产党真好,什么事情都替我们想到了。

[①] 毛泽东:《毛泽东选集》第1卷,人民出版社,1991,第138—139页。

（三）"泥腿子"当家做主

在井冈山革命根据地，边界党和红军领导根据地民众开展了打土豪、分田地、建立革命政权的斗争。红军每到一地，经过艰苦的斗争，将"白腿子"赶跑后，就建立起贫苦百姓当家做主的工农兵政府，使人民群众真正成为政权的主人。形象地说，就是"泥腿赤脚坐江山"。

1. 茶陵县工农兵政府成立

中国最早的县级红色政权，就建立在井冈山旁的茶陵县。1927年11月，工农革命军攻克茶陵县城，在发动群众的基础上成立了湘赣边界第一个红色革命政权——茶陵县工农兵苏维埃政府。茶陵县工农兵苏维埃政府由工人、农民、士兵三方代表组成。工农兵政府由工人代表谭震林、农民代表李炳荣和士兵代表陈士榘组成，推举谭震林为主席。当时，茶陵县工农兵政府大门两边贴着一副对联"工农兵政府，苏维埃精神"。县政府成立后，立即发布了布告，号召广大工农群众起来革命，建立工农武装，惩治土豪劣绅；还积极帮助区乡建立农民协会，打破原有政权机构，各区乡农民赶快组织各区乡农民协会。乡农民协会即为该乡执掌政权的机关。区的执掌政权机关，则为由各乡农民协会派出的代表，区的各业工会派出的代表，以及区内工农革命军派出的代表所组成的全区工农兵代表大会所选举的人民委员会。这就是为全县执掌政权的机关。由此，茶陵县各地出现了红色的狂飙。随后，在井冈山根据地各县建立的红色政权，都沿用了"工农兵政府"这一名称。

2. 遂川县工农兵政府成立

1928年1月，毛泽东率领工农革命军攻占遂川县城后，随即分兵发动群众。为了经营遂川，实现遂川人民当家做主人，1月24日，在充分准备的基础上，遂川县工农兵政府成立了，群众喜笑颜开。一时间，鞭炮声、口号声、欢呼声此起彼伏。在成立大会上，毛泽东发表了热情洋溢的讲话。"新年伊始，遂川县工农兵政府成立了！我们的工农劳苦群众解放了！"他指着坐在主席台上的王次淳，向群众介绍说："这位就是你们的县长，叫王次淳，西庄人。前几天还在挑大粪，现在要当县长了。但是，革命靠一个县长不行，还要大家团结起来。一根稻草，一拉就断。把稻草拧成一股绳，就不容易断了！"①随后颁布的《遂川县工农兵政府临时政纲》充分体现了百姓当家做主的原则，真正体现了政府保护人民的权益，群众享有广泛的民主权利。仅从政纲的内容便可见一斑，例如政纲第一条规定："凡从（事）劳动及不剥削他人以为生活的男人和女人，如工人、农民、士兵和其他贫民，都有参与政治的权利。此外，各色人等，如收租的人、重利盘剥的商人、资本家、雇主、土豪、劣绅、反革命政府的官吏、国民党的执行委员、监察委员、清党委员，其他各色反革命分子及和尚、尼姑、斋公斋婆、教徒等一概没有参与政治的权利。"②第二条，"凡工农兵平民有集会、结社、言论、出版、居住、罢工的绝对自由，但对于剥削工农利益和危害本政府地位的反革命派剥夺此种自由。"③当年，老百姓还编了一首歌谣："过新年，过新年，今年不同往常年；工农革命军来了，又分谷子又分田。过新年，过新年，今年不同往常年；打倒肖家璧，活捉罗普权。"这首红色歌谣淋漓尽致地反映了党和红军带领人民群众建立自己的政权、群众翻身得解放的愉快心情。可以说，遂川县工农兵政府实施了一系列具有原创意义的伟大实践，使之成为第一个具有实质意义的工农民主专政的县级政权，是我们党建政的第一次成功预演。

3. 宁冈县工农兵政府成立

1928年2月，湘赣敌军对井冈山革命根据地进行了第一次"进剿"。根据地军民团结一致，部队取得新城大捷，粉碎了敌军对根据地的第一次"进剿"，为井冈山革命根据地的发展奠定了坚实的基础。

1928年2月21日清晨，宁冈县砻市沙洲广场人山人海，数万农民从各地赶来，参加宁冈县工农兵政府成立大会。大会决定由在新城战斗中活捉反动县长张开阳的农民文根宗任县长，同时成立以龙超清为书记的中共宁冈县委。农

---

① 王次模：《忆遂川的革命活动》，载余伯流、陈刚：《井冈山革命根据地史》，江西人民出版社，2014，第115页。
② 张泰城等：《井冈山的红色文献》，江西人民出版社，2016，第59页。
③ 同上。

民出身的文根宗任县长的消息使宁冈县农民大为振奋，因为这在旧社会是想都不敢想的事情。在旧社会，农民生活在社会的最底层，遭受着来自地主豪绅的剥削。他们哪能想到自己有朝一日可以当家做主，自己掌握自己的命运。由此，他们认识到这个工农兵政府确实是为实现他们的利益而建立的。宁冈县工农兵政府也没有辜负群众的期望，带领和组织人民群众进行了游击暴动，打击地主势力。宁冈县工农兵政府成立后，宁冈各区和各乡的工农兵政府也相继建立，领导群众开展了一系列工作。

4. 湘赣边界工农兵苏维埃政府成立

在边界党的领导下，边界各县又成立了永新、酃县、莲花等县工农兵苏维埃政府。在此基础上，1928年5月20日，湘赣边界各县工农兵政府第一次代表大会在宁冈茅坪谢氏慎公祠召开。会议总结了井冈山革命根据地半年来的经验教训，讨论、制定了根据地的政策以及如何深入土地革命的问题，选举产生了湘赣边界工农兵苏维埃政府。

1928年5月底，湘赣边界工农兵苏维埃政府在茅坪成立，袁文才任主席。湘赣边界工农兵苏维埃政府下设军事部、财政部、土地部、司法部、青年部、妇女部及工农运动委员会。边界苏维埃政府成立以后，积极动员群众开展了一些深得民心的工作。

第一是打土豪、分浮财。打土豪、分浮财，是发动群众的有效方法。在打土豪过程中，边界工农兵苏维埃政府将政治斗争和经济斗争结合起来，主要通过两个步骤来开展打土豪运动：一是召开清算土豪劣绅的群众大会。农民在大会上诉说土豪劣绅的剥削罪行，工农革命军当众烧毁契约，宣布废除债务、取消苛捐杂税。通过召开群众大会，调动了农民的革命积极性。在农民高涨的热情下，土豪劣绅慑于革命威势而不敢反抗。二是分浮财。具体做法是：将土豪劣绅的谷仓打开，让农民去挑粮；把土豪劣绅养的猪杀掉，将肉分给农民；没收土豪劣绅的衣物、用品等，发给农民。

第二是对土豪劣绅进行罚款。根据土豪劣绅及其财力的大小，对其酌情处罚，少则几百块银元，多则上千块银元。这种措施，一方面可以为工农红军筹得款项，另一方面可以打击土豪劣绅的嚣张气焰，工农红军和农民士气受到极大的鼓舞。通过对土豪劣绅罚款，农民开始深刻意识到，封建土地所有制是农民深受剥削和压迫的根源，要使自己摆脱封建剥削，就必须起来推翻封建剥削的土地制度，实行分田。

第三是处决恶霸。井冈山斗争时期没有完全执行"左"倾的错误路线，盲目扩大烧杀面。在当时的情况下，适当地将少数剥削群众十分严重的恶霸进行处决，可以对地主产生震慑作用，是打击土豪劣绅反动势力、增强农民声威的有效方法之一。

边界工农兵政府的普遍成立，使边界农民群众从封建的枷锁下获得了历史上的第一次解放，也进一步激发了边界农民参加政权建设和保卫根据地的革命热情。在区、乡、村组织农民协会外，边界各县还普遍建立了儿童团、少年先锋队和妇女会等群众性组织。这些组织除参军参战和配合红军作战外，还成立了担架队、洗衣队、慰问队、宣传队等，帮助红军和地方武装作战，在井冈山革命斗争中发挥了非常重要的作用。

（四）战争伟力最深厚的根源

"战争的伟力之最深厚的根源，存在于民众之中。"[①]井冈山的斗争，说到底是人民群众的斗争。在井冈山，从青壮年男人到少年儿童，从老人到妇女，都被动员起来了。他们平时帮助站岗放哨、收集情报、刺探军情，在战时参军参战、运送武器弹药、送茶送饭、收治伤员。人人参加、个个争先，保证了井冈山革命根据地一场又一场战争的胜利。地方武装和群众组织积极配合和帮助部队作战，在井冈山斗争中发挥了不可替代的积极作用。

1. 打败江西"两只羊"

面对朱毛红军的蓬勃发展势头，蒋介石感受到了对其反动统治的威胁。他如坐针毡，视红军如眼中钉、肉中刺，必欲除之而后快，反复策划对井冈山的进攻。在前三次"进剿"失败之后，他又急急忙忙调动重兵，妄想乘红军立足未稳的时候摧毁毛泽东亲手创立的第一个革命根据地，拔掉这面在反革命的刀光血影中升起的红旗。1928年6月，驻江西的敌第三军第九师和第三十一军第

---

① 毛泽东：《毛泽东选集》第2卷，人民出版社，1991，第511页。

二十七师共5个团奉命向井冈山革命根据地发动第四次"进剿",再度向根据地猛扑过来。同时,湖南敌军的第八军第二师也从平江调到攸县,威胁井冈山根据地的西侧。进犯根据地的敌军主力,就是江西的"两只羊"(杨池生和杨如轩),其中第九师师长杨池生担任此次"进剿"总指挥,杨如轩任前线指挥。他们率领的敌军装备好,战斗力较强,狂妄地声称要踏平井冈山,说什么"石头要过刀""茅草要过火""人要换种"。

面对来势汹汹的敌人,毛泽东、朱德命令红四军主动撤离永新,退回根据地中心宁冈,待机破敌。6月20日,毛泽东、朱德、陈毅、王尔琢等在宁冈古城召开连以上干部会议,制订破敌方案。会议在分析了敌人的特点之后,制定了退敌的策略:对战斗力较强的湘军取守势,对战斗力较弱的江西国民党军取攻势。据此,毛泽东以红四军第二十八、二十九团和第三十一团第一营为主力,由朱德、陈毅、王尔琢统一指挥,利用新七溪岭、老七溪岭的有利地形,集中兵力打击江西国民党军;他自己率领第三十一团第三营前往永新龙田、潞江一带,发动群众骚扰江西国民党军,牵制湘敌;袁文才、王佐率领第三十二团在宁冈、酃县边界地区活动,钳制湘军。同时,广泛深入动员宁冈、永新地区的人民群众,做好克敌的准备工作,协助红军破敌。

部署停当后,红军各部队依序而动,永新、宁冈两县地方武装和群众也积极行动起来,协同作战。6月21日,毛泽东率领第三十一团第三营前往永新龙田、潞江一带,发动群众骚扰赣敌,牵制湘敌,并给予迎头痛击,使湘敌吴尚所部未能与赣敌形成"会剿"之势,只是赣敌单方面"进剿"。

1928年6月中旬,赣敌以第九师师长杨池生为总指挥,率5个团从吉安进犯永新,向井冈山发起第四次"进剿"。永新失陷后,杨池生将指挥部设在永新,命令国民党军第九师第二十五、二十六、二十七团从永新出发,紧锣密鼓地向宁冈以北的龙源口新老七溪岭逼近;第二十七师第八十、八十一团驻防永新县城。一场严峻的决战就在眼前。红军在得知杨池生的部署后,将战场选在了新老七溪岭。在毛泽东和朱德的统一指挥下,密切协同,英勇奋战,抢先占领了新七溪岭制高点——望月亭,夺取了敌人在老七溪岭控制的制高点——百步墩,击伤在前线指挥战斗的杨如轩,吓跑敌军师长杨池生,全歼敌人第二十七团,缴获步枪400余支、重机枪1挺,取得龙源口大捷,粉碎了敌人对井冈山革命根据地的第四次"进剿",取得了井冈山革命根据地创建以来最辉煌的胜利。边界群众受到了极大的鼓舞，无不为红军的胜利拍手称快。他们用歌谣表达了对这一胜利的喜悦，"朱毛会师在井冈，红军越战越坚强。龙源未费三分力，打垮江西两只'羊'。三克永新得胜利，缴获敌人五万洋。"毛泽东在《井冈山的斗争》一文中也说："六月二十三日龙源口（永新宁冈交界）一战，第四次击破江西敌人之后，我区有宁冈、永新、莲花三个全县，吉安、安福各一小部，遂川北部，酃县东南部，是为边界全盛时期。"①

2. 黄洋界上炮声隆

黄洋界位于井冈山西北，海拔1300多米，地势险要，一边是千仞高山，一边是万丈悬崖。山头上常有浓雾缭绕，弥漫山坳，犹如汪洋大海中卷起的阵阵骇浪，所以又有"汪洋界"之称。它与八面山、双马石、朱砂冲、桐木岭等一起被称为井冈山的五大哨口。只要牢牢守住这五个地方，就可以一夫当关、万夫莫开。黄洋界是井冈山的北大门，控制着两条小路：一条经宁冈茅坪与永新相通，另一条经大陇与酃县相连。

1928年8月底，湘赣两省敌军趁毛泽东去往湘南迎还红军大队尚未归来之际，对井冈山革命根据地发动了第二次"会剿"。他们合力进犯黄洋界，妄图摧毁根据地，拔掉边界的红旗。敌人来势凶猛，而此时留在井冈山的部队只有王佐带领的红三十二团第二营和红三十一团团部特务连。敌我力量对比非常悬殊，但是红军并没有被敌人吓倒。他们认为，虽然在兵力和装备上红军不及敌军，但是有山下和山上群众的大力支持，又占据着有利的地形，只要广泛发动群众，坚决与敌人作斗争，是完全可以守住井冈山的。军民立即投入作战准备之中。当时构筑了竹钉阵、竹篱笆障碍、滚木礌石、五尺深的壕沟、射击掩体五道防线。一道坚不可摧的人民战争的铜墙铁壁，已经屹立在井冈山上，严阵以待来犯之敌。

8月30日清晨，井冈山上隐隐约约的大雾还没有散去，湘敌吴尚部求功心切，便率领两个团向井冈山的黄洋界发起了进攻。他们先用机枪向山上扫射一通，见没有什么动静，就壮着胆子沿山路往上爬。此时，留守在井冈山的红军已经埋伏在山上，就等着敌人进入射程之内。一时间，居高临下的红军战士一

---

① 毛泽东：《毛泽东选集》第1卷，人民出版社，1991，第61-62页。

齐向敌人开火，几乎弹无虚发。为了节省子弹，红军战士们砍断了捆着滚木礌石的绳索。刹那间，滚木礌石顺势而下，发出"隆隆"巨响。敌人被打得抱头鼠窜、乱作一团，纷纷逃往小路两旁的草丛里，又踩上了掩盖在草丛中的竹钉，疼得哇哇直叫、哭爹喊娘。各山头上的群众也用鸟枪、土枪向敌人还击，敌人的第一次进攻被打退了。接着，敌人稍作休整后又发动了第二次和第三次进攻，而且出动的兵力越来越多，战斗越来越激烈；但是，井冈山军民硬是以落后的武器，凭借黄洋界的天险，打退了敌人的一次又一次进攻。战斗一直持续到下午。

下午4时许，敌人发动了更猛烈的攻势。敌人离黄洋界越来越近，集中火力向黄洋界射击；而红军的子弹也因为前几次挫敌消耗巨大，越来越难以支撑战斗的需要。此时，赤卫队员从军械所搬来一尊迫击炮，同时带来了三发炮弹。红军立即在黄洋界架起了迫击炮向敌人轰击；但是因为炮弹存放太久而受潮，第一发炮弹没有打响，第二发炮弹仍未打响。正当大家焦急的时候，第三发炮弹打了出去，不偏不倚地击中了敌人的指挥所。"轰"的一声巨响，敌人的指挥所被炸得稀巴烂。此时，山上的群众用鞭炮制成的"土机枪"也"啪啪啪"地响了起来，群众的呐喊声此起彼伏。摸不清底细的敌军以为红军主力又回到了井冈山，当即吓得屁滚尿流。

就这样，井冈山军民齐心协力，打破了敌人对井冈山根据地的第二次"会剿"，取得了黄洋界保卫战的胜利。这一战，不仅保住了井冈山革命根据地，保卫了边界的红旗，而且打击了敌人的嚣张气焰，极大地鼓舞了井冈山军民克敌制胜的斗志。

当年，毛泽东欣闻黄洋界战役取得胜利后，即兴填词一首《西江月·井冈山》：

> 山下旌旗在望，山头鼓角相闻。敌军围困万千重，我自岿然不动。早已森严壁垒，更加众志成城。黄洋界上炮声隆，报道敌军宵遁。

3. 三战三捷回宁冈

1928年8月下旬至9月初，红四军主力在毛泽东、朱德率领下，经过艰难跋涉，于9月8日回到根据地遂川黄坳。此时，听说黄洋界保卫战取得胜利，红军将士无不欢天喜地。

然而,"我军经崇义、上犹遂川,到井冈山之际,赣南独立第七师刘士毅部欺我败残,以五营追我至遂川"①。毛泽东、朱德、陈毅决定教训一下这个刘士毅,一来为井冈山父老乡亲献上一份"回归礼",二来为王尔琢和根据地军民血洗冤仇。当时,赣敌刘士毅部退出县城,驻守城郊,派出小股部队与我纠缠,企图把红军诱入他的圈套。针对敌人的阴谋,毛泽东、朱德、陈毅等讨论后,决定"将计就计"。

根据之前的部署,9月13日清晨,朱德率领红二十八团和县赤卫大队一分队打前锋,直接进城,突破了敌人的伏击圈。敌人自以为红军陷入了他们的圈套,自鸣得意,命令埋伏在县城周边的部队向县城移动,企图切断红二十八团进城后的退路。孰料,毛泽东率领红三十一团三营和赤卫大队二分队对敌人进行了反包围,形成了前后夹击之势。敌人腹背受敌,被打得溃不成军。是役,"我以四营进攻刘士毅,破之于遂川城,缴枪二百五十,俘营长连长各一,排长三四,士兵二百余,余部退赣州。"②红军攻占了遂川县城。最令红军将士欣慰的是,激战中击毙了叛徒袁崇全,为王尔琢报了仇。部队为此欢呼雀跃。遂川群众和红军战士还编了一首歌谣,歌颂毛泽东、朱德用兵如神,"黄坳驻扎,遂川做客;一个月来三次,白匪豪绅怕不怕杀?!"

红军攻克遂川县城后,留下少数兵力与遂川县赤卫大队驻守县城,其余部队则分兵发动群众,开展土地革命,建立革命政权,发展党的组织,并筹措红军给养。陈毅率领的东路游击活动推进到万安时,群众面对白色势力勇敢地站出来响应革命的号召,更有80多位农民毅然决然地参加红军,跟随部队上了井冈山。

9月26日,红四军主力回到茨坪。在茨坪,与前来迎接的红四军第三十一团一营和第三十二团二营会合。鉴于部队长途征战,毛泽东、朱德决定让部队休整,择日再回宁冈。到9月底的时候,毛泽东、朱德获悉新城驻敌周浑元旅二十七营营长周宗昌企图趁红军主力未归之际血洗茅坪的消息。茅坪是红军的大本营,是井冈山根据地党政军领导机关所在地,其重要性不言而喻,岂能让敌人为所欲为!毛泽东、朱德决定采取集中兵力、诱敌深入、一举歼灭的战

---

① 毛泽东:《井冈山前委对中央的报告》。
② 同上。

略。为了实施这一战略，毛泽东、朱德让林彪具体指挥部队在茅坪的坳头陇设伏。坳头陇坐落在新城通向茅坪必经之路的一个狭长山冲上，密林峡谷，进口小、中间大，好像一个口袋，是个打埋伏的好地方。

10月1日，周宗昌纠集宁冈"挨户团"数百人从新城倾巢而出。9时许，周宗昌营肆无忌惮地进入了坳头陇。当敌人全部进入红军的包围圈时，顿时枪声、号声四起，三面火力交集，打得周宗昌叫苦不迭、惊呼"上当"。战斗仅用了半小时就结束了。这场战斗，红军活捉了周宗昌，大获全胜。毛泽东在《井冈山前委对中央的报告》中欣喜地写道："十月一日，与熊式辉师周浑元旅之二十七团一部战于宁冈，俘营长一，连长一，排长一，士兵百，缴枪百一十支，余敌退永新，遂宁冈全县。"①

虽然取得了"坳头陇布袋战"的胜利，收复了宁冈全县，但是永新还在敌人手里，这对根据地仍然构成直接的威胁。鉴于此，毛泽东、朱德决心解决这一问题。11月上旬，毛泽东、朱德收到袁文才飞马来报，周浑元残部又流窜到宁冈新城来了。对于周浑元的屡次进犯，毛泽东、朱德十分气恼，商议道：与其伤其十指，不如断其一指。于是命令红四军主力重回宁冈，再战周浑元部。

11月9日，红军主力从茅坪出发，天亮之前赶到宁冈新城，占领了城外高地。天亮后，周浑元部照例出早操。他们做梦也没有想到，此时的红军正在对面，只等着一声号令便冲杀出来。战斗打响后，敌人惊慌失措，仓皇退向城南。红军收复新城。随后，毛泽东、朱德又率领部队进逼永新，与敌溃军和敌援军战于四教书院。红军战士奋勇争先、斗志昂扬，打垮了敌人，追敌至永新城下。面对敌军第二十八团和第二十七团修筑的工事和强大的火力，红军久攻不下。这时，投诚部队毕占云特务营，利用熟悉的地形，从侧面包抄，终于击溃敌军，进占永新城；但是不久之后，敌人的援军就赶到了。红军恐久战不利，遂向宁冈引退。

红军主力从9月间回师井冈山后，在短短三个月里，采取飘忽不定、避实就虚的游击战术，紧紧依靠人民群众的支持，纵横数百里，三战三捷，占领遂川、收复宁冈、威震永新，迫使敌人转入守势，实现了恢复和巩固井冈山革命

---

① 毛泽东：《井冈山前委对中央的报告》。

根据地的战略任务。

（五）党政军民鱼水情深

中国共产党在创建井冈山革命根据地过程中，时时处处真心实意为群众谋利益，全心全意贯彻为人民服务的宗旨。红军恪守纪律、秋毫无犯，因此深得民心。根据地内形成了一种鱼水情深的新型的党政军民关系。这种新型的党政军民关系，是中国共产党和红军史上前所未有的，是井冈山根据地军民共同创造的。

1927年10月，毛泽东率领秋收起义部队上井冈山之前，为了征得袁文才的同意，表达工农革命军的真情实意，在宁冈大苍村会见了绿林出身的农民自卫军首领袁文才。袁文才本想请毛部"另请高山"，会见时存有戒心，安排了一出鸿门宴。毛泽东在席间慷慨激昂地纵谈天下大势，晓以大义，并决定赠送袁部100条"汉阳造"钢枪。在"有枪便是草头王"的草莽英雄袁文才看来，这无疑是最真诚的慷慨之举。于是，袁文才鼎力回报，赠送毛部1000银元、500担稻谷，以备军用。随即，袁文才应允毛部进驻茅坪，安营扎寨。井冈山革命根据地创建由此拉开帷幕。

茅坪是袁文才及农民自卫军的中心据点。在茅坪，袁文才和贺敏学商议，由贺敏学让出八角楼给毛泽东居住，八角楼由此闻名天下。对于远道而来的毛泽东，袁文才和妻子谢梅香极为关心。为表达地主之谊，他们给毛泽东做了两床新灰布被子、两件蓝丹士林长衫、一双新布鞋。中共边界一大召开后，袁文才就任边界政府主席，与红四军前委书记毛泽东之间的交往更加频繁、密切了。袁文才为毛泽东的博学、才智和胆识所折服，常常对人称毛泽东为"中央材"；毛泽东也十分赞赏袁文才的忠诚和谋略，常和袁文才商议边界要事。他们两人结成了深厚的情谊，成了湘赣边界党政领导人之间亲密合作的象征。

在袁文才的影响下，边界防务委员会主任王佐，同毛泽东等党和红军中的领导人相处也十分融洽、亲密无间。有一次，毛泽东同王佐进行了彻夜长谈。事后，王佐对人说："毛委员这个人是最有学问的，跟他谈上一夜话，真是胜读十年书啊！"后来，王佐主动向毛泽东提出了入党的要求。经过考察，毛泽东和前委同意吸收他入党，并委派何长工作为他的入党介绍人。1928年4月，王佐加入了共产党，从一个绿林头目成长为一名红军将领。

根据地军民之间，更是鱼水情深。工农革命军自从进入井冈山第一天起，就始终和人民群众打成一片，深深扎根于人民群众的肥田沃土里，与人民群众结下了患难与共、血肉相连的深情厚谊。红军那一滴水珠，因与群众的大海融合在一起，不仅没有干涸、消失，反而汇聚成滚滚的革命浪潮，开辟了一个崭新的世界。

有一天，毛泽东路过宁冈大陇时，得知杨大妈一家老的老、小的小，家里没有柴烧，还带病为红军战士赶做布鞋，非常感动。第二天，毛泽东就到老乡家借了一把柴刀，拿着扁担和簸箕，带着几个红军战士冒着酷暑上山砍柴去了。中午时分，毛泽东满头大汗地挑着一担百十来斤的杂柴送到了杨大妈家里。毛泽东堆好柴后，正要转身离去时，被杨大妈发现了。杨大妈连忙跑过去拉住毛泽东的手，怎么也不让他走，非要留他吃午饭不可。毛泽东带着歉意地说："大娘，你为我们红军做了许多好事。要说感谢，我们应该感谢根据地的广大群众才是。今天柴砍得不多，你先烧着，以后我们再来。"毛泽东说完，便转身出门了。

陈毅，时任红四军政治部主任。1928年，根据地喜获丰收，陈毅随红四军小分队来到大井村帮助农民秋收。陈毅虽然久疏农事，但干起活来却像个地道的农民。他发现靠山边的几亩稻谷没有人收割，询问乡政府干部后才得知，原来那是邹老表的3亩多田地。邹老表的儿子参军去了，媳妇在小井红军医院帮伤病员洗衣服，他自己不巧病倒了，所以稻谷没人收割。陈毅得知实情后，随即组织人员帮邹老表抢收稻谷。陈毅带领红军战士和地方干部，割禾的割禾、打谷的打谷，不到半天时间就收割完了。当陈毅一行人把稻谷挑到邹老表家时，邹老表拄着拐杖出来，千恩万谢，激动地说："红军真是天底下最好的军队啊！"

有一位老大娘，因为敌军"进剿"，便随着儿媳妇躲到了深山的破庙里。有一天，她看见一个被敌人打成重伤的共产党交通员倒在雪地里，便和儿媳一起将他抬回庙里。老大娘挖草药给伤员敷伤口，像对自己的亲生儿子一样细心调治和照料，用仅有的一点米熬成米汤给伤员喝。在老人的精心照料下，受伤的交通员不久就痊愈了。当他辞别老人去找党组织的时候，老大娘将最后一点干粮和一块银圆都送给了他，他不肯接受。老人含着泪说："你是为了帮助咱穷人翻身过好日子才这样受苦受累的，我这点东西算什么。你如果不收下，我会难受一辈子的。"这个交通员激动万分地向老人表示，"你就是我的母亲，我绝不会忘记你的恩情！为了打倒反动派解放受苦人，我一定坚决战斗到底，直到流尽最后一滴血！"

井冈山下的黄坳村被敌军占领后，敌人在村子里疯狂地捕杀共产党员，折磨老百姓。退到山上的党组织听到这个消息后，立即派侦察员李文耀到村里去探察敌情。李文耀到达黄坳村后，没料到敌人防守极其严密，他不幸被发现了。敌人向李文耀开了两枪，李文耀急忙躲藏到一位大婶家里。大婶看见李文耀进屋，便问他是干什么的。李文耀说："大婶，不要害怕。我们是山上的红军，下来侦察敌情的。"大婶听后，什么都明白了。她赶紧关上门，把李文耀带进屋里，叫他躺在床上不要动。

不一会儿，当大婶在晒谷子的时候，敌军就追来了。他们不由分说便冲进屋里，将屋内翻得一团糟，但是没有找到李文耀。敌人看见床上躺着一个人时，便厉声喝问这是谁。这时，大婶不动声色地回答道："这是我男人，病了好几天了，得了传染病。还请几位军官不要靠近，以免传染。"大婶边说边走到床边，假装问李文耀要不要喝水。敌人见大婶如此镇定，不像撒谎的样子，又害怕真的被传染，便怒气冲冲地走了。待敌人离开后，李文耀急忙感谢大婶的救命之恩。大婶却说："要不是共产党和红军，我们哪能分到土地呀，哪能翻身哪！说感谢的应该是我们哪！"

军爱民，民拥军。红军把人民看成父母，人民群众把红军看成一家人。群众不管家里有点什么，都要倾其所有送给红军。这方面的典型故事有很多：

有一天，茅坪乡牛亚陂村的萧婆婆，省吃俭用地攒了满满一篮鸡蛋。她来到毛泽东住的八角楼，拉着毛泽东的手说："毛委员，你整日为我们穷人操劳，我老太婆不能帮着做什么，把这篮鸡蛋送给你补补身体。你可不要嫌弃啊！"毛泽东连忙推辞；但萧婆婆说什么也要毛泽东收下鸡蛋，她把篮子放在桌上就走了。毛泽东见状，赶忙让警卫员把钱送去，自己却把鸡蛋送到了红军医院。伤病员们知道这篮鸡蛋是老乡送给毛泽东的，谁也不肯收。毛泽东几乎用命令的口气说道："同志们，你们为革命冲锋陷阵，受伤流血，这篮鸡蛋（你们）非吃不可！大家养好了伤，好早日上前线哪！"伤病员们无法推辞，只好收下了。

邱祖德是宁冈县东源乡麻上村的贫困农民,参加革命前租种了地主30多亩田,却"禾镰挂上壁,屋里没米吃"。红军开展打土豪运动后,因土地尚未平分,为赶季节,原有租田仍归他耕种。1928年秋粮丰收,他一家就收了3500多斤。当时对土地税粮已经作了规定,除去上缴的,其余一律归个人。然而,在他看来,能过上好日子全都靠红军,红军打仗不能饿肚子,缴税粮就是保革命。邱祖德和乡亲们一合计,这税粮不仅要缴,还要多缴。于是他挑最好的稻谷超额缴了1500斤的税粮,和乡亲们一起挑上山,送到红军手中。当时在根据地,像邱祖德这样超额缴粮的百姓很多。经常下山挑粮的朱德了解这一情况后,专门对地方干部交代:一定要劝说老乡,缴粮时一定要留足口粮。

电影《闪闪的红星》里有这样一个故事:潘冬子巧计送盐。艺术源于生活,这个故事的原型就是井冈山时期的聂槐妆。聂槐妆1908年出生于湖南酃县十都的一个小山村,1927年嫁到茅坪苍边村。1927年10月,毛泽东率领秋收起义部队来到茅坪安家后不久,聂槐妆的丈夫加入了红军,她自己也参加了革命。因工作中积极肯干,担任了宁冈县茅坪乡工农兵政府妇女主任。陈毅赞扬她是"妇女工作的模范代表"。

1929年1月底根据地第三次反"会剿"斗争失败后,红五军主力从遂川向赣南转移,红三十二团和宁冈赤卫队掩护200多名伤病员转移到深山老林坚持斗争。由于有50多名伤员需要盐水洗伤口,因此红三十二团特务连连长便派战士下山求援,要求乡政府赶紧设法弄些盐上山。聂槐妆知道,一段时间以来,为了解决红军缺盐的困难,能用的办法都用尽了,例如将盐装在竹竿内、装在双层的粪桶内等办法都被敌人发现了,有的群众还因此被敌人残酷杀害。敌人加紧了岗哨盘查,出入更加困难。要把盐送进山里,只有另想其他办法了。

聪明的聂槐妆苦思冥想后,终于想出了一个巧妙的办法。她将夹衣浸在两斤盐水里,晾干后穿在身上,外面罩了一件蓝布扣衫,挎上一只装有薯片、杨梅干之类物品的竹篮进山了。从茅坪到深山油路坑,敌人在坝上、半江山设了两道哨卡。聂槐妆伴装走亲戚,一路顺利通过,将浸过盐水的衣服送给了红军班长左盘生,解决了伤病员们缺盐的困难。她用这个办法一连送了四次。1929年2月中旬,就在她第五次为红军送盐时,被敌人发现了。敌人将她押到坝上李家祠,绑在屋柱上严刑拷打,用香火烫她的乳房,逼她带路去寻找红军。聂槐妆闭口不语，坚贞不屈，最后被敌人残忍地杀害了，时年21岁。

毛泽东领导的边界党组织，时时刻刻关心群众的疾苦，及时反映群众的诉求，引导群众为长远的利益而斗争，因此受到井冈山人民的爱戴。他们积极为红军报信带路、献粮筹款。无论红军转移，还是出发去打仗，离开山村时，乡亲们总是含着眼泪送了一程又一程。有的送鸡蛋，有的送草鞋。母送子、妻送郎，都争先把亲人托付给党，让他们跟着共产党去为工农打天下。正是："双双拉着长茧手，心藏黄连脸在笑，血肉之情怎能忘！"

井冈山斗争后期，红四军主力将要下山的时候，根据地群众和红军都情不自禁地流露出了难舍难分的情感，群众期盼着红军能早点回来。《十送红军》就为我们展示了一幅人民群众与红军深情自然流露的真实画卷：

> 一送红军下南山，秋风细雨扑面寒；树树梧桐叶落完，红军几时再回山？二送红军大路旁，红漆桌子路边放；桌上摆着送行酒，祝愿红军打胜仗。三送红军上大道，锣儿无声鼓不敲；双双拉着长茧手，心藏黄连脸在笑。四送红军过高山，山山苞谷金灿灿；苞谷本是红军种，撒下种子红了天。五送红军澧水河，鸿雁阵阵空中过；鸿雁能捎书和信，捎信多把革命说。六送红军兔儿岩，两只兔儿哭哀哀；禽兽能知人心意，血肉深情分不开。七送红军七里湾，七里湾中一片田；凉风阵阵稻谷香，新米上市人走远。八送红军八角山，两只八哥吐人言；红军哥哥莫走远，财主回来要倒算。九送红军过大江，江水滔滔船儿忙；眼望江水肝肠断，穷苦百姓泪汪汪。十送红军转回来，武陵山巅搭高台；盼望红军打胜仗，盼望亲人早回来。

在艰难困苦的岁月里，井冈山人民为什么倾其所有支援红军，甚至不惜冒着生命危险，给红军送粮、送盐，支援革命战争呢？根本原因就在于党和红军领导他们打倒了土豪劣绅，给了他们土地，给了他们生存的权利，给了他们翻身的喜悦。在艰难困苦的岁月里，红军为什么能攻无不克、战无不胜，以弱小的武装力量战胜装备精良的敌人呢？根本原因就在于党和红军得到了千百万人民群众真心实意的拥护，众志成城，形成了一道道什么力量也攻不破的铜墙铁壁。更进一步地说，是因为中国共产党是中国最广大人民根本利益的忠实代表，人民立场是中国共产党的根本政治立场。

渔家傲·反第一次大"围剿"

毛泽东

万木霜天红烂漫,天兵怒气冲霄汉。雾满龙冈千嶂暗,齐声唤,前头捉了张辉瓒。　　二十万军重入赣,风烟滚滚来天半。唤起工农千百万,同心干,不周山下红旗乱。

"唤起工农千百万,同心干",这是毛泽东于1931年春在粉碎敌人对中央苏区的第一次"围剿"时写下的词句。中国共产党和工农红军正是在"唤起工农千百万,同心干"的过程中,同广大人民群众建立了荣辱与共、鱼水相依的血肉联系。也正是有了这种血肉相连的党群关系、军民关系,党和红军才真正根植于千百万人民群众的深厚沃土之中,才真正站在最广大人民之中而永远立于不败之地。

井冈山革命斗争的历史经验充分说明,群众的拥护和支持是湘赣边界红色政权发生和存在的重要原因之一。正所谓得民心者得天下。中国共产党自成立之日起,就鲜明地亮出了自己的旗帜,始终代表中国最广大人民的根本利益。战斗在井冈山的红军将士在共产党的领导下,不忘初心,始终把群众利益放在第一位,相继颁布了《三大纪律六项注意》、井冈山《土地法》等,为人民群众谋幸福,对群众利益秋毫无犯,宁愿自己受冻挨饿,也惦记着当地群众的冷暖;宁愿自己流血流汗,也要保护当地群众的安全。早在1929年6月,中共中央主办的《红旗》就曾刊载了《一个红军寄回来的信》,详述了朱毛红军以弱胜强的战绩,并分析其主要原因是"我们的红军是共产党军队,由群众中产生出来的,坚决的根据共产党政纲而奋斗,实行土地革命,彻头彻尾为民众的利益而奋斗。因此,我们军队所至,都得到成千成万的群众的拥护;我们的力量,已与群众打成一片了"[①]。正如习近平总书记在阐释依靠群众求胜利时所指出的,得民心者得天下,失民心者失天下,人民拥护和支持是党执政的最牢固根基。人心向背关系党的生死存亡。党只有始终与人民心连心、同呼吸、共命运,始终依靠人民推动历史前进,才能做到哪怕"黑云压城城欲摧","我自

---

① 张泰城等:《井冈山的红色文献》,江西人民出版社,2016,第340页。

岿然不动",安如泰山、坚如磐石。①

(六) 土地是农民的命根子

民以食为天。在旧中国,土地就是农民的命根子。1927年2月16日,毛泽东就考察湖南农民运动的情况写报告给中共中央,充分阐述了为解决农民革命问题,就必须解决农村土地问题的重要思想。他指出,"中国革命最大部分的目标在于使农民得到解放,农民如不得解放,国民革命断不能完成","中国的农民问题,其内容即是一个贫农问题",而"贫农问题的中心问题,就是一个土地问题"。由于"贫农对土地的要求已甚迫切",因此,如果"不使农民得到土地,农民将不能拥护革命至于最后成功","要增加生力军保护革命,非解决土地问题不可"②。农民的土地问题已经不是宣传的问题,而是要立即实行的问题了。

土地是农民的命根子、生存之本,是农民问题的核心,是边界群众的根本利益所在,也是井冈山革命斗争中最重要、最根本的革命路线。

井冈山斗争时期,湘赣边界土地状况大体来说,60%以上的土地在地主手里,40%以下在农民手里。江西方面,遂川的土地最集中,约80%是地主的;永新的土地约70%是地主的。万安、宁冈、莲花自耕农较多,但地主的土地仍占比较的多数(约60%),农民的土地只占40%。湖南方面,茶陵、酃县两县均有约70%的土地在地主手中。因此,在湘赣边界,农民最大最迫切的问题是土地问题。深入农村,发动、组织和武装农民开展打土豪分田地的土地革命运动,解决农民的土地问题,是党在农村发动农民从而获得农民支持和拥护的最核心工作。

1928年5月,湘赣边界党的一大制定了"深入割据地区的土地革命"的政策,并在会上着重讨论、研究了如何深入土地革命问题。会后,各县都加强了对土地革命的领导,县、区、乡各级政府都成立了土地委员会。边界各县普遍

---

① 习近平:《习近平谈治国理政》第1卷,外文出版社,2018,第368页。
② 中共中央文献研究室科研管理部编《中国共产党90年研究文集》下册,中央文献出版社,2011,第2100-2101页。

开始分田。在这期间，边界党组织派出大批干部到宁冈、遂川、莲花等县指导分田运动。"井冈山土地革命最早是在宁冈进行的"，而宁冈最早分田又是在乔林、大陇等乡进行的。例如乔林乡分田，从1928年2月开始，至3月结束。在乔林、大陇取得分田经验之后，再到宁冈其他地方以至整个湘赣边界普遍开展起来。毛泽东亲自领导了永新塘边村的分田运动。此后，红军每到一处，就发动和领导当地农民起来"打土豪，分田地"，先后在宁冈、永新、茶陵、遂川四个县进行了多次打倒豪绅、发动群众的游击暴动，并且在酃县水口、桂东沙田等地进行了分田尝试，取得了初步的经验，为边界土地斗争奠定了坚实的基础。

1928年10月，湘赣边界党的第二次代表大会根据边界一年来土地革命的实际情况，依照中共中央第37号通告《关于没收土地和建立苏维埃》及中央6月来信关于土地政策的指示精神，通过了毛泽东亲自起草的井冈山《土地法》。同年12月，井冈山《土地法》以边界政府的名义正式颁布施行。这部土地法是土地革命时期中国共产党制定的第一部土地法，共9条14款，以简明扼要的文字明确规定了没收土地的范围和归属、分配土地的数量标准和区域标准、土地税的征收和支配等一系列具体政策。井冈山《土地法》在总结边界土地革命实践经验的基础上，在分配土地数量标准方面采用了人口与劳动力两个标准，并规定以人口标准为主体，有特殊情形的地方则适用劳动力标准。这既切合了边界的实际，又与中央的政策相吻合，做到了两者有机统一，实现了群众利益最大化，受到了根据地广大贫苦农民的积极拥护。老红军王紫峰回忆说："我们在葛田村帮助农民分配土地，每人分了三亩多田。"井冈山的农民群众高呼："共产党万岁！"

对联

上联：分田不忘共产党

下联：幸福牢记毛委员

横批：共产党万岁

井冈山《土地法》是从1927年冬天至1928年冬天这段时间内，中国共产党领导人民群众进行土地斗争经验的总结。在这以前没有任何经验，因此难免存在一些问题。正如毛泽东同志后来所指出的，这个《土地法》存在三个原则错误:"(一)没收一切土地而不是只没收地主土地;(二)土地所有权属政府而不是属农民,农民只有使用权;(三)禁止土地买卖。"①这个《土地法》制定出来后,又在实践中进行检验,并逐步改正了上述三个原则错误,使根据地《土地法》逐步发展完善,推动土地革命深入进行。1929年4月制定的兴国《土地法》,就把"没收一切土地"改为"没收公共土地及地主阶级土地"。1929年7月,中共闽西特委一大通过的《政治决议案》和《土地问题决议案》,第一次提出"抽多补少"原则,明确规定了对富农只没收其多余的土地,不要"过分打击"富农;规定了对小地主同大中地主有区别的政策,即"对农村小地主要没收其土地,废除其债务,但不要派款和过分打击",对大小商店采取"一般的保护政策(即不没收)"。1930年2月,红四军前委,赣西、赣南两特委,红五军、红六军军委联席会议召开,又称为"二七会议"。这次会议强调了一要分、二要快的精神,确定了以乡为单位、以原耕为基础,按人口平分土地的原则。1930年6月,红四军前委和闽西特委联席会议召开,又称为"南阳会议"。这次会议通过了《富农问题决议案》,第一次规定了分配土地应于"抽多补少"之外加上"抽肥补瘦"原则,不准富农瞒田不报和把持肥田;规定了分青苗的原则,谁分了田,地里的收获即归谁,不再归原耕人;坚持了按人口平均分配的办法。同时,对"共同生产,共同消费"的"左"倾思想进行了批判。后来毛泽东又发现一个问题:过去田归苏维埃政府所有,农民只有使用权,并将田四次五次地分了又分,使农民不安心耕种。于是,1931年2月28日,毛泽东致信江西省苏维埃政府,明确指示省委应通令各地各级政府发出布告:"要说明过去分好了的田(实行抽多补少、抽肥补瘦了的)即算分定,得田的人……这田由他私有,别人不得侵犯。""租借买卖,由他自主。田中出产,除交土地税于政府外,均归农民所有。"②此后,"拥有边界土地总数60%以上的地主阶级被消灭,而过去没有或很少占有土地的贫农占有了土地总数的28.26%,中农、贫农所占有的土地总数达到85.34%"③。

土地革命的深入开展,极大地激发了广大贫苦农民的革命热情,解放了农

---

① 毛泽东:《毛泽东文集》第1卷,人民出版社,1993,第51页。
② 同上书,第256页。
③ 蒋晓传:《中国经济法制史》,知识出版社,1994,第344页。

村生产力，夯实了红色区域的群众基础，为革命战争提供了强有力的支援，更提供了源源不竭的力量。一些老农民带领全家在分到的田里抓上一把土，热泪盈眶，祖祖辈辈做梦都想在自己的田里劳动、劳动果实归自己的愿望终于实现了，这就是中国共产党坚守为人民谋幸福的初心的生动写照。广为传唱的《土地回家》歌谣，就是当时群众获得土地后高兴心情的真实写照。歌谣这样唱道："土地回老家，合理又合法。分了田和地，穷人笑哈哈。跟着毛委员，工农坐天下。"①以毛泽东同志为代表的中国共产党人，把解决贫苦农民的土地问题作为一项中心工作来抓，并在土地革命的伟大实践中逐步完善了解决土地问题的一系列方针、路线和政策。广大贫农土地问题的成功解决，具有十分重要的政治意义和深远的历史意义。这不仅从根本上废除了封建的地主土地所有制，满足了广大无地少地农民对土地的需求，还极大地调动了广大农民参加革命的积极性。经过土地革命的生动实践，广大农民获得了世代梦寐以求的土地，深刻地认识到唯有跟着共产党、跟着红军走，才能翻身得解放。从某种意义上说，土地问题唤醒了广大农民群众积极投身革命的政治觉悟，从而保证了井冈山革命斗争一次又一次走向胜利。正如一些学者所说："没有枪杆子就没有土改，也不会有地盘；没有土改，就没有人民支持；没有人民支持，地盘就保不住。"②

今天回过头来看，井冈山斗争时期，党一心一意为民众，给民众带来了实实在在的利益，党与民众结成了鱼水般的关系。井冈山精神昭示着我们：唯有植根于人民群众，同人民群众紧密地结合起来，真正相信群众、依靠群众，才能战胜困难、无往不胜。

---

① 《井冈山革命根据地的经济斗争》编写组：《井冈山革命根据地的经济斗争》，江西人民出版社，1997，第25页。
② 任志刚：《为什么是毛泽东》，光明日报出版社，2013，第146页。

第四章 04

井冈山精神的历史地位

井冈山精神是中国共产党革命精神的重要源头和早期理论形态，产生了重要而深远的历史影响。那么，中国共产党精神究竟从哪里来的呢？缘何井冈山精神成为中国共产党革命精神的重要源头呢？井冈山精神又是怎样实现了对中华民族精神的传承和发展呢？下面我们将带领大家一起回答这些问题，正确认识井冈山精神的历史地位，坚定传承和弘扬井冈山精神的信心。

一、井冈山精神是马克思主义中国化经典之作的精神形态

习近平总书记强调,"井冈山道路是马克思主义中国化的经典之作,从这里革命才走向成功。行程万里,不忘初心。"井冈山革命斗争的历史表明,"山沟里的马克思主义"用理论和实践回答了"红旗到底打得多久""中国的红色政权为什么能够存在"等一系列重大革命理论和实践问题,开启和书写了马克思主义中国化的伟大篇章。"井冈山道路是马克思主义中国化的经典之作"这个重要论断,深刻揭示了井冈山精神的理论底蕴、理论贡献和理论地位。

马克思主义中国化就是把马克思主义基本原理同中国具体实际和时代特征结合起来,运用马克思主义的立场、观点、方法研究和解决中国革命、建设、改革开放和新时代发展中的实际问题;就是总结和提炼中国革命、建设、改革开放和新时代的实践经验,从而认识和掌握客观规律,为马克思主义理论宝库增添新的内容;就是运用中国人民喜闻乐见的民族语言来阐述马克思主义理论,使之成为具有中国特色、中国风格、中国气派的马克思主义。可以说,马克思主义中国化既是一个重大的理论问题,又是一个重要的实践问题,是一个理论与实践相互交织、互相推进的历史过程。

从理论品格上来看,马克思主义是不断发展的开放的理论。马克思主义理论不是教条,而是行动指南,必须随着实践的变化而发展。恩格斯说:"我们的理论是发展着的理论,而不是必须背得烂熟并机械地加以重复的教条"[1],那种认为人们"可以到马克思的著作中去找一些不变的、现成的、永远适用的定义"[2]是一种误解。也就是说,试图到"马克思的著作中去找一些不变的、现成的、永远适用的定义",是不可能的。一部马克思主义发展史就是马克思、恩格斯以及他们的后继者们不断根据时代、实践、认识发展而发展的历

---

[1] 马克思、恩格斯:《马克思恩格斯文集》第10卷,人民出版社,2009,第562页。
[2] 马克思、恩格斯:《马克思恩格斯文集》第7卷,人民出版社,2009,第17页。

史,是不断吸收人类历史上一切优秀思想文化成果丰富自己的历史。正是从马克思主义这一内在品格出发,毛泽东对马克思主义中国化作了深刻阐释,他指出:"马克思主义中国化就是马克思主义普遍真理跟中国革命具体实践的统一。各国有些枝叶的不同,必须有些枝叶的不同,根本是一样的。"[①]他还指出:"中国共产党人只有在他们善于应用马克思列宁主义的立场、观点和方法,善于应用列宁斯大林关于中国革命的学说,进一步地从中国的历史实际和革命实际的认真研究中,在各方面作出合乎中国需要的理论性的创造,才叫做理论和实际相联系。"[②]

中国共产党勇于实践斗争、富于理论思维,是个不断创造历史、不断创新理论的马克思主义政党。习近平总书记在党史学习教育动员大会上的讲话中明确指出:"我们党的历史,就是一部不断推进马克思主义中国化的历史,就是一部不断推进理论创新、进行理论创造的历史。"[③]井冈山斗争时期,以毛泽东同志为代表的中国共产党人在马克思主义立场、观点、方法的指导下,创造了既有别于马克思主义一系列"设想",又契合中国革命实际的一系列实践和理论,这是"中国的马克思主义",也被形象地称为"山沟里的马克思主义"。"山沟里的马克思主义"创造性地解决了在一个半殖民地半封建的东方大国如何进行革命的一系列问题,是马克思主义在中国发展的必由之路,又是马克思主义在中国特定历史阶段的实现形态。正是在"山沟里的马克思主义"指导下,井冈山斗争点燃了"工农武装割据"的燎原星火,创建了中国第一个农村革命根据地——井冈山根据地,开创了农村包围城市、武装夺取政权的正确道路——井冈山道路。

井冈山斗争时期,毛泽东撰写了《中国的红色政权为什么能够存在?》《井冈山的斗争》《星星之火,可以燎原》等光辉论著,提出了完整的"工农武装割据"概念,论述了小块红色政权区域能够长期存在并且日益发展的主客观条件,回答了创造割据局面的可能性和必然性,说明了红色政权的存在和发展对于推进中国革命的重要意义,制定了巩固和发展"割据局面"的正确路线、方针和政策,回答了如何将中国革命推向前进、要不要和能不能建立农村根据地

---

① 中共中央党史和文献研究院编《毛泽东年谱》第7册,中央文献出版社,2023,第526页。
② 毛泽东:《毛泽东选集》第3卷,人民出版社,1991,第820页。
③ 习近平:《习近平著作选读》第2卷,人民出版社,2023,第419页。

及根据地怎样向前发展的问题。这是发动秋收起义和开辟井冈山革命根据地伟大实践的直接理论总结。

中国是一个经济文化比较落后、农民占绝大多数的半殖民地半封建的东方大国。在这样一个国家进行革命，必然会遇到许多不同于西方和苏俄的复杂问题，靠马克思列宁主义基本原理及其一些具体的革命经验和做法是无法取得中国革命胜利的。经过大革命失败的惨痛教训，中国共产党人开始从思想上对十月革命道路进行深刻思考。其结果是既要走十月革命开辟的走向社会主义的道路，又要走与俄国十月革命的"城市暴动"这一具体道路不同的道路，就是善于从斗争中创造新局面，走"建立农村根据地，以农村包围城市，最后夺取城市"的道路，即井冈山道路。井冈山道路的开辟，揭示了中国新民主主义革命的规律，充分展现了马克思主义中国化的基本特征，成为马克思主义中国化的经典之作。

井冈山道路的开辟完整、清晰地诠释了"马克思主义中国化"的真谛，主要表现在：既不把马克思恩格斯所设想的欧洲无产阶级的"共同胜利理论"和列宁领导俄国革命的"城市中心理论"奉为圭臬，也不把"合法斗争"或"议会道路"当作取得中国革命胜利的途径，而是以农民为革命的主力，通过"农村包围城市""走自己的路"，最终实现"武装夺取政权"的目的。这是中国共产党在中国广大农村带领农民把马克思主义基本原理与中国革命具体实际相结合的实践创新。这里的"武装夺取政权"，是对"基本原理"即"暴力革命"的最好诠释，是目标问题。而"农村包围城市"作为具有中国特色的"自己的路"，是实现目标的手段和方法，属于道路选择问题。

马克思主义中国化的真谛就在于"走自己的路"。"中国革命的成功，是毛泽东同志把马克思列宁主义同中国的实际相结合，走自己的路。现在中国搞建设，也要把马克思列宁主义同中国的实际相结合，走自己的路。"①能否"走自己的路"，决定着马克思主义中国化能否顺利推进。井冈山道路的开辟冲破了对俄国革命"城市暴动"道路的教条式理解，走出了一条"自己的路"，即"农村包围城市"，因而把马克思主义基本原理同中国革命具体实际总体上结合起来了，使马克思主义中国化第一次历史性飞跃实现了伟大开篇。井冈山精神

---

① 邓小平：《邓小平文选》第3卷，人民出版社，1993，第95页。

就是以毛泽东同志为代表的中国共产党人探索中国革命独特道路过程中所形成的精神形态，是维系中国共产党革命精神链条的重要精神血脉，是中国共产党对中国革命客观规律真理性认知在井冈山革命实践中的运用。

井冈山斗争的历史表明，只有理论上清醒，政治上才能坚定，革命的信仰信念信心才不会动摇。中国的红色政权为什么能够存在？为什么在白色政权包围中能有一小块或若干小块红色政权长期存在并得到发展？这既是个现实问题，也是个重大理论问题。不把这个问题弄清楚，人们便不能在斗争中看清发展的前途，就不能懂得怎样恰当地对待周围的环境，也不能从根本上回答一部分人存在的"红旗到底打得多久"的疑问。井冈山斗争时期，毛泽东从理论上解决了"中国的红色政权为什么能够存在"的问题，既直接指导井冈山革命斗争的开展，也奠定了新民主主义革命理论的重要基础。

二、井冈山精神是中国共产党革命精神的重要源头

井冈山精神自生成以后，就在长期的革命实践中不断得到继承和发展，相继演化生成了苏区精神、长征精神、延安精神、西柏坡精神等具体的精神样态，铸就并形成了中国共产党人精神谱系。历史地看，中国共产党人精神谱系贯穿着井冈山斗争中形成的优秀精神品质：彻底革命的精神、艰苦奋斗的精神、牺牲奉献的精神、实事求是的精神、使命担当的精神，等等。正因如此，井冈山精神成为中国共产党革命精神的重要源头，也使中国共产党革命精神成为一脉相承的精神形态，它支撑和推动着独创性的中国革命不断走向胜利，成为实现中华民族伟大复兴的精神支撑。因此，我们说，井冈山精神是中国共产党前进道路上的宝贵精神财富和独特政治优势。

（一）中国共产党革命精神从哪里来？

中国共产党革命精神，是中国共产党人共有的精神家园。中国共产党的历史是一部党领导人民进行革命、建设和改革发展的奋斗史，也是革命精神不断凝练、弘扬与发展的历史。中国共产党革命精神是在中国共产党领导全国各族人民谋求民族独立、国家富强、人民幸福的伟大历史进程中所形成的宝贵精神财富，是中国特色社会主义文化的重要组成部分。中国共产党革命精神是党的理论形态中独特的文化形态，它的特殊之处表现在其理论形态主要是以重大历史节点、重大历史事件、重要党史人物（特别是党的领导人）命名的，具有深刻的现实性和历史的鲜活性。"从结构形式来看，党的革命精神是一个由党的政治信仰、价值观和党的作风共同构成的圈层体系。其中，党的政治信仰是体系的内环，体现了革命精神的精神内核；党的价值观作为政治信仰的内化表现，构成体系的中间层；外环是党的形象和作风。"①

那么，中国共产党革命精神是从哪里来的呢？

中国共产党革命精神的形成和发展，离不开马克思主义理论的科学指导。革命精神是无产阶级政党对马克思主义革命观的深刻认知和践行，是区别于其他政党的重要特质。首先，马克思主义哲学为中国共产党革命精神的形成和发展提供了根本的世界观和方法论。比如，中国共产党人始终坚持一切从实际出发，在此基础上制定进行革命的方针政策。毛泽东曾指出："马克思、恩格斯、列宁、斯大林教导我们认真地研究情况，从客观的真实的情况出发，而不是从主观的愿望出发"②。这就是实事求是精神形成的理论依据。又如，马克思主义哲学认为，人民群众是历史的实践主体和价值主体，是推动历史发展和实现社会变革的决定性力量。因此，"无产阶级要发展自己，求得自己的解放，不但不需要损害其他劳动人民的利益和发展，而且必须和其他劳动人民大众团结一致，共同奋斗。无产阶级要解放自己，必须同时解放一切劳动人民，解放全人类。"③

---

① 颜枚琳：《论中国共产党革命精神整体性的三重表现》，《思想教育研究》2019年第6期，第47页。
② 毛泽东：《毛泽东选集》第3卷，人民出版社，1991，第797页。
③ 中共中央文献研究室编《建党以来重要文献选编（1921—1949）》第16册，中央文献出版社，2011，第508页。

这是中国共产党大公无私、甘愿奉献的理论依据。这样的例证还可以举出很多。其次，科学社会主义为中国共产党坚定理想信念提供了理论滋养。实现共产主义社会是马克思主义最崇高的社会理想，也是共产党人不懈奋斗的根本目标。共产主义信仰是革命精神的支柱，将为理想奋斗的坚定信念落实在行动上就是持续的革命精神和昂扬斗志。共产主义理想实现的长久性，要求共产党人必须自觉树立伟大、高尚的共产主义道德和精神，"'杀身成仁'、'舍生取义'，在必要的时候，对于多数共产党员来说，是被视为当然的事情。这不是由于他们的个人的革命狂热或沽名钓誉，而是由于他们对于社会发展的科学的了解和高度自觉"[①]。从这个意义上说，"对马克思主义的信仰，是中国革命胜利的一种精神动力。"

中国共产党革命精神的形成和发展，离不开中华优秀传统文化的滋养。马克思曾指出："人们自己创造自己的历史，但是他们并不是随心所欲地创造，并不是在他们自己选定的条件下创造，而是在直接碰到的、既定的、从过去承继下来的条件下创造。"[②]习近平总书记指出："优秀传统文化是一个国家、一个民族传承和发展的根本，如果丢掉了，就割断了精神命脉。"[③]中华民族博大精深的优秀传统文化，孕育了以民族精神和时代精神为主要内容的中国精神。这些文化有"先天下之忧而忧，后天下之乐而乐""精忠报国"的爱国文化，"四海一家""天下一家""四海之内皆兄弟"的团结文化，"和为贵""化干戈为玉帛"的和平文化；有"克勤于邦，克俭于家""民生在勤，勤则不匮"的勤劳文化，"不畏强敌""勇者不惧"的勇敢文化，"发愤忘食，乐以忘忧""不知老之将至"的自强文化；等等。中华优秀传统文化积淀着中华民族最深沉的精神追求，包含着中华民族最根本的精神基因，代表着中华民族独特的精神标识，是中华民族生生不息、发展壮大的丰厚滋养。中国精神的合理思想内核在中华民族绵延几千年的历史和文化之中，成为中华文化发展的一种内在精神因素和集体意识。[④]中国共产党从成立之日起，既是中国先进文化的积极引领者

---

① 中共中央文献研究室编《建党以来重要文献选编（1921—1949）》第16册，中央文献出版社，2011，第498页。
② 马克思、恩格斯：《马克思恩格斯文集》第2卷，人民出版社，2009，第470-471页。
③ 习近平：《习近平谈治国理政》第2卷，外文出版社，2017，第313页。
④ 佘双好：《深刻理解中国精神在当代中国的特定内涵》，《思想理论教育》2019年第5期，第28页。

和践行者，又是中华优秀传统文化的忠实传承者和弘扬者。这对于中国共产党革命精神的形成和发展产生了重要而深远的影响。

【延伸阅读】

"先天下之忧而忧，后天下之乐而乐"出自宋代范仲淹的《岳阳楼记》。范仲淹（989—1052），字希文，苏州吴县（今江苏苏州）人，北宋杰出的思想家、政治家、文学家。庆历三年（1043），他出任参知政事（相当于副宰相），发起"庆历新政"。新政受挫后，范仲淹被贬出京，历知邠州、邓州、杭州、青州、颍州。皇祐四年（1052）病逝，追赠兵部尚书、楚国公，谥号"文正"，世称范文正公，有《范文正公文集》传世。《岳阳楼记》这篇脍炙人口的千古佳作写于庆历六年（1046）九月，是应好友滕子京之请而作的。滕子京被贬谪到巴陵郡后，在他的主政下，巴陵郡很快政通人和，面目为之一新。公务之余，滕子京又重修了岳阳楼这座名胜古迹。楼修好后，滕子京向范仲淹求文来纪念这件事。范仲淹欣然命笔，于是就有了脍炙人口的名篇《岳阳楼记》。文章共分三部分：第一部分写岳阳楼重修的缘由；第二部分写岳阳楼的景色及给人的感受；第三部分即引文所出自的部分，是从普通人的"览物之情"引申到"古之仁人""不以物喜，不以己悲"的高远境界，表达了自己"先天下之忧而忧，后天下之乐而乐"的家国情怀。

中国共产党革命精神的形成和发展，离不开伟大社会革命实践这一根本来源。作为一种意识、精神、价值观念而存在的革命精神，是在中国共产党领导的伟大社会革命实践中不断产生和发展的。革命精神不是凭空产生的。帝国主义和中国封建主义相结合把中国变为半殖民地半封建社会的过程，正是激发中国共产党人斗争精神、反抗精神等革命精神觉醒的过程。井冈山革命精神就来源于伟大的井冈山革命斗争。大革命失败后，摆在中国共产党人面前的一个严峻问题，就是要对中国革命向何处去作出科学回答。在这危急关头，以毛泽东同志为代表的中国共产党人怀着对共产主义理想信念的执着追求，坚持从井冈山革命斗争的具体实际出发，在文家市会议上作出"向萍乡退却"这一具有重大历史意义的战略决策，引兵井冈山，经过艰苦的探索，在四周白色政权的包围中开辟了湘赣边界工农武装割据的新局面，为中国革命找到了井冈山道路这样一条适合中国国情的新道路。从毛泽东"上山"思想的提出,到"工农武装割据"实践的推进;从"三湾改编"确立"支部建在连上"和党代表制度,到"九月洗党"推进党的先进性纯洁性建设;从八角楼"一根灯芯",到"好在苦惯了"的英雄气概;从确立红军"三大任务"到制定井冈山《土地法》进行土地革命……从1927年10月到1930年2月,以毛泽东同志为代表的中国共产党人带领井冈山根据地军民进行了伟大的革命斗争实践,开创了第一个农村革命根据地,开辟了农村包围城市、武装夺取政权的中国特色革命道路。这场伟大的革命斗争实践是在艰苦卓绝的斗争中进行的,是在开天辟地的探索中展开的;这场伟大的革命斗争实践,反映着中国革命的客观规律,代表着社会进步的方向;这场伟大的革命斗争实践,也为井冈山精神孕育和生成提供了丰厚的实践土壤。

(二)井冈山精神何以成为重要源头?

认识和把握井冈山精神的历史地位,必须将其摆在中国共产党革命精神史中去认识,在纵向历史分析中准确界定其历史方位和所处地位,清晰呈现中国共产党一百多年奋斗史形成的完整精神序列。只有在中国共产党人精神谱系中认识和把握井冈山精神,才能正确认识这一伟大革命精神的历史地位。

我们要知道,在中国共产党领导中国人民进行伟大社会革命的历史进程中,中国共产党革命精神不是静止不变的,而是不断丰富和发展的。党的十九大报告明确指出:"中国共产党一经成立,就把实现共产主义作为党的最高理想和最终目标,义无反顾肩负起实现中华民族伟大复兴的历史使命"[①]。在中国共产党一百多年奋斗史中,一代又一代中国共产党人在不同历史时期进行的一系列重大历史实践砥砺和形成了中国共产党革命精神。这是中国共产党人绵延生长、赓续传承的血脉基因与精神密码,具有贯穿其中的共通共有的精神元素。历史地看,在中国共产党一百多年奋斗史中形成的革命精神样态,丰富多样、灿若星海。在新民主主义革命时期,相继形成了建党精神,井冈山精神、苏区精神、长征精神、遵义会议精神、延安精神、抗战精神、红岩精神、西柏坡精

---

① 习近平:《习近平谈治国理政》第3卷,外文出版社,2020,第11页。

神、照金精神、东北抗联精神、南泥湾精神、太行精神（吕梁精神）、大别山精神、沂蒙精神、老区精神、张思德精神；在社会主义革命和建设时期，相继形成了抗美援朝精神、"两弹一星"精神、雷锋精神、焦裕禄精神、大庆精神（铁人精神）、红旗渠精神、北大荒精神、塞罕坝精神、"两路"精神、老西藏精神（孔繁森精神）、西迁精神、王杰精神；在改革开放和社会主义现代化建设新时期，相继形成了改革开放精神、特区精神、抗洪精神、抗击"非典"精神、抗震救灾精神、载人航天精神、劳模精神（劳动精神、工匠精神）、青藏铁路精神、女排精神；在中国特色社会主义新时代，相继形成了脱贫攻坚精神、抗疫精神、"三牛"精神、科学家精神、企业家精神、探月精神、新时代北斗精神、丝路精神。这些在艰辛实践创造中形成的精神财富，蕴含着中国共产党如何团结带领中国人民创造条件实现不同历史阶段政治任务的精神密码。

　　井冈山精神既是吮吸中国共产党革命精神的重要成果，也是以其相对独立的精神形态丰富了中国共产党革命精神，激励和引导无数人为党领导人民进行的伟大事业而不懈奋斗。井冈山精神是中国共产党革命精神生成发展的重大成果、重要源头。建党前后，中国先进分子在白色恐怖中，不畏艰险、迎难而上，以生命誓死捍卫革命信仰，砥砺出"走在时代前列的精神"①。作为中国共产党革命精神之源的"建党精神"，是早期中国共产党人在创建中国共产党的历史活动中形成的革命精神，蕴含着中国共产党革命精神的原始基因。习近平总书记指出："中国共产党历史上形成的优良传统和革命精神，无不与之有着直接的渊源关系。"②中国共产党成立后就投身到伟大社会革命的洪流之中，不断丰富和发展中国共产党革命精神。党的二大通过对中国社会政治经济状况的分析，第一次提出了反帝反封建的民主革命纲领，彰显着共产党人实事求是、敢于创新的政治勇气。南昌起义以打响武装反抗国民党反动派第一枪的英雄壮举，昭示着共产党人不怕牺牲、敢于斗争的优良品质。安源工人运动中以保护工人利益为宗旨，提出"从前是牛马，现在要做人"的口号，体现出共产党人依靠群众、敢于开拓的精神追求；毛泽东、刘少奇、李立三等在安源组织工人运动时，脚踏实地、善接地气的工作方法，有力地把革命理论与斗争实践

---

① 习近平：《弘扬"红船精神" 走在时代前列》，《光明日报》2005年6月21日。
② 同上。

完美结合起来,开创性地奠定了我们党实事求是的良好作风和严谨认真的工作态度,以及一大批共产党人和革命志士身上表现出"砍头不要紧,只要主义真"的崇高理想和英雄气概……这些正在生成的中国共产党革命精神的具体样态或精神元素同井冈山革命斗争实践相结合,孕育并产生了伟大的井冈山精神,既给"枪杆子"注入理想信念的力量,也丰富和发展了中国共产党革命精神,奠定了中国共产党人精神谱系永续发展的精神基础。

今天回过头来看,中国共产党革命精神正是由一系列特殊时期精神形态所构成的精神谱系,形成了具有普遍意义的精神宝库。井冈山精神就是在这个过程中形成的精神形态,在中国共产党人精神谱系中具有独特性。在中国共产党人精神谱系中具有重要地位的井冈山精神,必然遵循着中国共产党革命精神自身发展规律,传承着正在生成的中国共产党革命精神的原始基因,彰显着中国共产党在构建自身革命精神过程中的历史自觉。有学者认为,井冈山精神以雏形或原型的形式,包含了后来革命精神发展的一切内容,后来的革命精神都是对它的继承和发展,是对它的丰富和展开。井冈山精神与后来产生的革命精神之间的关系是"源"和"流"的关系。①

三、井冈山精神是中国精神的重要组成部分

井冈山精神是中国精神的重要组成部分,它是在中国共产党领导中国人民进行伟大社会革命进程中、在井冈山斗争的伟大实践中形成的精神结晶,是中国精神的时代产物和具体呈现。这为我们认识和把握井冈山精神提供了另外一个视角和维度。

(一)中国精神何以铸就?

人无精神则不立,国无精神则不强。唯有精神上站得住、站得稳,一个民

---

① 张泰城等:《井冈山精神与当代大学生》,江西人民出版社,2009,第118页。

族才能在历史洪流中屹立不倒、挺立潮头。谈起中国精神,大家都不陌生。党的十八大以来,习近平总书记多次深刻阐释中国精神,赋予其深刻的理论内涵和鲜明的时代特色。那么,如何认识中国精神,又如何理解中国精神的铸就机制呢?

中国精神是一个博大精深的思想价值体系,包含思想观念、价值取向和社会心态等结构层次,是中国文化的精髓,也是中国社会赖以生存和发展的核心和灵魂。从中国精神的内在本质来看,它是中国区别于其他国家的文化标识和精神符号,具有标识性意义和价值。那么,中国精神是如何生成并发展的呢?是否一成不变呢?从马克思主义理论的视阈来看,中国精神必然受到国家政治、经济和文化状况的综合作用,在不同历史阶段呈现出不同的精神样态。[①]然而,无论中国精神如何演变,表现出怎样的形态,从根本上来说,它的内涵就是以爱国主义为核心的民族精神和以改革创新为核心的时代精神。2013年3月17日,习近平总书记在第十二届全国人大一次会议闭幕式上的重要讲话中指出:"实现中国梦必须弘扬中国精神。这就是以爱国主义为核心的民族精神,以改革创新为核心的时代精神。"[②]这就从中国道路精神支撑的角度对中国精神作了初步界定。换言之,中国精神融汇了民族精神与时代精神。

伟大人民必定铸就伟大民族精神。民族精神说到底是人的精神,它聚合与融合了该民族一代代人的精神,是人的精神的民族化国家化。2018年3月20日,习近平总书记在第十三届全国人大一次会议上的重要讲话中,回溯了数千年历史,热情讴歌和深刻阐述了中国人民在书写波澜壮阔的中华民族发展史、创造博大精深的中华文明进程中培育出来的历久弥新的中华民族精神。伟大的人民,伟大的民族,伟大的民族精神,是我们坚定"四个自信"的底气,也是我们风雨无阻、高歌行进的根本力量。

中华民族精神具有深厚的历史基础,它生成于中华民族五千年文明进步的历史中。学者颜晓峰认为,"民族精神是民族历史的结晶,民族历史的进程、波澜、积淀都会反映为精神形式,凝结为民族精神;民族精神是民族历史的一面镜子,民族历史的内涵、品格、特色都会在民族精神中留下印记、窥见一

---

① 温静:《中国梦视阈下当代中国精神的形塑与建构》,《教学与研究》2018年第1期,第54页。
② 习近平:《习近平谈治国理政》第1卷,外文出版社,2018,第40页。

斑。"①在中华民族发展的历史长河中,中华民族培育出了伟大的民族精神,这是中华民族的灵魂,也是中华民族生命力、凝聚力和创造力的不竭源泉。习近平总书记从伟大创造精神、伟大奋斗精神、伟大团结精神、伟大梦想精神四个方面,深刻揭示了伟大民族精神的丰富内涵。

中国人民始终辛勤劳作、发明创造。我国产生了老子、孔子、庄子、孟子、墨子、孙子、韩非子等闻名于世的伟大思想巨匠,发明了造纸术、火药、印刷术、指南针等深刻影响人类文明进程的伟大科技成果,创作了诗经、楚辞、汉赋、唐诗、宋词、元曲、明清小说等伟大文艺作品,传承了格萨尔王、玛纳斯、江格尔等震撼人心的伟大史诗,建设了万里长城、都江堰、大运河、故宫、布达拉宫等气势恢宏的伟大工程。由此,生成了伟大创造精神,这是中华民族最鲜明的禀赋。

中国人民始终革故鼎新、自强不息,开发和建设了祖国辽阔秀丽的大好河山,开拓了波涛万顷的辽阔海疆,开垦了物产丰富的广袤粮田,治理了桀骜不驯的千百条大江大河,战胜了数不清的自然灾害,建设了星罗棋布的城镇乡村,发展了门类齐全的产业,形成了多姿多彩的生活。由此,生成了伟大奋斗精神,这是中华民族披荆斩棘、战胜困难、走向胜利的重要法宝。

中国人民始终团结一心、同舟共济,建立了统一的多民族国家,发展了五十六个民族多元一体、交织交融的融洽民族关系,形成了守望相助的中华民族大家庭。特别是近代以后,在外来侵略寇急祸重的严峻形势下,中国各族人民手挽着手、肩并着肩,英勇奋斗、浴血奋战,打败了一切穷凶极恶的侵略者,捍卫了民族独立和自由,共同书写了中华民族保卫祖国、抵御外侮的壮丽史诗。由此,生成了伟大团结精神,这是战胜一切困难的强大力量,是凝聚人心、成就伟业的重要保证。

中国人民始终心怀梦想、不懈追求。我们不仅形成了小康生活的理念,而且秉持天下为公的情怀,盘古开天、女娲补天、伏羲画卦、神农尝草、夸父追日、精卫填海、愚公移山等中国古代神话深刻反映了中国人民勇于追求和实现梦想的执着精神。中国人民相信,山再高,往上攀,总能登顶;路再长,走下去,定能到达。近代以来,实现中华民族伟大复兴成为中华民族最伟大的梦

---

① 颜晓峰:《始终发扬伟大民族精神》,《解放军报》2018年4月11日,第7版。

想，中国人民百折不挠、坚忍不拔，以同敌人血战到底的气概、在自力更生的基础上光复旧物的决心、自立于世界民族之林的能力，为实现这个伟大梦想进行了180多年的持续奋斗。由此，生成了伟大梦想精神，这是中华民族历经磨难而屹立不倒、克服险阻而坚毅前行的精神支撑和强大动力。

人民有信仰，国家才有力量，民族才有希望。民族精神是一个民族赖以生存和发展的精神支撑，是一个民族生命力和凝聚力的重要体现。民族精神不是一成不变的，而是随着时代、实践的发展不断创新、丰富和完善，展现出时代性特征。从中国精神的价值来看，它不仅为个人的价值观念提供判断标准和衡量尺度，也为中国倡导社会主义核心价值观指明了精神方向。① 更进一步地说，中国精神是党和人民事业发展继往开来、稳固根基的精神支撑，它积淀于中华民族五千多年的历史文明，在中国共产党人带领中国人民在实现民族独立、国家富强、人民幸福的历史进程中得以丰富和发展，反映民族特色和时代特色的积极精神成果，是激励全体中华儿女实现中华民族伟大复兴的不竭精神动力。② 我们可以将中国精神形象而准确地比喻为凝心聚力的兴国之魂、强国之魂。中国精神之光，照耀着中国人民创造美好生活的奋斗道路。正如习近平总书记强调指出："中国人民在长期奋斗中培育、继承、发展起来的伟大民族精神，为中国发展和人类文明进步提供了强大精神动力。"③

在当代中国，各种样态的精神存在尽管都有其特殊的形成背景，其内涵也各不相同，但它们作为中国精神的具体表现形态，又都同实现中华民族伟大复兴的中国梦必然地联系在一起。这些在不同时期或者不同历史使命中形成的中国精神，其表现形态虽有个性和特殊性，不同形态之间却具有共性和恒久性，都集中体现着中国共产党人的理想信仰、价值追求和精神风貌，标示着中国共产党对中国精神的继承、弘扬和发展。有学者通过对中国共产党人精神谱系研究后发现，这一谱系在不同时期、不同领域的精神共性在于，以爱国主义为旗帜，以振兴民族为奋斗目标，以爱国奉献为追求，以历史担当为己任；其基本特征在于，传统与现实相结合，理论与实践相结合，长远目标与当前任务相结合，理想信念与艰苦奋斗相结合，党的领导与群众参与相结合。中国共产党人

---

① 张瑜：《理解中国精神的三重维度》，《思想理论教育》2018年第12期，第37页。
② 同上。
③ 习近平：《习近平谈治国理政》第3卷，外文出版社，2020，第140页。

精神谱系在内容上随着时代的进步不断发展，在涉及的领域和类型上还将不断充实完善。①生命至上、举国同心、舍生忘死、尊重科学、命运与共的伟大抗疫精神，就是中国精神的最新发展。它不是从天上掉下来的，也不是写文章写出来的，而是在中国共产党的领导下，中国人民用打赢疫情防控的人民战争、总体战、阻击战的艰苦拼搏谱写出来的，用"为有牺牲多壮志，敢教日月换新天"的英雄豪迈气概凝聚而成的。

（二）井冈山精神何以成为中国精神的重要组成部分？

认识了中国精神，那么井冈山精神同中国精神又是什么关系呢？这里要讲两句话：其一，井冈山精神是中国精神的有机组成和具体形式，也就是说，井冈山精神属于中国精神，是被包含和包含的关系；其二，井冈山精神是根植于中国精神的丰厚土壤之中而形成的，也就是说，井冈山精神的形成离不开中国精神。正如习近平总书记所指出："一个民族最深沉的精神追求，一定要在其薪火相传的民族精神中来进行基因测序。"②

伟大精神总是在历史进步中不断丰富，在灾难考验中不断升华。每个时代都有反映这个时代的精神。作为具有强大生命力的中国精神，它的积淀和凝练紧紧跟随着中国人民实践的脚步，从来没有停止，一刻也没有停歇。在这个历程中生成的井冈山精神，生动体现了中国精神这一品格。它是中国共产党在带领人民进行伟大社会革命进程中形成的中国共产党人精神谱系中的一种精神样态，也是中国精神历史性展开过程中具有承前启后意义的精神样态。

近代以来，中华民族遭受了前所未有的曲折、屈辱和磨难，在中国反抗西方资本掠夺和帝国主义侵略奴役的斗争中，中国人民的民族意识、国家意识日渐觉醒。面对"数千年未有之强敌"和"数千年未有之变局"，从农民英雄到地主阶级改革派，从资产阶级维新派到资产阶级革命派，或和平的改良、或流血的革命，都没有改变中国社会的命运。1921年诞生的中国共产党，毅然决然地接过历史的"接力棒"，紧紧依靠广大工农大众，领导人民进行新民主主

---

① 卢黎歌等：《试论中国精神谱系中的"西迁精神"及其教育价值》，《思想教育研究》2018年第3期，第134页。
② 习近平：《习近平谈治国理政》第1卷，外文出版社，2018，第265页。

义革命。从此，中华民族才逐步摆脱百余年的沉沦与屈辱，在血与火的革命实践中向民族复兴奋进。

伟大事业从来不是一帆风顺的。幼年的中国共产党，一度简单化理解马克思主义的暴力革命学说，中国革命因此遭受严重挫折。正是在这危急关头，以毛泽东、朱德为代表的老一辈无产阶级革命家审时度势，从实际出发，作出了"上井冈"这一具有深远历史意义的关键抉择，夯实了革命阵地、保存了革命力量、形成了革命道路，为实现中华民族伟大复兴奠定了坚实的基础。

井冈山斗争时期，以毛泽东同志为代表的中国共产党人，凭着对共产主义美好社会的不懈追求、对马克思主义科学真理坚定不移的信仰，排除党内外的种种干扰，战胜和克服了难以想象的困难，在湘赣边界建立了中国革命的第一块根据地，初步找到并探索了旨在实现民族独立、国家富强的中国特色革命道路，培育形成了以"坚定信念、艰苦奋斗，实事求是、敢闯新路，依靠群众、勇于胜利"为内涵的井冈山精神，展示中国人民前所未有的精神风貌，极大地增强了中华民族的自信心、自豪感。

井冈山精神是中华民族伟大复兴进程中形成的具有原创意义的精神形态。习近平总书记特别强调了民族的"根"与"魂"的关系，指出，丢了"根"和"魂"，就没有根基了。马克思曾指出："环境的改变和人的活动或自我改变的一致，只能被看做是并合理地理解为革命的实践"[①]。我们说，井冈山精神开辟了中国特色革命道路，是中国精神的重要源头，主要是从中国共产党做成"第一件大事"的角度进行概括的，而更本质的原因就在于井冈山精神是我国建立和建设社会主义的"根"和"魂"。在旧中国，从中国传统文化中滋养出来的"精神"归根结底是维护旧有统治者地位和利益的；中国共产党对此进行了改造和提升，其最大特色就是将其与马克思主义理论相结合，使其具有了追求共产主义理想的价值意蕴。毫无疑问，井冈山精神是中国精神形成和发展中具有开创意义的源头，也是中国道路得以形成和发展、中国力量得以壮大和保持的宝贵精神财富。

我们要从历史的维度来看问题，井冈山精神在生成和发展过程中，至少有两条主线索需要我们把握：一是井冈山精神始终善于从中华优秀传统文化中

---

① 马克思、恩格斯：《马克思恩格斯文集》第1卷，人民出版社，2009，第500页。

汲取营养和智慧,延续文化基因,萃取思想精华,同中华民族长期形成的特质禀赋和文化基因一脉相承;二是井冈山精神始终善于不断地从新民主主义革命时期、社会主义革命和建设时期形成的中国精神中汲取滋养,并在实践中进行融合,产生新的精神样态。[①]从这个意义上说,井冈山精神就是中国精神的具体表现、生动诠释,展示了中国精神的历史传承方式和现实承载路径。同时,中国精神是由各个时代的文化精髓积淀而成的有机整体,是一个系统、完整、前后承接的宏大体系,是基于不同发展阶段而形成的相互贯通又有独特个性的精神体系;井冈山精神则是部分,同其他各种具体的精神样态一样,同属于中国精神,是中国共产党人精神谱系中的有机构成部分,丰富了民族精神和时代精神的内涵。

[①] 王刚、李懋君:《长征精神》,中共党史出版社,2017,第196页。

第五章 05

井冈山精神的时代价值

  井冈山精神以其丰富深刻的历史底蕴、光辉卓绝的道德典范、自强不息的进取精神,奠定了中国共产党革命精神的坚实基础,成为中国共产党革命精神的重要源头。"精神是一个民族赖以长久生存的灵魂,唯有精神上达到一定的高度,这个民族才能在历史的洪流中屹立不倒、奋勇向前。"[1]长期以来,中国共产党人高度重视精神的力量和作用,并就井冈山精神的继承和弘扬提出明确要求。毛泽东曾指出:"井冈山革命精神不要丢了!"邓小平明确指出:"井冈山精神是宝贵的,应当发扬。"[2]"井冈山精神丢不得!"[3]江泽民也指出:"井冈山光荣的革命传统一天也不能忘掉。"胡锦涛则指出:"中国革命的胜利离不开井冈山精神,实行改革开放,建设有中国特色的社会主义,同样需要发扬井冈山精神。"党的十八大以来,习近平

---

[1] 习近平:《习近平谈治国理政》第2卷,外文出版社,2017,第47-48页。
[2] 中共中央文献研究室:《回忆邓小平》下册,中央文献出版社,1998,第199页。
[3] 井冈山革命博物馆:《中国革命摇篮井冈山》,人民出版社,2004,第96页。

总书记高度重视井冈山精神弘扬和传承，并明确指出，井冈山时期留给我们最为宝贵的财富，就是跨越时空的井冈山精神。今天，我们要结合新的时代条件，坚持坚定执着追理想、实事求是闯新路、艰苦奋斗攻难关、依靠群众求胜利，让井冈山精神放射出新的时代光芒。

一、井冈山精神具有跨越时空的价值

时代变迁,精神不灭。在新的时代条件下,井冈山精神跨越时空,仍然是党和人民事业发展的重要精神支撑。在中国共产党带领中国人民进行伟大社会革命的一百多年历史进程中,井冈山精神不断同时代特征相结合而展示出鲜明的时代特色,保持着生机活力。精神可以变物质,精神的力量可以转化为物质的力量。强大的精神力量不仅可以促进物质力量的发展,而且可以使一定的物质力量发挥出更好更大的作用。中国特色社会主义进入新时代,"我们要建设的社会主义现代化强国,不仅要在物质上强,更要在精神上强。精神上强,才是更持久、更深沉、更有力量的。"①当今世界百年未有之大变局加速演进,中国特色社会主义新时代蓬勃展开,更加需要科学理性、昂扬向上的精神状态。从这个意义上说,传承和弘扬井冈山精神,是新时代坚持和发展中国特色社会主义的必然要求。

(一)有助于坚定理想信念

坚定执着追理想是井冈山精神的重要内涵,它为新时代筑牢理想信念之基、补好精神之"钙"提供了丰厚的精神滋养。伟大的精神能产生伟大的力量。精神意志有着改变世界的力量。这种力量是无穷尽的,引领人昂扬向上,感召人发愤图强,激励人勇毅前行。信仰是人类特有的精神活动和最高层次的精神追求,也是支配人的行为的精神力量。崇高信仰始终是中国共产党人的强大精神支柱。中国共产党人的信仰体系,不仅包括对马克思主义的信仰,而且包括对共产主义远大理想和中国特色社会主义共同理想的信念。习近平总书记强调指出:"对马克思主义的信仰,对社会主义和共产主义的信念,是共产党

---

① 习近平:《习近平谈治国理政》第3卷,外文出版社,2020,第337页。

人的政治灵魂,是共产党人经受住任何考验的精神支柱。"①崇高信仰的形成并非一日之功,中国共产党人在学习和掌握马克思主义立场、观点、方法的基础上,经过实践淬炼、观察思考,才能真正确立马克思主义信仰。新时代,我们要大力弘扬井冈山精神,不断筑牢理想信念之基,树立崇高理想。

崇高的理想,坚定的信念,是中国共产党人、中国工农红军在井冈山斗争中坚守的政治灵魂和精神支柱。在井冈山革命斗争时期,共产主义远大理想激励着中国共产党人英勇奋斗。面对大革命失败、南昌起义失败、秋收起义受挫,面对"红旗到底打得多久"的迷茫和质疑,尽管有人悲观失望、不辞而别甚至叛变投敌,但中国共产党人依然高擎革命火炬前行,坚信"星星之火,可以燎原",充满必胜信心,"敌军围困万千重,我自岿然不动",为共产主义奋斗终身。井冈山斗争时期,红军指战员在脖颈上系有名为"牺牲带"的红带子,宣誓"为主义而牺牲"。井冈山革命斗争时期,有4.8万余人牺牲,平均每天近60人献出生命……

理想信念的坚定,来自思想理论的坚定,来自追求真理、遵循规律、代表最广大人民根本利益。这一时期,毛泽东同志写出了《中国的红色政权为什么能够存在?》《井冈山的斗争》等光辉著作,从理论探索到实践总结,科学地阐明红色政权的产生、存在并且日益发展是无疑和必然的。毛泽东曾回忆说:"当着一九二七年冬天至一九二八年春天,……井冈山的同志们中有些人提出'红旗到底打得多久'这个疑问的时候,我们就把它指出来了(湘赣边界党的第一次代表大会)。因为这是一个最基本的问题,不答复中国革命根据地和中国红军能否存在和发展的问题,我们就不能前进一步。"②在湘赣边界党的第一次代表大会上,毛泽东从理论上回答"中国的红色政权为什么能够存在?"的问题。在龙岩古田,毛泽东针对农村环境中如何保持党和红军的先进性问题,回答红旗到底打得多久的疑问。理想信念,在井冈山革命斗争实践中迸发出不竭的精神力量,极大地推动了中国革命事业的发展。

理想之光不灭,信念之光不灭。正是坚信"试看将来的环球,必是赤旗的

---

① 中共中央文献研究室编《十八大以来重要文献选编》上册,中央文献出版社,2014,第80页。

② 毛泽东:《毛泽东选集》第1卷,人民出版社,1991,第188页。

世界"，共产党人从嘉兴南湖的红船上扬帆起航，由寥寥数人的星星之火燃成燎原之势；正是坚信"只要跟党走，一定能胜利"，红军战士以理想信念激发出惊人的力量，用草鞋丈量雪山草地，保存了革命的火种；正是坚信"砍头不要紧，只要主义真"，革命志士面对敌人的残酷迫害，缄口不言、从容饮弹。实际上，在中国革命、建设、改革开放和新时代各个历史时期，都有无数共产党员为了党和人民的事业英勇牺牲，支撑着他们的就是"革命理想高于天"的精神力量。邓小平说："过去我们党无论怎样弱小，无论遇到什么困难，一直有强大的战斗力，因为我们有马克思主义和共产主义的信念。有了共同的理想，也就有了铁的纪律。无论过去、现在和将来，这都是我们的真正优势。"[①]新时代弘扬井冈山精神，就是要坚定理想信念、补好精神之钙。

坚定理想信念，坚守共产党人精神追求，始终是共产党人安身立命的根本。[②]形象地说，理想信念就是共产党人精神上的"钙"，没有理想信念，理想信念不坚定，精神上就会"缺钙"，就会得"软骨病"，就会在风雨面前东摇西摆。对党员、干部来说，思想上的滑坡是最严重的病变，"总开关"没拧紧，不能正确处理公私关系，缺乏正确的是非观、义利观、权力观、事业观，各种出轨越界、跑冒滴漏就在所难免了。理想信念动摇是最危险的动摇，理想信念滑坡是最危险的滑坡。这更加凸显了新时代弘扬井冈山精神、筑牢广大党员干部理想信念之基的极端重要性。

当前，世界处于百年未有之大变局，中华民族伟大复兴的关键时期，两者同步交织、相互激荡。我们要更加自觉地把理想信念作为照亮前路的灯、把准航向的舵，转化为对奋斗目标的执着追求、对本职工作的不懈进取、对高尚情操的笃定坚持、对艰难险阻的勇于担当。坚定理想信念，就要从包括井冈山精神在内的中国共产党革命精神中汲取营养和力量。井冈山精神依然是中国共产党人不断前进、不断发展中国特色社会主义的强大动力源泉。只要不断用井冈山精神坚定广大党员走社会主义道路、为共产主义事业奋斗终身，永远把井冈山的红旗打下去，坚定社会主义制度战胜资本主义制度的决心和坚持社会主义不可战胜的信念，积极引导广大党员探索中国特色社会主义建设道路的途径、

---

① 邓小平：《邓小平文选》第3卷，人民出版社，1993，第144页。
② 习近平：《习近平谈治国理政》第1卷，外文出版社，2018，第15页。

特色和规律，即使国际风云变幻、共产主义出现低潮，党的事业也将永远立于不败之地。

【延伸阅读】

图5-1　真理的味道非常甜

2012年11月29日，习近平总书记带领十八届中共中央政治局常委到国家博物馆参观《复兴之路》展览时，讲述了陈望道翻译《共产党宣言》的故事：

一天，一个小伙子在家里奋笔疾书。妈妈在外面喊着说："你吃粽子要加红糖水，吃了吗？"他说："吃了吃了，甜极了。"老太太进门一看，这个小伙子埋头写书，嘴上全是黑墨水。结果吃错了，他旁边一碗红糖水，他没喝，把那个墨水给喝了；但是他浑然不觉啊，还说，"可甜了，可甜了。"这人是谁呢？就是陈望道。他当时在浙江义乌的家里，就是写这本书（翻译《共产党宣言》——编者注）。于是由此就说了一句话：真理的味道非常甜。

1920年5月，陈望道将《共产党宣言》中文全译本稿带至上海，交由陈独秀和李汉俊校阅，并于8月在上海印刷出版。从此，《共产党宣言》在中国得到广泛传播，产生了深远影响。

（二）有助于永葆政治本色

中华民族历来有艰苦奋斗的精神，而井冈山时期我们党把艰苦奋斗上升为自己的政治本色，并发展固化为我们党的优良传统与作风。习近平总书记曾指出："抓改进工作作风，各项工作都很重要，但最根本的是要坚持和发扬艰苦奋斗精神。……能不能坚守艰苦奋斗精神，是关系党和人民事业兴衰成败的大事。"[①]奋斗是中国共产党人永恒的主题，要实现共产主义，中国共产党人必须努力带领人民奋斗。艰苦奋斗攻难关是井冈山精神的基石，新时代弘扬井冈山精神有助于弘扬艰苦奋斗精神，永葆共产党人的政治本色，矢志不渝为党和人民的事业而不懈奋斗。

井冈山斗争就是在敌人"围剿"和封锁的条件下进行的，是在艰难困苦中奋勇前进的。面对艰险的自然环境、艰苦的生活条件、恶劣的斗争环境，根据地军民大力发扬不畏艰难、自力更生、勇于斗争的奋斗精神，依靠群策群力、自力更生，因陋就简、就地取材、同甘共苦，战胜了一个个困难。艰苦奋斗成为井冈山军民的精神共识。正如习近平总书记所指出的，艰苦奋斗攻难关是我们党的政治本色和优良传统，也是井冈山精神的基石。

井冈山革命斗争时期，艰苦奋斗是中国共产党为了拯救中国革命而开展的主动、自觉的奋斗。红军的故事，无不凝聚着共产党人艰苦奋斗的本色、勤俭节约的美德和廉洁奉公的操守。当时，毛泽东率领工农革命军到达井冈山后，面临着粮食短缺、缺衣少被、药品匮乏、军事困难等各种各样艰苦的生存条件，"有时真是到了极度"。毛泽东曾指出："每天除粮食外的五分钱伙食费都感到缺乏，营养不足，病的甚多，医院伤兵，其苦更甚。"[②]但是，根据地军民"在艰苦的斗争中不出怨言"[③]。"野菜很苦，但有丰富的政治营养"，这就是我们党领导人民在面对艰苦条件时发出的革命宣言，也是井冈山精神的写照。为

---

① 中共中央纪律检查委员会、中共中央文献研究室编《习近平关于党风廉政建设和反腐败斗争论述摘编》，中央文献出版社、中国方正出版社，2015，第70页。
② 毛泽东：《毛泽东选集》第1卷，人民出版社，1991，第53页。
③ 同上书，第64页。

了克服困难，根据地军民自力更生、艰苦奋斗，通过组织妇女农耕队，实行耕牛和农具互助，颁布法律法规等，大力发展农业生产；通过恢复和开辟红色圩场，设立公卖处，开办工厂等，进行了卓有成效的经济斗争和经济建设，千方百计打破敌人的封锁；等等。更为重要的是，根据地军民始终保持高昂的革命斗志，前赴后继、英勇杀敌，取得了新城战斗、五斗江战斗、草市坳战斗、龙源口大捷、永新困敌、黄洋界保卫战等一次又一次胜利，谱写了一曲艰苦奋斗的壮丽之歌。

今天，我们所取得的一切成就，不是天上掉下来的，更不是别人恩赐施舍的，而是全党全国各族人民用勤劳、智慧、勇气干出来的，是一代又一代中国共产党人同中国人民接续奋斗的结果。奋斗是艰辛的，艰难困苦、玉汝于成，没有艰辛就不是真正的奋斗。我们要勇于在艰苦奋斗中净化灵魂、磨砺意志、坚定信念。奋斗是长期的，前人栽树、后人乘凉，伟大事业需要几代人、十几代人、几十代人持续奋斗。奋斗是曲折的，"为有牺牲多壮志，敢教日月换新天"，要奋斗就会有牺牲，我们要始终发扬大无畏精神和无私奉献精神。奋斗者是精神最富足的人，也是最懂得幸福、最享受幸福的人。

"历览前贤国与家，成由勤俭败由奢。"艰苦奋斗是理想信念的外化，它意味着人们为了信仰而放弃个人利益得失的简单计算，是中国人民的义利观和中华民族的传统美德，也是井冈山精神科学内涵的重要内容。在井冈山斗争时期，条件十分艰苦，国民党军队对井冈山革命根据地反复地进行进攻和严密封锁，军民的生产和生活条件无时不在紧张之中；但就是在这样严酷的斗争环境中，井冈山军民自力更生、艰苦创业，领导干部身先士卒、榜样示范，带领广大军民战胜一个又一个困难，赢得了胜利。今天回过头来看，在革命战争年代，中国共产党之所以能够取得胜利，一个重要的原因就是一直保持着艰苦奋斗优良作风。从这个意义上来说，中国共产党自诞生之日起，就把艰苦奋斗精神作为自己的鲜明作风。一部党史，就是一部党的艰苦奋斗史。在中国共产党一百多年奋斗史中，逐步砥砺形成了艰苦奋斗的政治本色。

新时代是奋斗者的时代。我们要坚持把人民对美好生活的向往作为我们的奋斗目标，始终为人民不懈奋斗、同人民一起奋斗，切实把奋斗精神贯彻到进行伟大斗争、建设伟大工程、推进伟大事业、实现伟大梦想全过程，形成竞相奋斗、团结奋斗的生动局面。中国共产党人的初心和使命，就是为中国人民谋幸福、为中华民族谋复兴。正是在一代又一代中国共产党人的艰苦奋斗中，党和人民的事业不断开辟新境界，中国特色社会主义进入了新时代。这意味着中华民族迎来了从站起来、富起来到强起来的伟大飞跃，意味着中华民族站在了一个新的历史起点上，迎来了实现伟大复兴的光明前景。同时，当代中国共产党人肩负的使命任务更加艰巨繁重，使命也更加光荣伟大。今天，我们比历史上任何时期都更接近、更有信心和能力实现中华民族伟大复兴的目标。实现中华民族伟大复兴决不会一帆风顺，我国发展面临的国际国内环境发生深刻复杂变化，更加需要弘扬井冈山精神，继承艰苦奋斗的优良作风，才能把实现中华民族伟大复兴中国梦的伟大目标变为现实。习近平总书记明确指出，历史是人民创造的，中国的发展成就是中国人民用自己的双手创造的，是一代又一代中国人顽强拼搏、接力奋斗创造的。中国人民拥有伟大梦想，更拥有为实现伟大梦想而吃苦耐劳、实干苦干的伟大精神。全党一定要保持艰苦奋斗、戒骄戒躁的作风，以时不我待、只争朝夕的精神，把艰苦奋斗精神一代一代传承下去，奋力走好新时代的长征路。

（三）有助于站稳人民立场

人民是历史的创造者、真正的英雄，也是党的力量之源、胜利之本。党从诞生之时就认识到，"党的一切运动都必须深入到广大的群众里面去"[1]，"中国革命运动的将来命运，全看中国共产党会不会组织群众"[2]。相信人民群众、依靠人民群众，是共产党人在井冈山斗争时期的安身立命之本。党从踏上井冈山那一刻起，就认识到工农武装割据应当是"群众的割据"，因为"群众的割据出于群众自身的要求，群众武装起来驱逐他的敌人，自行管理区域的大小事件，这样的割据，敌人是不能消灭的"[3]。井冈山革命斗争时期，党领导

---

[1] 中共中央文献研究室编《建党以来重要文献选编（1921—1949）》第1册，中央文献出版社，2011，第162页。
[2] 中共中央文献研究室编《建党以来重要文献选编（1921—1949）》第2册，中央文献出版社，2011，第522页。
[3] 中共中央文献研究室编《建党以来重要文献选编（1921—1949）》第6册，中央文献出版社，2011，第476页。

工农红军深深扎根于人民群众之中，建立起水乳交融的党群关系，凝聚起众志成城的磅礴力量，为中国革命提供了强大的力量之源。习近平总书记深刻总结井冈山斗争实践并指出，紧紧团结群众、依靠群众，是井冈山革命根据地创建和发展的重要法宝。

为了广泛发动人民群众，毛泽东深入群众中开展社会调查，完成了《永新调查》和《宁冈调查》两个系统的调查报告，对当地群众的革命斗争、经济生活、土地分配等进行了全面和深入的分析思考。在调查摸底和发动群众的基础上，颁布井冈山《土地法》，深入开展土地革命，使广大农民得到了梦寐以求的土地，农村社会生产力得以解放，群众的革命热情被激发出来，甚至出现了"人人争着当红军"的局面。除了从根本利益上解决农民的土地问题外，党还将人民群众的一切冷暖放在心上，采取各种有力措施，切实解决群众日常生活中的疾苦和困难。"红军打仗是为大多数的工农劳苦群众谋解放"[1]。为了做好群众工作，党还制定了"分兵以发动群众，集中以应付敌人"[2]的政策，强调红军不是单纯地为了打仗而打仗，"而是为了宣传群众、组织群众、武装群众，并帮助群众建设革命政权才去打仗的"[3]。在这一系列政策保障下，我们党成功地把千百万人民群众组织和团结在自己的周围，与根据地群众保持最密切的联系。这成为在任何艰难困苦面前始终立于不败之地的根本保证，党与人民一道谱写了"早已森严壁垒，更加众志成城"的不朽篇章。

井冈山斗争时期，我们党和红军把"做群众工作"作为红军的三大任务之一，与人民群众保持密切联系，形成了鱼水相依、血肉相连的党群关系、军民关系。正是因为这种始终依靠群众、相信群众，真心实意地为群众谋利益的为民情怀，我们党和红军才能在频繁激烈、艰难困苦的战争环境下取得一个又一个伟大胜利。新时代弘扬井冈山精神，就是要不忘初心、牢记使命，把人民对美好生活的向往作为我们的奋斗目标。党的十八大以来，习近平总书记多次强调，"中国共产党坚持执政为民，人民对美好生活的向往就是我们的奋斗目

---

[1] 中共中央文献研究室编《毛泽东年谱（1893—1949）（修订本）》上卷，中央文献出版社，2013，第364页。
[2] 毛泽东：《毛泽东选集》第1卷，人民出版社，1991，第104页。
[3] 同上书，第86页。

标。我的执政理念,概括起来说就是:为人民服务,担当起该担当的责任。"[①]这些重要论述深刻阐明了我们党所做的一切就是让中国人民过上美好生活,让老百姓幸福。我们党肩负的责任重大,任何时候都不能有一劳永逸、可以歇歇脚的想法,必须坚定不移、坚忍不拔、坚持不懈,不断把为人民造福的事业推向前进。

人民立场是中国共产党的根本政治立场,是马克思主义政党区别于其他政党的显著标志。党与人民风雨同舟、生死与共,始终保持血肉联系,是党战胜一切困难和风险的根本保证。我们党来自人民、扎根人民、造福人民,全心全意为人民服务是党的根本宗旨,要以坚定的理想信念坚守初心,牢记人民对美好生活的向往就是我们的奋斗目标,时刻不忘我们党来自人民、根植人民,永远不能脱离群众、轻视群众、漠视群众疾苦。中国特色社会主义进入新时代,党的群众工作面临着新形势、新挑战。正如1956年邓小平在党的八大上所作的报告中指出:"执政党的地位,很容易使我们同志沾染上官僚主义的习气。脱离实际和脱离群众的危险,对于党的组织和党员来说,不是比过去减少而是比过去增加了。"[②]习近平总书记指出,我们党的最大政治优势是密切联系群众,党执政后的最大危险是脱离群众。人民是中国共产党执政的最大底气。我们必须结合新的时代条件,不忘初心、牢记使命,把坚持以人民为中心转化为清醒的理论自觉、坚定的政治信念、科学的思维方法,落实到各项决策部署和实际工作之中,贯彻到党和国家事业发展的各方面,体现在新时代坚持和发展中国特色社会主义的伟大实践中。

一是必须坚持人民主体地位。人民群众是社会生产力、社会生活和社会历史的主体。坚持人民主体地位就是对马克思主义基本原理的坚持和运用,就要保证人民当家做主,坚持党的领导、人民当家做主、依法治国的有机统一。要健全人民当家做主制度体系,坚持和完善人民代表大会制度、中国共产党领导的多党合作和政治协商制度、民族区域自治制度、基层群众自治制度,巩固和发展最广泛的爱国统一战线,发展社会主义协商民主,把人民当家做主落实到国家政治生活和社会生活之中。

---

① 习近平:《习近平谈治国理政》第1卷,外文出版社,2018,第101页。
② 邓小平:《邓小平文选》第1卷,人民出版社,1994,第214页。

二是必须坚持立党为公、执政为民。为什么人、靠什么人的问题，是检验一个政党、一个政权性质的试金石。广大党员干部要把人民群众的利益始终放在心中最高位置，虚心向群众学习，真心对群众负责，热心为群众服务，诚心接受群众监督。要拜人民为师、向实践学习，放下架子、扑下身子，接地气、通下情，深入开展调查研究，切实把群众面临的问题发现出来，把群众的意见反映上来，把群众创造的经验总结出来；要把人民拥护不拥护、赞成不赞成、高兴不高兴、答应不答应作为衡量一切工作得失的根本标准，使我们党始终拥有不竭的力量源泉。

三是必须把党中央决策部署落到实处。坚持以人民为中心，不能只停留在口头上、止步于思想环节，而要体现在经济社会发展各个环节。要牢固树立新发展理念，重点解决好为什么人、由什么人享有的根本问题；要推动高质量发展，加快形成新发展格局，着力解决发展不平衡不充分问题；要全面深化改革，调动人民群众的积极性、创造性，实现人民最广泛的民主；要坚持以人民为中心的创作导向，在深入生活、扎根人民中进行无愧于时代的文艺创作；要提高保障和改善民生水平，不断满足人民日益增长的美好生活需要，不断促进社会公平正义；要加强生态文明建设、建设美丽中国，提供更多优质生态产品以满足人民日益增长的优美生态环境需要；要推进党的建设新的伟大工程，始终保持党同人民群众的血肉联系，从群众中汲取无穷的智慧和力量。

四是必须逐步实现共同富裕。共同富裕，是马克思主义的一个基本目标，反映了社会主义的本质要求，体现了以人民为中心的根本立场。实现共同富裕是我们党的重要使命，要根据现有条件把能做的事情尽量做起来。习近平总书记强调："必须始终把人民利益摆在至高无上的地位，让改革发展成果更多更公平惠及全体人民，朝着实现全体人民共同富裕不断迈进。"[①] "我们要着力提升发展质量和效益，更好满足人民多方面日益增长的需要，更好促进人的全面发展、全体人民共同富裕。"[②] 坚持以人民为中心，就要让"实现全体人民共同富裕"在广大人民现实生活中更加充分体现出来。

---

① 习近平：《习近平谈治国理政》第3卷，外文出版社，2020，第35页。
② 同上书，第133页。

（四）有助于坚定文化自信

弘扬井冈山精神，有利于坚定文化自信。中华民族是一个拥有五千多年优秀文化传统的伟大民族，中华文化是中华民族最清晰的精神标识，是流淌在亿万中华儿女内心最热腾的精神血液，是支撑中华民族屹立世界民族之林最顽强的精神脊梁。改革开放四十多年来，因国家发展的现实需要，中华文化获得了开放式发展机会。伴随着经济全球化浪潮，多元文化交流碰撞必然会随之兴起。在全球化、市场经济的冲击以及西方形形色色价值观念的影响下，外来文化不可避免地浸入中国大地，有些中国人"食洋不化""以洋为尊""以洋为美""唯洋是从"，热衷于"去思想化""去价值化""去历史化""去中国化""去主流化"，以在国外发表、在国外获奖、在国外扬名作为自己的追求。无数历史经验表明，一个否定和背叛自身历史文化传统的国家和民族，其结局必然是悲剧性的。因此，中国人民必须坚定文化自信，这是实现强国战略和中华民族伟大复兴中国梦的精神条件、前提条件。作为一个中国人，首先要有文化自觉，即要对中华文化拥有基本的认知和认同。没有这种基本的认知和认同，就容易产生文化自卑心理，从而成为外国文化的俘虏，成为文化意义上的"香蕉人"（外面黄，里面白）。克服文化自卑心理的第一步是不断学习，只有获得在五千多年文明发展中孕育的中华优秀传统文化、在党和人民伟大斗争中孕育的革命文化和社会主义先进文化的基本认知，由认知发展为认同，增强中华文化定力，才能有效地抵御文化入侵。弘扬包括井冈山精神在内的中国共产党革命精神，是坚定革命文化自信的题中之义，必将为中国人民坚定文化自信注入强大的红色基因，补足精神之钙。

弘扬井冈山精神，有利于公民道德建设。改革开放四十多年来，我国经济社会获得飞速发展，广大人民群众的物质生活、精神生活极大地丰富了；但是，随着改革开放事业的深入发展，有些问题也随之暴露出来。《公民道德建设实施纲要》明确指出："社会的一些领域和一些地方道德失范，是非、善恶、美丑界限混淆，拜金主义、享乐主义、极端个人主义有所滋长，见利忘义、损公肥私行为时有发生，不讲信用、欺骗欺诈成为社会公害，以权谋私、腐化堕落现象严重存在。这些问题如果得不到及时有效解决，必然损害正常的经济和社会秩序，损害改革发展稳定的大局，应当引起全党全社会高度重视。"面对公民道德中存在的一些问题，务须高度重视对全党全国人民的中国革命史教育，大力弘扬中国共产党革命精神，通过续接、传承革命传统，彰显中国社会的红色底蕴，提高全党全国人民抵御封建主义、资本主义腐朽文化的能力和自觉性，有效加强社会主义道德建设，确保社会主义中国永不变色。在井冈山时期形成的传统美德是党领导人民在长期革命斗争与建设实践中形成的传统美德的重要组成部分。"坚定执着追理想，实事求是闯新路，艰苦奋斗攻难关，依靠群众求胜利"的井冈山精神，是"解放思想、实事求是，与时俱进、勇于创新，知难而进、一往无前，艰苦奋斗、务求实效，淡泊名利、无私奉献"时代精神的高度体现。时代精神是对革命精神的继承和发展，因此，弘扬包括井冈山精神在内的中国共产党革命精神，是弘扬时代精神的应有之义和必然要求。

弘扬井冈山精神，有利于铸魂育人。 习近平总书记深刻指出："我们党立志于中华民族千秋伟业，必须培养一代又一代拥护中国共产党领导和我国社会主义制度、立志为中国特色社会主义事业奋斗终身的有用人才。在这个根本问题上，必须旗帜鲜明、毫不含糊。这就要求我们把下一代教育好、培养好，从学校抓起、从娃娃抓起。在大中小学循序渐进、螺旋上升地开设思想政治理论课非常必要，是培养一代又一代社会主义建设者和接班人的重要保障。"[1]这是对"培养什么人、怎样培养人、为谁培养人"这个根本问题的科学回答。因此，要加强对广大青少年学生的思想政治教育，特别要提高思想政治理论课教学质量，就必须深入推进革命文化进教材、进课堂、进校园，将革命精神融入思想政治理论课和思想政治教育全过程。要通过井冈山精神"三进"，让广大青少年熟悉井冈山时期中国共产党人是怎样领导根据地军民坚定执着追理想、实事求是闯新路、艰苦奋斗攻难关、依靠群众求胜利的，努力用历史事实教育人、用真情实感打动人、用真理力量说服人，让青少年真正认识到：理想信念的引领力量、实事求是的科学方法、艰苦奋斗的顽强作风、依靠群众的磅礴伟力是可亲可感可信的，这种集体主义、爱国主义、社会主义教育是有血有肉有灵魂的。当然，将包括井冈山精神在内的中国革命精神融入思想政治理论课和

---

[1] 习近平：《习近平谈治国理政》第3卷，外文出版社，2020，第328-329页。

思想政治教育全过程，要做到与新时代的学生听读习惯、听读兴趣相结合，增强吸引力和感染力。

二、实现中华民族伟大复兴中国梦的精神支撑

实现中华民族伟大复兴是近代以来中国人民最伟大的梦想，凝聚着中国共产党人的集体智慧，揭示了中华民族的历史命运和当代中国的发展走向。艰难困苦，玉汝于成。今天，我们比历史上任何时期都更接近、更有信心和能力实现中华民族伟大复兴的目标。"行百里者半九十"。中华民族伟大复兴绝不是轻轻松松、敲锣打鼓就能实现的，我们必须准备付出更为艰巨、更为艰苦的努力。习近平总书记明确指出："实现中国梦，必须弘扬中国精神。"①井冈山精神是增强道路自信、走好中国道路的中国精神的重要组成部分，是培育精神家园、弘扬中国精神的宝贵财富，是坚持群众路线、凝聚中国力量的重要法宝。一句话，实现中华民族伟大复兴中国梦，必须有包括井冈山精神在内的中国共产党革命精神、中国精神提供的强有力支撑。面对严峻复杂的形势，更加需要

图5-2　中国梦宣传海报

---

① 习近平：《习近平谈治国理政》第1卷，外文出版社，2018，第56页。

从包括井冈山精神在内的中国共产党革命精神、中国精神中汲取力量,以不达目标决不罢休的刚强意志,顽强斗争、化危为机,引领"中华号"复兴巨轮行稳致远。

(一)走好中国道路的精神定力

道路问题是关系党的事业兴衰成败第一位的问题,道路就是党的生命。井冈山道路是马克思主义中国化的经典之作。20世纪20—30年代,以毛泽东同志为代表的中国共产党人坚持不唯上、不唯书、只唯实的精神,立足中国革命现实,把马克思主义基本原理同中国革命具体实际相结合,在井冈山革命斗争中开始了对中国特色革命道路的早期探索,走出了一条"本本"上没有的新路。"这是世界各国从来没有的事"。"这种奇事的发生"[①],是中国共产党人实事求是、艰难探索的结果。毛泽东同志总结井冈山斗争的丰富经验,并从理论上进行科学概括,提出了关于中国革命道路、政权建设、党的建设、人民军队建设等一系列重要思想,为毛泽东思想形成和发展奠定了基础,实现了马克思主义中国化的理论开篇。正如习近平总书记所指出的,实事求是、敢闯新路,是井冈山精神的核心。

井冈山斗争时期,以毛泽东同志为代表的中国共产党人善于"从斗争中创造新局面",敢于开辟前人没有走过的路。毛泽东同志基于井冈山斗争的伟大实践,对中国革命道路进行了深入探索,阐述了"星星之火,可以燎原"的历史必然性,指明了中国革命的发展方向。这一时期,我们党独辟蹊径,从农民占绝大多数的农业大国的实际出发,形成了"以农村为中心"的革命道路思想。我们党总结井冈山革命斗争经验,提出和发展了"思想建党""党指挥枪""支部建在连上""官兵平等"等建党建军思想。我们党还打破了敌人多次"进剿""会剿",在武装斗争、土地革命、根据地建设等方面进行了一系列成功的实践。这些探索和创新,马克思主义经典作家没有相关论述,国际共产主义运动没有现成经验,这彰显了中国共产党人坚持实事求是、敢闯新路的精神品质。正如邓小平曾指出的,"中国革命为什么能取得胜利?就是以毛泽东同

---

① 毛泽东:《毛泽东选集》第1卷,人民出版社,1991,第48页。

志为首的中国共产党人，独立思考，把马列主义的普遍原理同中国的具体情况相结合，找到了适合中国情况的革命道路、形式和方法。"①

可以说，井冈山根据地从初创到全盛，每一步的成功与胜利，都蕴含着"敢闯新路"的勇气、智慧和追求。井冈山道路就是中国共产党人在大革命失败的白色恐怖中"闯"出来的；但这并不是盲目冒险，而是在正确的革命理论指导下的理性的革命行动。毛泽东基于对中国红色政权为什么能够存在的重大命题的思考，科学分析了红色政权发展的客观规律，深刻总结了井冈山斗争经验，以马克思主义者的远见卓识回答了"红旗到底打得多久"的疑问，形成了"星星之火，可以燎原"的著名论断。从此，中国共产党人坚定不移地走在井冈山革命根据地开辟的以农村包围城市、最后夺取全国胜利的正确道路上，为创建人民当家做主的新中国而不懈努力奋斗。

道路关乎国家前途、民族命运、人民幸福。中华民族伟大复兴，关键在于道路的正确选择。在实现中华民族伟大复兴中国梦的伟大征程上，以毛泽东同志为代表的中国共产党人开辟了革命新道路，开创了马克思主义中国化，创建了新中国，实现了从半殖民地半封建社会到民族独立、人民当家做主新社会的历史性转变，从新民主主义革命到社会主义革命和建设的历史性转变，开启了在社会主义条件下全面实现现代化的新征程，为开创中国特色社会主义提供了宝贵经验、理论准备和物质基础。这一切为形成中国特色社会主义道路提供了基础，激励着中国共产党人不断丰富和发展中国特色社会主义道路。中国道路是中国人民在新民主主义革命和社会主义建设、改革开放及新时代发展过程中选择、探索和坚持社会主义道路过程中的智慧结晶，也是实现中华民族伟大复兴伟大征程中所积累起来的实践成果。

中国特色社会主义道路是实现中华民族伟大复兴中国梦的必由之路。井冈山精神给我们最大的启示就是，要以科学的态度对待马克思主义，坚持科学社会主义基本原则，坚信社会主义必将不断从胜利走向胜利，沿着正确的道路坚定前行。井冈山革命斗争时期，在极端险恶的自然环境和白色恐怖弥漫的社会环境下，中国共产党人和根据地军民坚信红色政权犹如"光芒四射喷薄欲出的

---

① 邓小平：《邓小平文选》第3卷，人民出版社，1993，第27页。

一轮朝日"①。正是凭借着这样的自信，中国共产党人推动中国革命不断发展壮大，使星星之火燃成燎原之势。改革开放及新时代以来的历史和实践充分证明，中国特色社会主义道路是实现社会主义现代化的必由之路，是创造人民美好生活的必由之路，是实现中华民族伟大复兴中国梦的必由之路。今天，我们要高举中国特色社会主义伟大旗帜，决不走封闭僵化的老路和改旗易帜的邪路，深刻认识、准确把握这条道路的科学内涵、根本方向、实践主题、奋斗目标，坚定不移地走好中国特色社会主义道路。

（二）弘扬中国精神的生动教材

伟大时代孕育伟大精神，伟大精神支撑伟大梦想。井冈山精神是弘扬中国精神的重要内容，是振奋全民族"精气神"的宝贵精神财富，对于弘扬中国精神发挥着支撑和引领的特殊作用。毛泽东同志说过，人总是要有一点精神的。实现中华民族伟大复兴的中国梦，必须弘扬中国精神，构筑中华民族的共有精神家园。中国精神推动着党和人民艰辛探索实现民族复兴的正确道路，也是中国力量的核心因素。中国精神是维系民族团结的文化纽带，是催人奋进的思想力量，是贯通中国力量的软实力。历史地看，从井冈山精神生成之日起，它就担负起了弘扬中国共产党革命精神的重要使命。井冈山精神也成为弘扬中国精神的宝贵财富。

我们要认识到，中国精神是当代中国的主流精神，是当代中国人的精神家园。同时，也要清醒地认识到，在一些社会成员那里，还存在着偏离、涣散、削弱中国精神的现象。比如，少数领域道德失范、诚信缺失，少数社会成员人生观、价值观扭曲，在少数人那里还流行着迷惘迟疑的观点、及时行乐的思想、贪图私利的行为和无所作为的作风，这些与中国精神的境界相去甚远。②这都要求我们大力弘扬井冈山精神，培育强化中国精神。

井冈山精神是中华民族"脊梁精神"的重要内核，是在特定历史条件下中国精神的阶段性成果，并因其在中国近现代史中所占据的特殊地位，成为构筑

---

① 毛泽东：《毛泽东选集》第1卷，人民出版社，1991，第106页。
② 颜晓峰：《中国精神：实现中国梦的动力之源》，《江西日报》2013年4月1日，第B03版。

中国精神的突破口、切入点和人民群众接受、认同中国精神的连接点、生长点。从2021年开始，我国进入"十四五"时期，这是乘势而上开启全面建设社会主义现代化国家新征程、向第二个百年奋斗目标进军的第一个五年。站在"两个一百年"的历史交汇点，开启新征程，扬帆再出发，我们必须以永不懈怠的精神状态和一往无前的奋斗姿态，乘风破浪、坚毅前行。这样宏伟的事业，离不开亿万人民的齐心协力，离不开包括井冈山精神在内的中国共产党革命精神提供强大的精神支撑。

弘扬井冈山精神有助于全党树立崇高的理想信念。习近平总书记指出，近代以来，"为了追求民族独立和人民解放，不惜流血牺牲，靠的就是一种信仰，为的就是一个理想。"①井冈山斗争既有胜利与辉煌，也有低迷与挫折，革命根据地和红色政权之所以在挫折中奋起、在胜利中奋进，理想信念起到引领和支撑作用。毛泽东同志坚定共产主义理想信念不动摇，把革命高潮形象地比喻为"看得见桅杆尖头了的一只航船""喷薄欲出的一轮朝日""快要成熟了的一个婴儿"②。他肯定地指出："这些红色区域将继续发展，日渐接近于全国政权的取得。"③理想信念，让人坚定执着；初心使命，令人一往无前。井冈山革命的星星之火之所以能燃遍全国，走向胜利，是因为老一辈无产阶级革命家坚定的共产主义理想和始终不渝的信念。

理想信念，不仅是一个人的精神依托，也是一个政党、一个民族的精神支柱。毛泽东等中国共产党人始终抱定革命必胜、共产主义必定实现的信念，创建了中国第一块红色革命根据地。我们要笃信，只有社会主义能够救中国，只有改革开放能够发展社会主义，坚定不移地坚持和发展中国特色社会主义，朝着全面建成社会主义现代化国家、实现中华民族伟大复兴中国梦的宏伟目标前进。习近平总书记指出："革命理想高于天。没有远大理想，不是合格的共产党员；离开现实工作而空谈远大理想，也不是合格的共产党员。"④当今世界处于百年未有之大变局，中华民族伟大复兴的关键时期，坚守精神高地面临着更

---

① 中共中央文献研究室编《十八大以来重要文献选编》上册，中央文献出版社，2014，第116页。
② 毛泽东：《毛泽东选集》第1卷，人民出版社，1991，第106页。
③ 同上书，第50页。
④ 同①。

加严峻的挑战、更加复杂的形势,怎样做一个精神高地坚守者已成为重大课题。牢固树立崇高的共产主义理想和革命必胜的坚定信念,是当代中国共产党人战胜一切困难奋勇前进的力量来源。每个共产党员都要树立中国特色社会主义共同理想,为全面建成社会主义现代化强国、实现中华民族伟大复兴中国梦而努力奋斗。全体中国人民(特别是青少年)要大力弘扬包括井冈山精神在内的中国共产党革命精神,让中国精神成为人们的精神灯塔,照亮每个人前行的路。

(三)凝聚中国力量的精神纽带

井冈山精神是推进党和人民的事业发展、实现中华民族伟大复兴中国梦的强大正能量。人民群众是历史的创造者,是社会主义现代化建设事业的实践主体,是历史发展和社会变革的决定性力量。依靠群众求胜利,调动一切积极因素,是井冈山革命斗争时期党对唯物史观的具体运用和发挥,也是井冈山精神的重要法宝。从踏上井冈山那一刻起,以毛泽东同志为代表的中国共产党人就认识到工农武装割据应当是"群众的割据";因为,"群众的割据出于群众自身的要求,群众武装起来驱逐他的敌人,自行管理区域的大小事件,这样的割据,敌人是不能消灭的。"①"红军宗旨,民权革命""革命成功,尽在民众",这是红四军党代表毛泽东、军长朱德签发的《红军第四军司令部布告》中的四言体宣言,无疑成为党必须深深扎根于人民群众沃土里的生动宣示。正所谓,共同的目标需要共同的力量,共同的愿景需要共同的奋斗。"同样一个兵,昨天在敌军不勇敢,今天在红军很勇敢,就是民主主义的影响。"②这也是我们事业发展汇聚起强大力量的一大法宝。我们党紧紧依靠土地革命、严明纪律和全力解决群众困难来团结群众、依靠群众,使党和人民的事业在力量悬殊的恶劣斗争环境中岿然不动、乘风前行。无论是干革命、搞建设,还是推进改革开放,任何时候都要坚持相信群众、依靠群众,进而汇聚成推动党和人民事业发展的中国力量。

---

① 中共中央文献研究室编《建党以来重要文献选编(1921—1949)》第6册,中央文献出版社,2011,第476页。
② 毛泽东:《毛泽东选集》第1卷,人民出版社,1991,第65页。

在相信谁、依靠谁、为了谁的问题上立场坚定、毫不含糊，坚持问政于民、问需于民、问计于民，把最大"公约数"找出来，顺民意、解民忧、惠民生，这是井冈山精神给予我们的重要启示，也是实现中华民族伟大复兴中国梦的基本要求。中国特色社会主义事业是造福人民的美好事业，中华民族伟大复兴的中国梦是每一个中国人的梦想。中华民族伟大复兴的中国梦的实现，要体现在解决老百姓关心的一件一件具体事情上。全党上下要牢记习近平总书记的嘱托和要求，始终与人民心心相印、与人民同甘共苦、与人民团结奋斗，夙夜在公、勤勉工作，努力向历史、向人民交一份合格的答卷。当前和今后一个时期，党要善于通过提出和贯彻正确的路线方针政策带领人民前进，善于从人民的实践创造和发展要求中完善政策主张，使实现中华民族伟大复兴中国梦的过程成为每一个中国人实现梦想的过程，充分调动最广大人民的积极性、主动性和创造性，为实现中华民族伟大复兴夯实群众基础。

实现中华民族伟大复兴中国梦是一个长期奋斗、接续奋斗的历史过程。这需要凝聚全党和全国人民的最大共识，发挥全体中华儿女的作用。这个伟大梦想是中国人民包括海外同胞、全世界华人的共同心声、共同愿景、共同意志。用井冈山精神增进共识、凝心聚力，是实现中国梦不可或缺的支撑。因此，要把井冈山精神熔铸成新的民族精神、时代精神，并把它贯注到广大人民群众中去，凝聚起磅礴的中国力量，使党的事业不断从胜利走向胜利。换言之，要实现中华民族伟大复兴的中国梦，就要坚定不移地走群众路线，加强党同人民群众的血肉联系，始终与人民群众同呼吸、共命运、心连心，赢得人民群众的信任和支持，凝聚起无比强大的中国力量。

（四）推进伟大工程的精神动力

中国共产党是中国工人阶级的先锋队，同时是中国人民和中华民族的先锋队，是中国特色社会主义事业的领导核心。先锋队组织铸造得好不好、领导核心锻造得好不好，既决定着党运、国运、民族命运以及每一个中国人的人生命运，又深刻影响世界社会主义运动，从而深刻影响人类命运。当代中国发展经验表明，中国共产党只有把自己治理好，才能把国家治理好；只有把自己建设好，才能把国家建设好。正因为如此，党的十九大报告指出："伟大斗争，伟大工程，伟大事业，伟大梦想，紧密联系、相互贯通、相互作用，其中起决定性作用的是党的建设新的伟大工程。"①要加强党的建设，就要按照新时代党的建设总要求，切实推进政治建设、思想建设、组织建设、作风建设、纪律建设，把制度建设贯穿其中，深入推进反腐败斗争。

思想建设是党的基础性建设，要把坚定理想信念作为党的思想建设的首要任务，教育引导全党牢记党的宗旨，挺起共产党人的精神脊梁，解决好世界观、人生观、价值观这个"总开关"问题，自觉做共产主义远大理想和中国特色社会主义共同理想的坚定信仰者和忠实实践者。井冈山精神，内含坚定执着追理想的精神，以毛泽东同志为代表的中国共产党人在井冈山时期的英勇无畏表现，为新时代中国共产党人树立了坚定执着追理想的标杆。

加强作风建设。党的作风是党的形象，是观察党群干群关系、人心向背的"晴雨表"。党的作风正，人民的心气顺，党和人民就能同甘共苦。实践证明，只要真管真严、敢管敢严，党风建设就没有什么解决不了的问题。作风建设永远在路上。必须坚持以上率下，巩固拓展落实中央八项规定精神成果，持之以恒整治"四风"问题，坚决反对特权思想和特权现象。作风建设的核心是保持党同人民群众的血肉联系，是"以人民为中心"价值取向对党自身提出的道德要求，必须紧紧围绕保持党同人民群众的血肉联系，增强群众观念和群众感情，不断厚植党执政的群众基础。井冈山精神，内含艰苦奋斗攻难关、依靠群众求胜利的精神，弘扬井冈山精神是新时代加强党的作风建设的必然选择。

加强纪律建设。严格的组织、严明的纪律是中国共产党的优良传统，也是中国共产党不断发展壮大、不断开创各项事业新局面的重要原因。纪律是代表形象的。今天，更要健全党的纪律，实现制度治党，加强对权力运行的制约和监督，让人民监督权力，让权力在阳光下运行，把权力关进制度的笼子。井冈山时期，"三大纪律，六项注意"塑造了优良的党风、政风、军风，是从严治党、从严治政、从严治军的伟大开端，为新时代加强党的纪律建设树立了典范。革命战争年代，我们党并没有掌握国家政权，更没有掌握优势的经济资源，但我们党的组织，我们党所领导的军队，却能够得到广大人民群众的衷心拥护和支持，其重要原因就是我们党是具有严格纪律的政党，我们党领导下的

---

① 习近平：《习近平谈治国理政》第 3 卷，外文出版社，2020，第 14 页。

人民军队是一支具有严格纪律的军队。

三、培育堪当民族复兴大任时代新人的精神支撑

实现中华民族伟大复兴是一项长期的历史任务,需要一代又一代人接续奋斗。这就历史性地提出了培育堪当民族复兴大任时代新人的历史任务。党的十八大以来,习近平总书记从新时代党和国家事业发展全局的战略高度,阐释并强调要"着力培养担当民族复兴大任的时代新人",对"培养什么人、怎样培养人、为谁培养人"这一根本问题作出新的回答,将其作为一项事关长远、事关基础的重大战略任务。培育时代新人,关系到广大青少年健康成长,也关乎国家和民族未来。培育时代新人,很重要的方向和路径就是传承红色基因、坚定理想信念。"新时代中国青年要树立对马克思主义的信仰、对中国特色社会主义的信念、对中华民族伟大复兴中国梦的信心,到人民群众中去,到新时代新天地中去,让理想信念在创业奋斗中升华,让青春在创新创造中闪光!"[①]当然,成长为这样的时代新人,就离不开丰富的中国共产党革命精神的滋养。从这个意义上说,传承和弘扬井冈山精神,既可以满足广大青少年对精神文化生活的需求,也可以为广大青少年提供精神文化力量。

(一)确立成长为时代新人的人生目标

青年兴则国家兴,青年强则国家强。青年一代有理想、有本领、有担当,国家就有前途,民族就有希望。青年最富有朝气,最富有梦想。一百多年前,在中国共产党成立初期,中国共产党人就深刻地认识到,一切事业都必须找到干事之人,要有人才作为基础和支撑,才能确保党的事业兴旺发达。[②]

近代以来,我国青年不懈追求的美好梦想,始终与振兴中华的历史进程紧

---

① 习近平:《习近平谈治国理政》第3卷,外文出版社,2020,第334页。
② 靳诺:《培养担当民族复兴大任的时代新人》,《红旗文稿》2020年第20期,第4页。

密相联,成为中华民族迎来从站起来、富起来到强起来伟大飞跃的青春力量。习近平总书记曾从近代以来中国社会发展历史进程对青年的使命担当作出了高度概括。他指出,在革命战争年代,广大青年满怀革命理想,为争取民族独立、人民解放冲锋陷阵、抛洒热血。在社会主义革命和建设时期,广大青年响应党的号召,向困难进军,向荒原进军,保卫祖国、建设祖国,在新中国的广阔天地忘我劳动、艰苦创业。在改革开放历史新时期,广大青年发出"团结起来,振兴中华"[①]的时代强音,为祖国繁荣富强开拓奋进、锐意创新。也就是说,在革命、建设、改革开放和新时代各个历史时期,中国共产党始终高度重视青年、关怀青年、信任青年,对青年一代寄予殷切期望。党的十九大提出了"培养担当民族复兴大任的时代新人"的战略要求,这是以习近平同志为核心的党中央在新时代对育人目标的凝练和时代表达,赋予社会主义新人以崭新的时代内涵。

一个时代有一个时代的主题,一代人有一代人的使命。新时代中国共产党的历史使命,就是实现中华民族伟大复兴中国梦。"中华民族伟大复兴中国梦的实现,归根到底靠人才、靠教育。"[②]只有努力培养担当民族复兴大任的时代新人,才能支撑起伟大梦想。历史和现实都告诉我们,青年一代有理想、有担当,国家就有前途,民族就有希望,实现我们的发展目标就有源源不断的强大力量。习近平总书记曾指出:"中国梦是我们的,更是你们青年一代的。中华民族伟大复兴终将在广大青年的接力奋斗中变为现实。"[③]习近平总书记对"时代新人"的要求和标准有过多次阐述,在教育文化卫生体育领域专家代表座谈会上,他又专门强调,要培养学生爱国情怀、社会责任感、创新精神、实践能力。

人生目标决定着人们对待实际生活的基本态度和人生价值的评价标准,对人们所从事的具体活动起着定向的作用。青年志存高远,就能激发奋进潜力,青春岁月就不会像无舵之舟漂泊不定。新时代广大青少年要确立正确的人生目标。就是要牢记习近平总书记的殷殷嘱托,做到"四有":一是有爱国情怀,

---

① 中共中央文献研究室编《十八大以来重要文献选编》上册,中央文献出版社,2014,第277页。
② 中共中央文献研究室编《习近平关于社会主义社会建设论述摘编》,中央文献出版社,2017,第50页。
③ 习近平:《习近平谈治国理政》第1卷,外文出版社,2018,第49页。

就是要把报效祖国、服务人民当作一种理想，自觉地将追逐个人梦融入实现中国梦的生动实践中，让青春跃动与爱国情怀同频共振。二是有社会责任感，就是要把崇德向善、奉献社会当作一种追求，明大德、守公德、严私德，崇德向善、见贤思齐，拥有足够的辨别力和自制力、奉献心和责任感。三是有创新精神，把敢于开拓、勇于创新当作一种责任，真正解放思想、敢于求真、乐于探索、勇于开拓，用创新思维解决问题，用创新成果推动发展，用创新视野规划未来。四是有实践能力，把顽强拼搏、艰苦奋斗当作一种锤炼，"立鸿鹄志，做奋斗者"，自觉加强学习、努力开展实践，用自己的奋斗身影展示最亮丽的风景，让自己的实干精神绽放最闪耀的青春光芒。①

总之，广大青少年要自觉承担起自己的历史使命和时代责任，以"四有"为根本要求，夯实综合素质基础，着力提升综合素养，努力成为中国特色社会主义事业的合格建设者和可靠接班人，成为走在时代前列的奋进者、开拓者、奉献者。

【延伸阅读】

2020年，面对突如其来的新冠肺炎疫情，在白衣执甲、勇敢逆行的队伍中，在一方有难、八方支援的洪流中，在同舟共济、守望相助的行动中，处处都有青年人的身影。据报道，4.26万名援鄂医疗队员中，"80后""90后"占护士总数的90%。西藏自治区疾病预防控制中心的"90后"检验师白玛赤列在驰援湖北之前表示，"我是自治区疾控中心的卫生应急队员，不仅有现场流行病学和实验室工作经验，2018年还参加过中国西部流行病现场培训班，去武汉一线我最适合。"在防疫工作前线，还有更多青年主动出击、不畏艰险、冲锋在前、舍生忘死，构筑起抗击新冠肺炎疫情的"铜墙铁壁"，只为做好人民生命健康的"守护人"。在抗"疫"战争中不幸牺牲的四川省阿坝藏族羌族自治州红原县森林公安局刷经寺派出所所长阿真能周、甘孜藏族自治州得荣县龙绒寺寺庙管理委员会主任洛绒益西被追授"中国青年五四奖章"，他们用行动谱写了青春奋进的华彩乐章。

---

① 靳诺：《培养担当民族复兴大任的时代新人》，《红旗文稿》2020年第20期，第6-7页。

（二）助力青少年全面发展的精神财富

青年兴则国家兴，青年强则国家强。培养担当民族复兴大任的时代新人，关乎党的事业承前启后、后继有人，关乎全面提升公民文明素质和社会文明程度，关乎实现全面建成社会主义现代化强国。青少年成长成才、全面发展，是一项复杂的系统工程。在诸多因素中，必然离不开包括井冈山精神在内的中国共产党革命精神、中国精神滋养。正如习近平总书记曾指出的，要传承红色基因，培育时代新人。新时代青少年要珍惜这个时代、担负时代使命，接受革命教育、传承红色基因，在担当中历练、在尽责中成长，让人生在实现中国梦的奋进追逐中展现出勇敢奔跑的英姿，努力成为德智体美劳全面发展的社会主义建设者和接班人！

从哲学的高度来看，人的全面发展问题，既是中国共产党的优良传统，也是一个历史和时代命题，是马克思主义哲学的一个根本问题。马克思主义认为，人的发展是，"为了人并且通过人对人的本质和人的生命、对象性的人和人的产品的感性的占有，不应当仅仅被理解为直接的、片面的享受，不应当仅仅被理解为占有、拥有。人以一种全面的方式，就是说，作为一个完整的人，占有自己的全面的本质。"[①]党的十八大以来，习近平总书记反复强调要坚持以人民为中心的发展思想，并郑重宣示要"不断促进人的全面发展"。这是对马克思主义"人的全面发展"理论的继承和发展，也是实现中华民族伟大复兴的根本之所在。

实现人的全面发展，是马克思主义追求的根本价值目标，也是共产主义社会的根本特征。中国共产党历来关心青少年成长成才、全面发展。习近平总书记曾指出："中国梦是历史的、现实的，也是未来的；是我们这一代的，更是青年一代的。"[②]青少年成长成才、全面发展，就是要实现德智体美劳全面发展，成为社会主义建设者和接班人。这离不开丰富的中国共产党革命精神的滋养，离不开井冈山精神的滋养。在井冈山精神的激励下，广大青少年"要勇做

[①] 马克思、恩格斯：《马克思恩格斯文集》第1卷，人民出版，2009，第189页。
[②] 习近平：《习近平谈治国理政》第3卷，外文出版社，2020，第54页。

走在时代前列的奋进者、开拓者、奉献者,毫不畏惧面对一切艰难险阻,在劈波斩浪中开拓前进,在披荆斩棘中开辟天地,在攻坚克难中创造业绩,用青春和汗水创造出让世界刮目相看的新奇迹!"①

中国共产党从来都把青年看作是祖国的未来、民族的希望,从来都把青年作为党和人民事业发展的生力军,从来都支持青年在人民的伟大奋斗中实现自己的人生理想。广大青少年成长为担当民族复兴大任的时代新人,首要的是解决好世界观、人生观、价值观问题,就是要牢固树立共产主义远大理想和中国特色社会主义共同理想,牢固树立马克思主义信仰、社会主义和共产主义信念,坚定中国特色社会主义道路自信、理论自信、制度自信和文化自信。唯有如此,才能拥有成就事业、开创未来的强大精神动力。井冈山精神体现了马克思主义对时代新人的一贯要求,传承和弘扬井冈山精神,有助于帮助广大青少年坚定拥护支持中国共产党领导核心地位的信心、明确追求和实现共产主义的崇高理想、弘扬和传承中国共产党人的优良传统和作风等。同时,在传承和弘扬井冈山精神过程中,进一步认识中国共产党为什么"能"、马克思主义为什么"行"、中国特色社会主义为什么"好",进而增强中国特色社会主义道路自信、理论自信、制度自信、文化自信。

相信每一个青少年都渴望实现德智体美劳全面发展,都渴望成长为时代新人。那么,首先要做的就是要立德,立大德,努力实现精神成人。要想达到这一目的,就必须得到中国共产党革命精神的滋养,传承红色基因。井冈山精神作为中国共产党革命精神的重要源头,无疑在青少年精神成人中起着至关重要的作用。

【延伸阅读】

井冈山精神,因信仰而热爱

"浩夫:您愿意回井冈山来同爸爸、爷爷一道学习宣讲井冈山精神,传播红色基因,我非常高兴,这是很有意义的事情……"

如果不看落款,你一定想不到,"您"这个称呼,来自一封爷爷写给孙儿的信。

---

① 习近平:《习近平谈治国理政》第3卷,外文出版社,2020,第336页。

"没错,称呼用的就是'您'。"收信人毛浩夫说,"在爷爷眼里,关于井冈山的事,都是最神圣的。爷爷生前一定是充满着欣慰,写下了这样的文字。"

这位曾留学英国,学习国际金融专业的"80后"小伙,两年前从南昌回到家乡,全职担任江西干部学院现场教学讲师。

曾担任井冈山革命博物馆馆长、退休后义务宣传井冈山精神近30年……毛浩夫的爷爷毛秉华身上,有着太多的井冈山烙印。从毛浩夫记事起,爷爷的身影就总是和红色教育分不开。

2016年夏天,毛浩夫利用休假时间回到井冈山听爷爷讲课。"当时他已经80多岁了,但是眼里全是激情与信仰。"

在井冈山革命博物馆,毛浩夫看到了一张红军干部写给妻子的英文贺年卡。"上面的英文花体书法漂亮极了,一下子把我镇住了。"后来毛浩夫才知道,在90多年前的井冈山,"海归"并不稀罕。除了留学苏、德、法的党和红军领导骨干,还有不少国内名牌大学的学生来到这里闹革命。井冈山究竟有什么魅力呢?

了解得越深,历史给毛浩夫的震撼越多。新的认识不断冲击着他的思想,直到观念转变成行动。2017年初,毛浩夫从南昌回到井冈山担任现场教学讲师,他也从此开始了一段重新认识家乡、认识父辈的寻根历程。

面对前来参观学习的各种知识层次的学员,学习商科的毛浩夫感受到了压力。"有一次我在介绍党的第一部土地法《井冈山土地法》时,一个和我差不多年纪的学员问,当时规定的土地权利,是所有权还是使用权?一下子就把我问蒙了。"讲解结束后,他跑到爷爷的办公室,一番检索,终于解惑。毛浩夫说,这样的经历让他明白,要影响人、说服人,首先自己要学懂弄通。

由于常常给外国学员讲解,毛浩夫需要准备英文讲解词。"说是翻译,但因为表达和文化上的差异,有时候比重写还难。"毛浩夫只好先钻进书堆里,阅读英文版《毛泽东选集》等书籍,从翻译原始史料中重新开始。

在如今的井冈山,和毛浩夫同龄且有高学历的讲解员,并不少见。在这样的实践中,他们收获着信仰和热爱。毛浩夫说,他和伙伴们正在做的事,正如爷爷信上所写:"宣传别人与改造自己相结合……改造自己的世界观,对井冈山精神做到真学、真信、真用。这是一辈子的事情。"

——《人民日报》2019年5月16日第10版。

(三)引导青少年勇做改革创新生力军

青少年是中国最具活力、最具创造性的群体。他们理应走在时代的前列,勇当创新的先锋。创新是一个民族进步的灵魂,是一个国家兴旺发达的不竭动力。"在斗争中创造新局",这是以毛泽东同志为代表的中国共产党人在井冈山艰苦卓绝的革命斗争岁月里,坚持不唯上、不唯书、只唯实的精神,以"敢为天下先"的魄力和勇气,铸就的井冈山精神的重要特质。在新的时代条件下,广大青少年要自觉弘扬井冈山精神,从中汲取丰厚的滋养,不断激发创新创造的热情,勇做改革创新的实践者,在创新创造中不断积累经验、取得成果、演绎精彩。

创新创造是中华民族最深沉的民族禀赋,并成就了辉煌灿烂的中华文明。我国古代在天文历法、数学、农学、医学、地理学等众多领域取得举世瞩目的成就。有资料显示,16世纪以前世界上最重要的300项发明和发现中,我国就占到173项。此外,在诗词歌赋、绘画、书法等文学艺术领域,中国也为世界奉献了唐诗、宋词、元曲等诸多人类文明宝库里的瑰宝。近代以来,我国逐渐由领先变为落后,一个重要原因就是错失了多次科技和产业革命带来的巨大发展机遇,在世界工业革命大潮中被时代远远甩下。中华人民共和国成立以后,中国人民在中国共产党领导下又一次迸发出创新创造的生机活力,开启了全力追赶时代、勇于引领时代的改革创新大潮。

"在激烈的国际竞争中,惟创新者进,惟创新者强,惟创新者胜。"[①]今天,国际竞争的新优势越来越集中体现在创新能力上。当今世界,谁牵住了科技创新这个"牛鼻子",谁走好了科技创新这步先手棋,谁就能占领先机,赢得优势。我国进入新发展阶段,更加需要创新驱动发展。党的十九届五中全会强调指出,要"坚持创新在我国现代化建设全局中的核心地位,把科技自立自

---

① 习近平:《习近平谈治国理政》第1卷,外文出版社,2018,第59页。

强作为国家发展的战略支撑,面向世界科技前沿、面向经济主战场、面向国家重大需求、面向人民生命健康,深入实施科教兴国战略、人才强国战略、创新驱动发展战略,完善国家创新体系,加快建设科技强国"[①]。《中华人民共和国国民经济和社会发展第十四个五年规划和2035年远景目标纲要》对加快建设科技强国作出更加具体地部署。在新一轮科技革命和产业变革中,我国能否在未来发展中后来居上、弯道超车,主要就看能否在创新驱动发展上迈出实实在在的步伐。这就要求广大青少年应当以时代使命为己任,把握时代脉搏,迎接时代挑战,增强创新创造的能力和本领。

青少年朝气蓬勃、思维活跃,好奇心强、求知欲盛,敢于尝试新生事物,这些都是有利于创新创造的重要条件。青少年要做新时代改革创新生力军,首先就要增强改革创新的责任感,树立敢于突破陈规、大胆探索未知、勇于创新创造的思想观念。这一要求同井冈山精神的核心高度契合。实事求是、敢闯新路是井冈山精神的核心,改革创新无疑是井冈山精神的题中之义。当年,井冈山革命根据地的开辟、井冈山道路的开拓,都离不开以毛泽东为代表的中国共产党人敢于突破陈规、大胆探索未知、勇于创新创造的精神品质。

新时代,大力弘扬井冈山精神,重要的一条就是让广大青少年从中汲取精神滋养和奋进力量,就是要通过井冈山精神熏染而强化创新思维、养育创新精神、养成创新人格。首先,要培养创新思维。创新思维注重求异、批判而不甘落入窠臼和俗套,它主要来自后天的培养与锻炼,是一种求新的、无序的、立体的思维,它是人类思维的一种高级形式。其次,形成创新精神。创新精神是指一个人在一定的社会条件下和教育影响下形成的比较固定的特性,它包括强烈的好奇心,广泛而浓厚的学习兴趣、求知欲,积极主动学习的学习习惯、敢于质疑的学习精神。要敢于大胆突破陈规甚至常规,敢于大胆探索尝试,善于观察发现、思考批判,不唯上、不唯书、只唯实。再次,养成创新人格。一定意义上说,创新就是要走前人没有走过的路,表现为一种不甘落后、奋勇争先、追求进步的责任感和使命感。创新人格主要包括创新的责任感、使命感、事业心、坚韧顽强的性格。广大青少年要不断"增强学习紧迫感,如饥似渴、

[①] 《中国共产党第十九届中央委员会第五次全体会议文件汇编》,人民出版社,2020,第28-29页。

孜孜不倦学习，努力学习马克思主义立场观点方法，努力掌握科学文化知识和专业技能，努力提高人文素养，在学习中增长知识、锤炼品格，在工作中增长才干、练就本领，以真才实学服务人民，以创新创造贡献国家！"[1]做到改革创新中奉献服务社会、实现人生价值，以时不我待、只争朝夕的紧迫感投身改革创新的实践中。

"红日初升，其道大光。河出伏流，一泻汪洋。"青年是整个社会力量中最积极、最有生气的力量，国家的希望在青年，民族的未来在青年，井冈山精神的传承和弘扬也在青年。青年理想远大、信念坚定，一个国家、一个民族就有了无坚不摧的前进动力。展望未来，我国青少年一代必将大有可为，也必将大有作为。这是"长江后浪推前浪"的历史规律，也是"一代更比一代强"的青春责任。广大青少年要结合弘扬和践行社会主义核心价值观，树立崇高理想追求，自觉接受包括井冈山精神在内的中国共产党革命精神的滋养，传承红色基因，成长为时代新人。唯有如此，才能让井冈山精神代代相传、发扬光大，才能在实现中华民族伟大复兴中国梦的生动实践中放飞青春梦想。

---

[1] 习近平：《习近平谈治国理政》第3卷，外文出版社，2020，第336页。

参考文献

[1] 马克思,恩格斯. 马克思恩格斯文集:第1,2,5卷[M]. 北京:人民出版社,2009.

[2] 毛泽东. 毛泽东选集:第1—4卷[M]. 北京:人民出版社,1991.

[3] 毛泽东. 毛泽东文集:第1卷[M]. 北京:人民出版社,1991.

[4] 中共中央文献研究室.毛泽东年谱:1893—1949:上卷[M]. 修订本. 北京:中央文献出版社,2013.

[5] 中共中央文献研究室. 毛泽东年谱:1949—1976:第5卷[M]. 北京:中央文献出版社,2013.

[6] 汪东兴. 汪东兴日记[M]. 北京:当代中国出版社,2010.

[7] 邓小平. 邓小平文选:第1,2卷[M]. 北京:人民出版社,1994.

[8] 邓小平. 邓小平文选:第3卷[M]. 北京:人民出版社,1993.

[9] 中共中央文献研究室. 邓小平年谱:1904—1974:下卷[M]. 北京:中央文献出版社,2009.

[10] 江泽民总书记视察江西强调:光荣的井冈山革命传统一天也不能忘掉[N]. 人民日报,1989-10-19.

[11] 胡锦涛. 胡锦涛文选:第1卷[M]. 北京:人民出版社,2016.

[12] 习近平. 习近平谈治国理政:第1卷[M]. 北京:外文出版社,2018.

[13] 习近平. 习近平谈治国理政:第2卷[M]. 北京:外文出版社,2017.

[14] 习近平. 习近平谈治国理政:第3卷[M]. 北京:外文出版社,2020.

[15] 中共中央文献研究室. 习近平关于全面深化改革论述摘编[M]. 北京:中央文献出版社,2014.

[16] 中共中央纪律检查委员会,中共中央文献研究室. 习近平关于党风廉政建设

和反腐败斗争论述摘编[M].北京:中国方正出版社,2015.

[17] 中共中央文献研究室.习近平关于社会主义社会建设论述摘编[M].北京:中央文献出版社,2017.

[18] 习近平.弘扬"红船精神"走在时代前列[N].光明日报,2005-06-21.

[19] 习近平.在庆祝改革开放40周年大会上的讲话[M].北京:人民出版社,2018.

[20] 习近平会见吉安党政代表团欢迎来沪访问 红色传统把我们联系在一起 希望进一步加强与吉安交流合作实现共同发展[N].解放日报,2007-06-12.

[21] 周咏南.继承发扬党的优良传统 促进浙江又快又好发展[N].浙江日报,2006-03-30.

[22] 习近平在江西调研考察纪实:在科学发展道路上阔步前进[N].江西日报,2008-10-17.

[23] 刘勇.东风送暖入赣鄱:习近平总书记春节前夕在江西看望慰问干部群众纪实[N].江西日报,2016-02-04.

[24] 习近平春节前夕赴江西看望慰问广大干部群众祝全国各族人民健康快乐吉祥祝改革发展人民生活蒸蒸日上[N].人民日报,2016-02-04.

[25] 中共中央文献研究室.十八大以来重要文献选编:上册[M].北京:中央文献出版社,2014.

[26] 中国共产党第十九届中央委员会第五次全体会议文件汇编[M].北京:人民出版社,2020.

[27] 中共中央文献研究室.朱德年谱:新编本:上卷[M].北京:中央文献出版社,2016.

[28] 《井冈山革命根据地的经济斗争》编写组.井冈山革命根据地的经济斗争[M].南昌:江西人民出版社,1997.

[29] 鲍甫生.在井冈山的岁月[M].南昌:江西人民出版社,2000.

[30] 中央档案馆.中共中央文件选集:第3册[M].北京:中共中央党校出版社,1989.

[31] 中共中央文献研究室.建党以来重要文献选编:1921—1949:第1,4册[M].北京:中央文献出版社,2011.

[32] 井冈山革命博物馆.井冈山革命根据地:历史文献[M].北京:中共党史资料出版社,1987.

[33] 逄先知,金冲及. 毛泽东传:第1卷[M]. 北京:中央文献出版社,2013.

[34] 彭德怀. 彭德怀自述[M]. 北京:人民出版社,1981.

[35] 《谭震林传》编写组. 谭震林传[M]. 杭州:浙江人民出版社,1992.

[36] 中共江西省委宣传部,中共江西省委党史研究室. 跨越时空的井冈山精神[M]. 南昌:江西教育出版社,2017.

[37] 彭明. 中国现代史资料选辑:第1册[M]. 北京:中国人民大学出版社,1987.

[38] 回忆毛主席[M]. 北京:人民文学出版社,1977.

[39] 中国人民解放军三十年征文编辑委员会. 星火燎原:第1集[M]. 北京:人民文学出版社,1964.

[40] 黎永泰. 毛泽东与大革命[M]. 成都:四川人民出版社,1991.

[41] 李维汉. 回忆与研究:上册[M]. 北京:中共党史资料出版社,1986.

[42] 蔡和森. 蔡和森的十二篇文章[M]. 北京:人民出版社,1980.

[43] 唐宝林,林茂生. 陈独秀年谱[M]. 上海:上海人民出版社,1988.

[44] 中国革命博物馆,湖南省博物馆. 湖南农民运动资料选编[M]. 北京:人民出版社,1988.

[45] 中央档案馆. 秋收起义:资料选辑[M]. 北京:中共中央党校出版社,1982.

[46] 井冈山革命博物馆. 井冈山革命根据地:上、下册[M]. 北京:中共党史资料出版社,1987.

[47] 嘉湘. 井冈山的武装割据[M]. 南昌:江西人民出版社,1980.

[48] 蒋晓传. 中国经济法制史[M]. 北京:知识出版社,1994.

[49] 任志刚. 为什么是毛泽东[M]. 北京:光明日报出版社,2013.

[50] 粟裕. 粟裕战争回忆录[M]. 北京:解放军出版社,1988.

[51] 王刚,李懋君. 长征精神[M]. 北京:中共党史出版社,2017.

[52] 萧克. 朱毛红军侧记[M]. 北京:中共中央党校出版社,1993.

[53] 余伯流,陈刚. 井冈山革命根据地史[M]. 南昌:江西人民出版社,2014.

[54] 俞向党. 共和国之魂[M]. 南昌:江西人民出版社,1997.

[55] 张泰城. 井冈山精神[M]. 北京:中共党史出版社,2017.

[56] 张泰城,等. 井冈山精神与当代大学生[M]. 南昌:江西人民出版社,2009.

[57] 张泰城,刘家桂. 井冈山革命根据地经济建设史[M]. 南昌:江西人民出版社,2014.

[58] 中国人民解放军战士出版社.星火燎原·选编:第1卷[M].北京:中国人民解放军战士出版社,1977.

[59] 颜枚琳.论中国共产党革命精神整体性的三重表现[J].思想教育研究,2019(6).

[60] 佘双好.深刻理解中国精神在当代中国的特定内涵[J].思想理论教育,2019(5).

[61] 温静.中国梦视阈下当代中国精神的形塑与建构[J].教学与研究,2018(1).

[62] 颜晓峰.中国精神:实现中国梦的动力之源[N].江西日报,2013-04-01.

[63] 颜晓峰.始终发扬伟大民族精神[N].解放军报,2018-04-11(7).

[64] 张瑜.理解中国精神的三重维度[J].思想理论教育,2018(12).

[65] 卢黎歌,等.试论中国精神谱系中的"西迁精神"及其教育价值[J].思想教育研究,2018(3).

[66] 靳诺.培养担当民族复兴大任的时代新人[J].红旗文稿,2020(20).

[67] 《永远的旗帜:跨越时空的井冈山精神》编写组.永远的旗帜:跨越时空的井冈山精神[M].南昌:江西高校出版社,2016.

附录　井冈山革命斗争大事记

本附录内容，系根据《毛泽东年谱（1893—1949）》（修订本）上卷、《朱德年谱》及相关研究资料进行整理。

1927年

8月1日　根据中共中央的决定，在以周恩来为书记的中共中央前敌委员会的领导下，贺龙、叶挺、朱德、刘伯承等人率领党所掌握和影响下的军队两万余人，在南昌举行武装起义，拉开了中国共产党武装反抗国民党反动派的大幕。这是中国共产党历史上的一个伟大事件，是中国革命史上的一个伟大事件，也是中华民族发展史上的一个伟大事件。从8月3日起，起义部队按中共中央原定计划陆续南下广东。

8月3日　中共中央发出《关于湘鄂粤赣四省农民秋收暴动大纲》，提出"秋收暴动"是中国革命客观情势的适当的答案。

8月7日　中共中央在汉口召开紧急会议（即"八七会议"）。会议总结了大革命失败的教训，讨论了党的工作任务，确定了土地革命和武装反抗国民党反动派的总方针。出席会议的毛泽东在发言中突出地强调，"以后要非常注意军事。须知政权是由枪杆子里面取得的"。会议还确定了在湘鄂粤赣四省发动秋收暴动。

8月9日　中共中央临时政治局第一次会议，决定毛泽东以中共中央特派员身份，与彭公达一起到湖南传达八七会议精神，并全权负责改组中共湖南省委，领导秋收起义。

8月18日 南昌起义部队到达广昌，然后兵分两路，向瑞金进军。同日，新的中共湖南省委在长沙市郊沈家大屋召开会议，讨论如何贯彻中央八七会议确定的新策略，制定秋收起义计划。

8月26—31日 南昌起义部队进占瑞金后，参谋团决定歼灭会昌守敌。30日，歼灭会昌守敌钱大钧部4个团。尔后，实施从长汀、上杭入东江的计划。

8月30日 中共湖南省委召开省委常委会议，讨论湖南秋收暴动的最后计划。决定成立暴动领导机关，毛泽东任中共湖南省委前敌委员会书记，易礼容任行动委员会书记。会议决定，毛泽东去湘赣边界统率工农武装，组织前敌委员会，领导秋收暴动。

9月初 毛泽东在安源张家湾主持召开湘赣边界秋收起义军事会议，组建工农革命军第一军第一师。

9月8日 中共湖南省委发布《关于夺取长沙的命令》，令各地赶紧动员，限于本月16日会师长沙，夺取省城。

9月9日 湘赣边界秋收起义爆发。

9月9—11日 工农革命军第一团、第二团、第三团按预定计划，分别从江西的修水、安源、铜鼓取道湖南平江、浏阳，直攻长沙。起义军曾取得多次战斗的胜利；但是由于敌强我弱、缺乏经验，而遭受严重挫折。随后，毛泽东率第三团转至浏阳上坪。

9月14日 毛泽东在浏阳东乡上坪召开第三团连以上干部紧急会议，决定放弃原定攻打长沙的计划，暂时向江西萍乡方向转移。

9月19日 秋收起义部队在文家市会合。晚上，毛泽东在里仁学校主持召开中共前敌委员会会议，否定了师长余洒度"取浏阳直攻长沙"的主张，决定转向敌人统治力量薄弱的农村、山区寻求落脚点，以保存实力，再图发展。

9月19—22日 南昌起义部队在大浦县的三河坝实行了第一次分兵。朱德率第九军第二十五师留守三河坝，掩护起义军主力向潮州、汕头进发。

9月21日 毛泽东率工农革命军从文家市出发，沿罗霄山脉南下，向萍乡、莲花前进，开始向敌人力量薄弱的农村山区进军。

9月22日 工农革命军进到萍乡县上栗市，根据敌情决定部队转东向南，绕道芦溪进入莲花。

9月24日　南昌起义军主力在汕头进行第二次分兵。

9月26日　工农革命军攻占江西莲花县城。下午，毛泽东在县城主持召开莲花县党组织负责人会议，布置莲花的工作。次日，工农革命军从莲花县城出发，向永新县方向前进。

9月29日　工农革命军进驻永新县三湾村。毛泽东主持召开中共前敌委员会扩大会议，决定对部队进行改编（史称"三湾改编"）。这次改编，奠定了建设新型人民军队的基础。

10月2日　朱德指挥留守三河坝的起义部队，与敌钱大钧部激战两昼夜后向潮汕转移。

10月3日　工农革命军抵达江西宁冈县古城。毛泽东主持召开前敌委员会扩大会议，初步总结了湘赣边界秋收起义的经验教训，讨论并确定了在罗霄山脉中段建立革命根据地、开展游击斗争及争取改造袁文才、王佐两支地方武装等问题。

10月6日　毛泽东在宁冈大仓村会见袁文才，并赠送袁文才部100支枪。袁文才消除疑虑，并当即资助工农革命军银洋数百元。

10月7日　工农革命军进驻井冈山脚下的茅坪一带。在当地党组织和袁文才部的帮助下，设立了留守处和后方医院。

同日　朱德率从三河坝撤出的起义部队，在饶平茂芝汇合从潮、汕失败中撤退的起义军700余人，随后向闽粤赣山区转移。

10月上旬　毛泽东率工农革命军沿湘赣边界开展游击活动，在湖南酃县十都派出何长工前往长沙、衡阳等地向中共湖南省委和湘南特委汇报秋收起义部队情况，并相机打听南昌起义部队下落。

10月中旬　工农革命军抵达酃县水口。在水口，毛泽东接见了酃县原党组织负责人周里，发展了一批工农分子入党，派游雪程、徐彦刚、陈伯钧等党员干部到袁文才部工作。随后，部队兵分两路：一路由第一营党代表宛希先率领，往安仁、茶陵方向游击；一路由毛泽东率领，沿湘赣边界开展游击活动。在水口时，原师长余洒度等脱离部队。

10月21日　宛希先率部攻占茶陵县城，随即退回宁冈，转道大井，与毛泽东部会合。

10月23日 工农革命军主力游击至遂川大汾时，突然遭到遂川地主武装肖家璧"靖卫团"的袭击，部队被打散。第三营在张子清率领下转向桂东一带活动；团部和第一营第一连、特务连由毛泽东率领，经黄坳到达荆竹山。

10月24日 王佐派人迎接工农革命军上井冈山。毛泽东在荆竹山向部队进行了纪律教育，宣布了"三项纪律"。随后，部队到达大井，与王佐部会合。

10月27日 工农革命军抵达井冈山茨坪。

11月初 毛泽东率部返回宁冈茅坪，开始创建以宁冈为大本营的井冈山革命根据地。随后在茅坪象山庵召开宁冈、永新、莲花三县原党组织负责人会议，决定各县迅速重建和发展党的组织，巩固和发展地方农民自卫军，广泛发动群众，开展游击斗争。

11月中旬 工农革命军第一营攻占茶陵县城。

11月28日 成立了湘赣边界第一个县级红色政权——茶陵县工农兵政府，谭震林任县政府主席。

11月 毛泽东深入宁冈茅坪一带农村进行调查，写出《宁冈调查》。张子清、伍中豪率领的第三营游击到崇义上堡地区，与朱德、陈毅领导的南昌起义保留下来的部队会合。朱德、陈毅派毛泽覃上井冈山与湘赣边界秋收起义部队联系。毛泽覃在茅坪见到毛泽东，介绍了南昌起义军余部的情况以及朱、陈派他来联系的意向。

12月上旬 朱德、陈毅率部转战到粤北仁化、韶关一带。

工农革命军军官教导队在宁冈龙江书院创办，吕赤任队长。

前敌委员会派毛泽覃等军队干部到宁冈乔林帮助建立根据地的第一个农村党支部，并着手土地斗争试点。

12月25日 湘敌第八军军长吴尚派他的独立团会同湘东地主武装"挨户团"进攻茶陵县城。工农革命军第一营与敌发生激战，张子清、伍中豪率三营从桂东赶回参与战斗。团长陈浩等令部队向湘南撤退，企图投敌。毛泽东等闻讯后于27日在茶陵湖口追上部队，将部队带回宁冈。

12月28日 谭震林率茶陵游击队200余人加入工农革命军，编为第一团第二营。

12月下旬 中共中央两次致信朱德部，指示他们和毛泽东部联络，共同实行武装割据。

12月底　毛泽东在宁冈砻市召开工农革命军全体指战员大会，总结茶陵工作的经验教训，宣布了工农革命军的"三大任务"。

12月　何长工到达广东韶关犁铺头，与朱德、陈毅取得了联系。

余贲民负责在宁冈桃寮创办了工农革命军被服厂，林善宾任厂长。

毛泽东代表前敌委员会给中共湖南省委和中央写信，建议成立中共湘赣边界特委。

1928年

1月4日和5日　工农革命军攻克遂川县城。接着，兵分三路到于田、草林、大坑等地发动群众，开展打土豪筹款子的游击活动。

1月8日　毛泽东在遂川县城天主堂主持召开遂川县全体党员会议，重建中共遂川县委，陈正人任书记。

1月12日　朱德、陈毅率领南昌起义部分部队，从广东乐昌进入宜章后，在当地党组织的配合下智取宜章城，开展了湘南年关暴动。

1月中旬　毛泽东提出了"敌来我去，敌驻我扰，敌退我追"的游击战术十二字诀。在遂川草林圩宣布了"保护中小商人"的政策。

1月24日　遂川县工农兵政府成立，王次淳任政府主席。通过《遂川工农兵政府临时政纲》。

1月25日　毛泽东在遂川李家坪向工农革命军宣布了"六项注意"。

1月下旬　何长工从粤北回到遂川。毛泽东立即派他去改造王佐部队。

1月　朱德、陈毅等率领南昌起义军余部，同中共湘南特委一道发动湘南暴动，扩大了革命武装。

1月　中共酃县特别区委成立，刘寅生任书记。

2月初　前敌委员会决定原茶陵游击队仍回茶陵活动。

2月上旬　中共前敌委员会在宁冈大陇将袁文才、王佐部队升编为工农革命军第一军第一师第二团，袁文才任团长，王佐任副团长，何长工任党代表。

2月中旬　中共莲花特别支部成立，朱亦岳任书记。

中共湘东特委在湖南醴陵成立，不久迁至安源，滕代远任书记。经努力，开辟了红色交通线，并组织多批安源工人上井冈山。

2月18日 工农革命军攻克宁冈新城，歼灭赣敌一个正规营和宁冈"靖卫团"，活捉敌宁冈县长，粉碎了赣敌的第一次"进剿"。毛泽东在茅坪宣布了工农革命军宽待俘虏的政策。

2月21日 在宁冈砻市召开群众大会，宣布成立中共宁冈县委（龙超清任书记）和宁冈县工农兵政府（文根宗任主席）。同时，成立县赤卫大队，石敬庭任大队长。

2月下旬 毛泽东对永新进行社会调查，随后写下《永新调查》。新遂边陲特别区工农兵政府成立，李子清任政府主席。

2月 中共永新县委成立，刘真任书记。

至此，井冈山革命根据地粗具规模，湘赣边界武装割据局面业已形成。

3月上旬 在刘寅生、周里等组织下，酃县发动了"三月暴动"。

中共湘南特委派周鲁来到宁冈砻市，指责边界"工作太右""烧杀太少"，并取消了以毛泽东为书记的中共前敌委员会，改组为师委，何挺颖为书记，毛泽东任师长。同时，强令工农革命军离开井冈山革命根据地去支援湘南暴动，致使边界遭遇"三月失败"。

3月中旬 工农革命军兵分三路向湘南进发，策应湘南暴动。攻克酃县县城后，部队抵达酃县中村。

3月18日 中共酃县特别区委被改组为县委，刘寅生任书记。同时，成立酃县赤卫大队，何国诚任大队长。

3月20日起 毛泽东在中村给部队上了一个星期的政治课，同时抽调人员在中村一带发动群众，进行插牌分田运动。

3月底 毛泽东率工农革命军第一团进入桂东县沙田圩，一面发动群众，一面相机了解湘南暴动情况。

湘南暴动失败。面对湘粤敌军7个师的夹击，为保存力量，朱德、陈毅率湘南暴动队伍向边界转移。工农革命军兵分两路赶往湘南，接应和掩护湘南起义部队。

4月3日 毛泽东在桂东沙田正式向部队宣布"三大纪律，六项注意"。

4月初 朱德率湘南暴动部队及水口山工人武装转战至安仁、茶陵。

4月6日 毛泽东率工农革命军第一团向汝城进发，在寒岭界击溃了反动武装何其朗部。随后于8日又在汝城附近打垮土匪胡凤璋部，占领汝城县城。

4月8日 唐天际率安仁县农军到达酃县沔渡，会合朱德率领的一部。

4月上旬 何长工、袁文才、王佐率领的工农革命军第二团在资兴与湘南农军第七师主力会合，随即南下滁口，阻击进攻郴州的粤军。退回资兴后，与陈毅率领的湘南农军和地方党政机关人员会合。

4月11日 黄克诚率永兴警卫团一部退至资兴。

4月12日 陈毅率湘南农军一部退至资兴，与黄克诚部会合后退往彭公庙。

4月中旬 毛泽东率工农革命军第一团到达资兴龙溪洞，与萧克领导的宜章农军独立营会合，随后向酃县疾进。

4月21日 袁文才、何长工率领的工农革命军第二团和陈毅率领的湘南农军，在酃县沔渡同朱德率领的部队会合，随即一同退往宁冈砻市。

4月24日前后 毛泽东率部回到宁冈砻市，与朱德、陈毅等率领的南昌起义部队和湘南农军胜利会师（史称"朱毛会师"）。会师的当日，毛泽东与朱德、陈毅等军中领导在龙江书院会面，共同商议合编工农革命军第四军等重大问题。

4月25日 中共江西省委致信中共中央："据吉安来人报告，毛泽东部确与朱德部汇合，现已乘虚重复占领宁冈，并向永新方向发展。"

4月下旬 会师后的朱毛两部在宁冈龙江书院召开连以上干部会议。根据中共湘南特委决定，两支部队编为工农革命军第四军，军长朱德，党代表毛泽东，参谋长王尔琢，教导大队大队长兼士兵委员会主任陈毅（后为政治部主任）。下辖两个师和一个教导大队——第十师（师长朱德兼，党代表宛希先）、第十一师（师长张子清因负伤，由毛泽东兼；党代表何挺颖）、教导大队（大队长陈毅兼）。选举产生了工农革命军第四军军委，毛泽东任书记。会议决定，趁"五四"纪念日召开庆祝大会，庆祝两军胜利会师，正式成立工农革命军第四军。接着，中共工农革命军第四军第一次代表大会在宁冈召开，毛泽东当选为军委书记。

赣敌第二十七师第七十九团、第八十一团分别从永新、遂川向井冈山根据地发动第二次"进剿"。毛泽东在部署迎敌方案后，率第三十一团前往七溪岭方向阻击敌第七十九团的进攻。朱德、陈毅率第二十八团、第二十九团在黄坳歼敌一个营,在五斗江打垮敌第八十一团,乘胜攻占永新城。

5月2日 毛泽东在永新城以军委书记名义,向中共中央报告两军会师及打破赣敌第二次"进剿",建立以宁冈为大本营的罗霄山脉中段政权等事宜。

5月4日 在宁冈砻市召开大会,庆祝两军会师,并宣布工农革命军第四军(后改称中国工农红军第四军,简称红四军)正式成立。朱德任军长,毛泽东任党代表。毛泽东代表军委宣布了工农革命军第四军的"三大任务"和"三大纪律、六项注意"。

5月上旬 红二十九团、红三十一团在永新县境分兵发动群众。毛泽东率红三十一团一部,到永新西乡塘边一带进行土地革命试点工作,并撰写了《永新调查》。

在工农革命军帮助下,永新县工农兵政府成立,彭文祥任政府主席。

5月中旬 赣敌杨如轩重新纠集近5个团兵力,从13日开始向井冈山根据地发动第三次"进剿"。红四军主动退回根据地大本营宁冈相机歼敌。红四军召开党的第三次代表大会,讨论确定迎敌方案及有关重大事项。

5月16日 毛泽东、朱德采取声东击西的战术,指挥红二十八团和红三十一团第一营攻打高陇,迷惑敌人。在高陇击溃湘敌一个团,继而东向永新。翌日在永新草市坳歼灭敌第七十九团,击毙敌团长刘安华,接着乘胜东进,第二次占领永新城。赣敌第三次"进剿"被粉碎。

5月中旬末 红四军召开党的第四次代表大会,讨论成立中共湘赣边界特委及有关事项。

5月20—22日 根据中共江西省委指示,毛泽东在宁冈茅坪主持召开中共湘赣边界第一次代表大会。大会讨论了当前形势和党的工作,制定了发展根据地的七项政策,选举产生中共湘赣边界第一届特委委员23人,毛泽东任书记。在会上,毛泽东回答了"红旗到底打得多久"的疑问。大会还改选了红四军军委,陈毅任书记。

5月下旬 湘赣边界工农兵苏维埃政府在宁冈茅坪苍边村成立,袁文才任主席,统一领导边界各县工农兵政府。

湘赣边界工农兵政府造币厂在上井村创办。

5月30日 中共湖南省委巡视员杜修经来到宁冈茅坪。次日,红四军召开军委扩大会议，听取杜修经报告政治情形和宣读湖南省委指示。

5月底　红四军召开第五次代表大会，确定为解决给养困难，红四军缩编为4个团，原湘南农军除留少数骨干队伍外，其余均返回湘南等事项。

湘赣边界各县普遍开展声势浩大的土地革命运动。

6月中旬　赣敌向井冈山革命根据地发动第四次"进剿"。在国民党南京政府的严令下，湘军吴尚第八军一个师向攸县、茶陵逼进，威胁井冈山革命根据地的西侧。毛泽东和朱德、陈毅面对湘赣两省敌军的"会剿"，根据实际决定对湘敌取守势，对赣敌取攻势。

鄘县工农兵政府成立，徐鼎燕任政府主席。

6月16日　毛泽东在茅坪起草中共湘赣边界特委给中央的报告（由湘、赣两省委转），报告粉碎敌军第三次"进剿"情况，申述坚持以宁冈为大本营的湘赣边界武装割据的理由。

6月19日　中共湖南省委通过《对湘赣边特委和四军军委的工作决议案》，完全同意湘赣边界特委和四军军委以罗霄山脉中段为根据地的计划，同时提出须积极向湘南发展，并向萍乡推进，以与湘东联系。

6月22日　红四军军委在宁冈新城召开营以上干部参加的军委扩大会议，讨论并确定具体的作战方案。

6月23日　朱德、陈毅、王尔琢等指挥红四军主力，在地方武装的配合下，在永新、宁冈交界的七溪岭、龙源口一带歼灭赣敌一个团，击溃两个团，乘胜第三次占领永新城，粉碎了赣敌第四次"进剿"，取得建立井冈山根据地以来最大的军事战斗胜利——龙源口大捷。

6月26日　毛泽东主持在永新县城召开连以上干部会议，部署分兵发动群众等工作。会后，红四军分兵开往安福、莲花、吉安等地做群众工作。

同日　中共湖南省委给湘赣边界特委和红四军军委写信，决定红四军"立即向湘南发展"，毛泽东"须随军出发"，派杨开明代理湘赣边界特委书记；取消红四军军委，另成立以毛泽东为书记的前敌委员会。

6月30日　中共湘赣边界特委、红四军军委、永新县委在永新县城召开联席会议，与会者就湖南省委指示信进行讨论。会议决定，红四军当前不宜去湖南，继续在湘赣边界做群众工作，建设巩固的根据地。

6月　莲花县工农兵政府成立。

7月4日 毛泽东起草中共湘赣边界特委和红四军军委给湖南省委的报告，申述了红四军不宜出击湘南的具体理由。

7月上旬 湘赣敌军向井冈山革命根据地进行第一次"会剿"。

7月11日 朱德率红二十八团、红二十九团进攻酃县、茶陵，迫使湘敌回救；毛泽东率红三十一团在永新阻敌。湘赣敌军会合的企图被打破。

7月12日 红二十八团、红二十九团攻克酃县县城。由宜章农民军编成的红二十九团士兵秘密召开士兵委员会会议，径自决定去湘南。

7月13日 红军大队接永新告急信，即召开红四军军委扩大会议，决定增援永新，阻止红二十九团的错误行动，但劝阻无效。翌日晚上，红军抵达沔渡宿营，红二十九团士兵又闹着回湖南。

7月15日 红四军军委在沔渡召开扩大会议，议决红军去向，仍无结果。军委向毛泽东写信，报告红军大队情况。

同日 为粉碎敌人的经济封锁，宁冈大陇红色圩场正式开办。

7月17日 红军大队从沔渡水口出发，向湘南开进。毛泽东的亲笔信经由中共茶陵县委书记黄琳送至部队。于是召开红四军军委会议，杜修经以中共湖南省委代表的资格压人，作出部队去湘南的决定。

7月15日—8月上旬 红军大队去湘南后，毛泽东指挥红三十一团，在广大群众的支持和配合下，用四面游击的战术，将赣敌11个团围困在永新县城附近15千米内达25日之久。

7月22日 彭德怀、滕代远等领导和发动了平江起义。24日，宣告成立红军第五军，彭德怀任军长，滕代远任党代表。

7月24日 红军大队进抵郴州，与国民党军范石生部发生激战，先胜后败，撤出战斗。此战，红军损失近1个团。随后，朱德、陈毅率部退入资兴。

7月 共青团湘赣边界特委成立，史训川任书记。

中共安源市委派百余名安源工人上井冈山参加红军。

红四军军械处在茨坪创办，宋乔生负责。

8月上旬 赣敌获悉红军主力已去湘南，趁虚攻占井冈山根据地边界的县城和平原地区。红二十九团在湘南溃散，同时井冈山革命根据地遭受严重损失，史称"八月失败"。

8月中旬 中共湖南省委派袁德生携带指示信来到边界，指令红四军"向湘东发展"。毛泽东在永新九陂村召开紧急会议，经过讨论，拒绝湖南省委要红四军去湘东的主张。得知红军大队在郴州失利的消息后，毛泽东当即决定留红三十一团第一营、特务连会同第三十二团坚守井冈山根据地，亲率红三十一团第三营往湘南迎红军大队返回。

8月13日 红军大队游击至桂东沙田。

8月18日 红二十八团攻占桂东县城。

8月20日 红五军收到湖南省委关于成立中共平江特委和批准成立红五军的指示，并要其设法与红四军取得联络。决定由黄公略率一部在湘鄂赣开展游击战争，由彭德怀、滕代远率领主力开始向湘赣边界靠拢，相机南下与红四军联络。

8月23日 毛泽东率红三十一团第三营与红二十八团在桂东县城会合。随即在唐家大屋召开营以上干部参加的中共前敌委员会扩大会议。会议决定重返井冈山，取消前敌委员会，组织行委指挥军队行动，以毛泽东为书记；留杜修经、龚楚在湘南重建湘南特委。

8月25日 红军大队在返回途中，红二十八团第二营营长袁崇全率部分武装企图叛变投敌。红四军参谋长兼红二十八团团长王尔琢在崇义思顺圩追回部队时不幸遇难。

8月下旬 湘赣敌军4个团乘红军欲归未归之际，对井冈山根据地发动第二次"会剿"。我守山部队在何挺颖、朱云卿等领导下迅即迎战。

8月30日 湘敌吴尚部向黄洋界哨口大举进攻。我守山部队在不足一个营兵力的情况下，依靠地方武装和人民群众，凭险抵抗，击溃敌军进攻，取得黄洋界保卫战的胜利。毛泽东在回归途中闻讯后欣然命笔，写下了《西江月·井冈山》。

9月初 红五军主力向井冈山靠拢到万载大桥，遭敌重创，被迫退回修（水）铜（鼓）边境。

9月8日 毛泽东、朱德率红军大队回到遂川黄坳。赣敌刘士毅部闻讯后尾追至遂川。

9月13日 红二十八团和红三十一团第三营在遂川城外击溃尾追的赣敌刘士毅部5个营，并击毙叛徒袁崇全，占领遂川城。

9月14日起 红军分兵四路向遂川各乡游击，发动群众，重建政权。陈毅率东路红军游击队到达万安时，与中共万安县委取得联络，80名万安农民随军上山，后组成万安游击队。

9月24日 赣敌第七师第二十一旅和第五师第十五旅一部会攻遂川。红四军主动撤出遂川县城。

9月26日 红四军主力回到井冈山茨坪。

9月底 整顿边界地方党组织。宁冈、永新两县党组织全部解散，重新登记，党组织由公开转向秘密。

9月 中共湘鄂赣特委决定，由彭德怀、滕代远率三纵队再次上山与红四军联络。

10月4—6日 中共湘赣边界第二次代表大会在茅坪步云山召开。毛泽东在会上作了政治报告。会议通过了《中国共产党湘赣边界第二次代表大会决议案》(《决议案》的第一部分，即后来题为《中国的红色政权为什么能够存在?》一文)。大会选举产生了中共湘赣边界第二届特委，杨开明任书记(后因11月生病，由谭震林任书记)，陈正人为副书记。

10月中旬 红军主力进攻遂川，守敌不战而退，红四军再次占领遂川县城。随后进行了游击筹款活动。

10月26日 湘敌阎仲儒部毕占云率126人在桂东起义后投奔红军，被编为红四军特务营，毕占云任营长。

10月下旬 湘赣边界第一期党团训练班在宁冈茅坪象山庵开办。

10月底 赣敌向成杰部张威率一个连多的官兵在袁州(今宜春)起义。11月初，该连被编入莲花红色独立团，随即开到井冈山整训。

11月2日 湘赣边界特委收到中共中央6月4日的指示信，批准毛泽东5月2日给中央报告中关于建立罗霄山脉中段政权的计划。

11月6日 中共湘赣边界特委在茨坪召开扩大会议，讨论中央6月4日来信。决定成立中共中央红四军前敌委员会(以下简称红四军前委)，由毛泽东、朱德、谭震林、宋乔生、毛科文组成，毛泽东任书记。红四军前委统辖湘赣边界特委和红四军军委。

11月9日 红四军在宁冈新城和永新龙源口击败赣敌周浑元部，翌日进占永新，后主动退出。此后，敌军被迫转入守势，湘赣两省敌军对井冈山根据地的第二次"会剿"被粉碎。

11月14日和15日 中共红四军第六次代表大会在宁冈新城召开。大会对政治、党务、军事、经济、纪律等项都作出了决议案；选出23名委员组成红四军军委，朱德任书记。

11月中旬 红四军集中在宁冈新城等地进行大规模的冬季整训。整训后，莲花县红色独立团改为赤卫大队，夏炎任大队长。张威部被编为红四军独立营，张威任营长。

11月25日 毛泽东代表中共红四军前委在宁冈茅坪写下《井冈山前委对中央的报告》（该报告编入《毛泽东选集》时，题为《井冈山的斗争》）。

11月27日 彭德怀、滕代远率部800余人进入湘赣边界。红四军前委派何长工率领独立营、特务营前往迎接。两部在莲花九都会合，尔后一起赴宁冈。

12月10日 红五军到达宁冈砻市、新城，与红四军胜利会师。当日召开中共红四军前委、湘赣边界特委、红四军军委和红五军军委联席会议，讨论粉碎敌人即将对井冈山革命根据地进行的第三次"会剿"问题。

12月14日 在宁冈新城召开红四军、红五军会师庆祝大会。

12月底 湘赣边界工农兵政府颁布井冈山《土地法》。

1929年

1月1日 湘赣两省"会剿"军总指挥部在萍乡成立。何键为代总指挥兼湖南省"剿匪"总司令，金汉鼎为副总指挥兼江西省"剿匪"总司令，纠集湘赣两省6个旅约3万人的兵力，分五路对井冈山根据地进行第三次"会剿"。

1月4—7日 毛泽东在宁冈县柏路村主持召开中共红四军前委、湘赣边界特委、各县县委、共青团特委、红四军和红五军军委联席会议，传达党的六大精神，研究粉碎敌人"会剿"的方针。会议赞同毛泽东提出的内线作战与外线作战相结合的策略。红四军主力出击赣南，牵制敌人；红五军和红四军三十二团留守井冈山；袁文才调任红四军参谋长。

1月上旬 毛泽东、朱德、彭德怀等先后在茨坪、下庄召开会议，部署守山有关工作。决定留下张子清、何长工、陈毅安、陈伯钧等红四军干部加强守山力量，并调任何长工担任宁冈县委书记兼红三十二团党代表。

1月10日起　由红四军主力组成的出击部队开始在茨坪、小行洲集结。

1月14日　红四军主力3600余人离开井冈山，出击赣南。途中发布了《红军第四军司令部布告》等文件。

1月20日　红四军在大庾（今大余）与敌李文彬部作战失利。

1月26日起　敌军向井冈山革命根据地发起全面进攻。彭德怀、滕代远和湘赣边界特委领导守山军民奋起反击，浴血鏖战四昼夜。

1月29日　湘敌趁夜偷袭黄洋界哨口。哨口失守后，哨口守山队伍转入深山，与何长工部一起坚持斗争。

小井红军医院百余名红军重伤员来不及转移，全部遇难。

1月30日　八面山、桐木岭哨口相继失守。红五军按原定应急方针，集中部队冲出重围，往赣南与红四军联络。红三十二团转入深山。酃县、遂川赤卫队随红五军下山，后被打散。红五军撤出后，井冈山失守。

2月初　"会剿"的敌军何键部两个旅进攻九陇山军事根据地。永新、宁冈、茶陵、莲花四县地方武装凭险抵抗。三日后，九陇山被敌攻破。至此，第三次反"会剿"斗争失败，井冈山革命根据地沦落敌手，边界武装力量被迫转入深山。

2月10日　红四军在大柏地击溃敌刘士毅部。

2月中旬　宛希先在九陇山召开永新、宁冈、茶陵三县党的联席会议，成立了以朱昌偕为书记的中共湘赣边界临时特委，统一领导边界斗争和收容整理工作。

2月17日　毛泽东、朱德率红四军转战至吉安东固地区，与江西红军独立二团、四团会合。此时，得知井冈山已失守，遂决定红四军到闽粤边界游击。

2月22日　红四军与江西红军独立二团、四团在东固召开会师联欢大会。

2月25日　杨克敏（杨开明）在上海向中央作《关于湘赣边苏区情况的综合报告》，汇报井冈山斗争中各方面的情况。红四军撤离东固，经吉水、永丰等向广昌前进。

3月初　蒋桂战争爆发，湘赣敌军先后卷入混战并撤离边界。何长工等领导根据地军民收复了井冈山。

3月7日　红五军攻占雩都（今于都）城。随后夺取安远县城。

3月11日 陈正人从遂川来到永新，会同朱昌偕、宛希先等召开原湘赣边界特委常委会议。

3月14日 中共湘赣边界特委扩大会议在永新召开，取消1928年12月产生的中共湘赣边界特委和1929年2月产生的中共湘赣边界临时特委，组建新的中共湘赣边界临时特委，朱昌偕为书记。会议研究了边界当前的工作，并决定适当时候召开边界党的第三次代表大会。

3月17日 中共湘赣边界临时特委向中共湖南省委、江西省委写信汇报了第三次反"会剿"及井冈山失守等各方面情况。

4月1日 红五军与红四军在瑞金会合。中共红四军前委会议决定红四军第三十团、第三十二团改编为红四军第五纵队，湘赣边界赤卫队为红四军第六纵队，彭德怀以红四军副军长名义指挥这两个纵队。

4月3日 中共红四军前委收到中央的"二月来信"。

4月4日 彭德怀在瑞金写信给中央汇报红四军、红五军会合及留守井冈山等情况。

4月11日 中共红四军前委在雩都召开扩大会议，决定红四军主力在赣南进行短距离分兵，开辟、扩大革命根据地；同意彭德怀提出的率红四军第五纵队打回井冈山、恢复湘赣边政权的意见。

4月13日 中共红四军前委致信中共湘赣边界临时特委，介绍东固根据地斗争经验。

4月底 彭德怀、滕代远率红四军第五纵队回到井冈山。

3、4月间 中共湘赣边界临时特委从各县抽调武装力量，组建了边界红军独立第一团，相继收复了宁冈、莲花等地，重建了红色政权。

5月2日 彭德怀率部队到达茅坪。

5月上旬 中共湘赣边界临时特委将红军独立第一团编为红五军第六纵队，王佐为司令，何长工任党代表。

5月10日 中共湘赣边界临时特委在宁冈古城召开第四次执委会扩大会议，全面分析了边界的政治、军事、土地问题及特委本身的工作。会议制定了游击大纲，划分了游击区域。同时增补了常委，邓乾元仍为书记。

5月中下旬 赣敌两个团呈"剪刀式"向宁冈推进。因敌情不明，红五军（含王佐部）退至酃县。又获悉遂川、茶陵各有敌军堵截，遂转战至湘粤赣边界。

5月20日 湘赣边界临时特委就边界当时的情势向江西省委作了报告,提出"特委机关要建设到永新哪一个农村去"的主张。

5月 在湘赣边界临时特委的努力下,恢复了永新、莲花县委,酃县、遂川临时县委,茶陵特别区委。宁冈分为东南、西北两个特区,直接归边界临时特委指挥。边界武装亦有一定的发展。

6月下旬 红五军从大庾返回边界,接连收复遂川与宁冈县城。为此,边界临时特委和红五军军委召开联席会议,决定进攻安福。

7月中旬 红五军进攻安福县城,重创敌军;但红五军亦损失较大,军参谋长刘之至和纵队司令贺国中英勇牺牲。安福战斗后,第五、第六纵队合并,王佐任司令。

8月8日 应中共湘鄂赣边界特委要求,红五军返回湘鄂赣边界。红五军走后,赣敌金汉鼎部先后占领宁冈、莲花等地。

9月初 红四军第五、第六纵队与湘鄂赣边红军支队会合,重新组成红五军,军长彭德怀,政治委员滕代远,副军长黄公略,参谋长邓萍。

9月6日 江西省委给湘赣边界特委来信,同意"新的边特应建立在群众斗争的中心永新"。

9月25日 中央给湘赣边界特委发来指示信,将边界特委划归江西省委领导。同时,派出彭清泉巡视边界。

10月30日 刘作述、王佐、陈竞进等领导永新、宁冈、莲花三县地方武装攻克永新县城。随后,中共湘赣边界特委迁往永新县城。

11月11日 袁文才率宁冈赤卫大队,在睦村打垮宁冈靖卫团,击毙敌县长陈宗经。

12月 红五军第四纵队来到湘赣边界的永新、安福、莲花、茶陵一带开展游击战争。

赣西特委组织8万群众配合红军攻打吉安,未克。

1930年

1月18—21日 湘赣边界特委、红五军军委、赣西特委在遂川于田召开联席会议。中央巡视员彭清泉参加了会议。会议研究了攻打吉安、将湘赣边界特委与赣西特委合并、成立红六军等问题。同时，会议又错误地决定以武力解决袁文才、王佐问题。

2月6—9日 毛泽东在吉安陂头主持召开中共红四军前委、赣西特委、红五军军委、红六军军委联席会议。会议确定了党在当前的主要任务，将中共红四军前委扩大为领导红四军、红五军、红六军及赣西南、闽西、粤东江革命根据地的中共共同前敌委员会，毛泽东为书记。同时，决定赣西特委（此前湘赣边界特委已并入赣西特委）、赣南特委合并为赣西南特委。会议结束后，赣西南红色区域的土地革命、政权建设、武装斗争得到深入发展。

2月24—26日 红四军、红六军第一纵队及赣西地方武装二打吉安，虽未攻克，但扫除了外围之敌。

2月底 红五军再次攻克安福县城。至此，湘赣革命根据地开始崛起，已拥有永新、莲花、宁冈、泰和、遂川、安福6县。

后 记

　　一切向前走，都不能忘记走过的路；走的再远、走到再光辉的未来，也不能忘记走过的过去，不能忘记为什么出发。新时代新征程，大力弘扬井冈山革命精神，具有特殊而重要的意义。90多年前的1927年，毛泽东率领秋收起义部队走上井冈山，创立中国共产党领导的第一个农村革命根据地——井冈山革命根据地。在这里点燃的星星之火，指引着中国革命一步步走向成功。2016年2月，习近平总书记在视察江西时明确指出：今天，我们要结合新的时代条件，坚持坚定执着追理想、实事求是闯新路、艰苦奋斗攻难关、依靠群众求胜利，让井冈山精神放射出新的时代光芒。①

　　百年回眸，正道沧桑；高峰遥看，路在脚下。中国特色革命道路这条独特的道路是怎样开辟的？从井冈山点燃的星星之火，又何以形成燎原之势？究竟是什么力量激励着中国共产党人不断从胜利走向胜利？学习井冈山革命斗争史，引人深思、给人启迪。追寻八角楼的灯光，重走黄洋界的挑粮小道，信仰的光辉、奋斗的史诗、人民的伟力，辉映历史、震撼人心。两年零四个月时间，井冈山革命根据地的创建，农村包围城市、武装夺取政权思想的提出，对中国革命的道路问题作出回答。这是中国共产党人实事求是、艰难求索的结果。正因此，实事求是、敢闯新路成为井冈山精神的核心。井冈山时期留给我们最为宝贵的财富，就是跨越时空的井冈山精神。

　　大革命失败，形势急转直下，在攻打中心城市接连受挫后，革命陷入低

---

① 习近平：《论中国共产党历史》，中央文献出版社，2021，第112页。

潮。成立仅仅6年的中国共产党，面临生死存亡的考验。革命的道路怎么走？没有现成的答案。秋收起义受挫，毛泽东主张放弃攻打长沙，起义军向南转移。在莽莽深山中连日战斗，部队缺乏弹药，没有给养，指战员伤病残增多。当时，何挺颖任党代表的连队党员多，注重发挥党员作用，基本没有逃兵。这引起了毛泽东的思考。部队行军到达江西永新县三湾村后，保留下来不足千人，前委决定进行改编，建立党的各级组织和党代表制度，党的支部建在连上，班、排有小组，营、团建党委。这就从组织上确立了党对军队的领导，是把工农革命军建设成为无产阶级领导的新型人民军队的重要开端。毛泽东在率领起义军南下途中，经过调查研究，选定井冈山地区作为部队的立足点。1927年10月27日，毛泽东率领工农革命军第一师第一团，到达井冈山上的茨坪，开始了创建井冈山革命根据地的斗争。1928年2月，井冈山革命根据地初步形成。

不忘峥嵘岁月，铭记先烈功勋，传承红色基因，赓续精神血脉。只有从历史中汲取前行的力量，才能坚定地走向新的伟大征程。一百多年来，中国共产党人团结带领人民，一代接一代逢山开路、遇水搭桥，与时俱进、攻坚克难，打开新局面，开启新征程！踏上全面建设社会主义现代化国家的新征程，要结合新的时代条件大力弘扬井冈山精神。

为了在广大青少年中更好地弘扬井冈山精神，我们积极吸收学界研究成果特别是近年来的研究成果，紧抓历史发展与精神孕育的内在联系，紧扣时代与精神传承的突出主题，不断深化对新时代井冈山精神科学内涵及其时代价值的认识，编著完成本书。在本书写作过程中，我们参考了张泰城主编的《井冈山红色文化资源揽萃丛书》（8卷本）、《井冈山革命根据地历史研究丛书》（5卷本）和余伯流、陈刚著的《井冈山革命根据地史》以及其他相关成果，特此致谢。

因著者水平所限，撰著过程中难免有不当之处，恳请广大读者和专家批评指正。

著者

2021年春于江西南昌